外国语言文学与文化研究文库
WAIGUO YUYAN WENXUE YU
WENHUA YANJIU WENKU

在华跨国公司跨文化整合模式选择研究
——关系资本建构视角

刘重霄/著

首都经济贸易大学出版社
·北京·

图书在版编目(CIP)数据

在华跨国公司跨文化整合模式选择研究:关系资本建构视角/刘重霄著.—北京:首都经济贸易大学出版社,2016.9

ISBN 978-7-5638-2529-5

Ⅰ.①在…　Ⅱ.①刘…　Ⅲ.①跨国公司—企业文化—研究—中国
Ⅳ.①F279.247

中国版本图书馆 CIP 数据核字(2016)第 163614 号

在华跨国公司跨文化整合模式选择研究——关系资本建构视角
刘重霄　著

责任编辑　赵　杰
封面设计　小　尘
出版发行　首都经济贸易大学出版社
地　　址　北京市朝阳区红庙(邮编 100026)
电　　话　(010)65976483　65065761　65071505(传真)
网　　址　http://www.sjmcb.com
E-mail　publish@cueb.edu.cn
经　　销　全国新华书店
照　　排　首都经济贸易大学出版社激光照排服务部
印　　刷　北京九州迅驰传媒文化有限公司
开　　本　710 毫米×1000　毫米　1/16
字　　数　252 千字
印　　张　14.75
版　　次　2016 年 9 月第 1 版　2016 年 9 月第 1 次印刷
书　　号　ISBN 978-7-5638-2529-5/F·1422
定　　价　32.00 元

前　言

跨国公司在中国发展，必然面临文化差异带来的冲击，从而给跨国公司在华经营造成了巨大障碍和阻力。消除或减轻这种文化差异的负面影响，跨国公司需要在中国文化环境下进行跨文化整合。跨文化整合首先需要辨别和认识差异，明晰异文化的特殊性和不可模仿性，进而利用差异中的有利因素，更好地进行异文化适应，为跨国公司创造价值。

自 Nahavandi & Malekzadeh 将 Berry 的“移民文化适应理论”中融合、同化、隔离和消亡四种整合模式引入管理学领域以来，中外学者以此为基础，提出了不同的跨文化整合的模式，研究这些模式选择和应用的具体环境和条件。但针对中国的文化环境，哪种模式更具有适宜性，目前的研究还没有形成权威或有价值的结论。本研究以 Berry 的“移民文化适应理论”为基础，结合跨国公司的自身特征和中国的特殊文化环境，提出了融合、同化、隔离和移植四种跨文化整合模式，作为在华跨国公司跨文化整合模式选择的基本范畴。

中国有着悠久的历史和特殊的文化环境，“关系”和以此形成的“关系资本”是中外学者公认的中国特有文化元素，这一特有元素不但牵制着在华跨国公司进行跨文化整合模式的选择，还决定着在华跨国公司的经营和发展状况。“关系”的价值在于能够形成“关系资本”，为企业创造或增加价值。通过对中外研究文献的梳理发现，异质性关系资本的价值引起了学者的关注。目前，异质性关系资本的建构要素散见于中外研究成果中，包括诸如政府（中央政府和地方政府）、消费者（顾客）、合作者（竞争者）、企业员工、企业与员工、母子公司等，在华跨国公司在上述维度建构的关系资本将有利于其在华的经营和发展。

在跨文化整合模式选择影响因素的分析中，除了跨国公司自身的战略目标、文化势力、文化匹配及文化认同度外，与东道国政府的关系、与消费者（顾客）的关系、与合作企业（竞争企业）的关系、企业内部员工间的关系、企业与员工间的关系、与跨国公司母公司的关系也是影响企业跨文化整合的重要因素，而这些因素同时又是形成在华跨国公司异质性关系资本的重要维度。跨文化整合模式选择的影响因素与关系资本建构的异质性维度在这几个因素上形成了交集，是否有利于上述维度关系资本的建构,便成了在华跨国公司跨文化整合模式选择的标准和依据。

跨文化整合模式的核心内容源于“移民文化适应”理论,跨文化整合的目的之一便是关系资本的建构,因此,本研究以“移民文化适应”理论和“关系资本”理论为基础,借鉴前人的研究成果,针对四种整合模式(融合、同化、隔离和移植)在三大层次(外部、内部和系统)的六个关键影响因素[东道国(中国)政府、消费者(顾客)、合作者(竞争者)、企业内部员工、企业与员工、母子公司]中的关系资本建构状况,提出了24个研究命题假设,并通过美国四家在相关领域具有巨大影响力,但在中国又采用了不同整合模式的跨国公司在华子公司——中国惠普有限公司(IT基础设施和计算机硬件)、谷歌中国(互联网)、摩托罗拉(中国)电子有限公司(手机和无线通信设备)、微软(中国)公司(计算机软件)作为案例分析的样本,检验不同的跨文化整合模式在三个层次的六个维度的关系资本状况。

为了确保案例研究结论的准确性,本研究又对五家在华跨国公司进行了补充性访谈研究,以便对命题假设、特别是在案例研究中没有得到检验或检验不成立的命题假设进行进一步的验证。

基于文献研究、案例研究和访谈研究的成果,本研究得出以下研究结论:①在华跨国公司跨文化整合存在四种模式,融合、同化、隔离和移植。②跨国公司跨文化整合模式选择受到包括政府、消费者(顾客)、合作者(竞争者)、企业内部员工、跨国公司母公司等因素影响。③“关系”是中国文化的特殊元素,“关系资本”能够帮助在华跨国公司创造价值。“关系资本”的价值在于异质性,在华跨国公司异质性关系资本的维度体现为中国政府、消费者(顾客)、合作者(竞争者)、企业员工、企业与员工、母子公司等方面。是否能在以上六个维度建构关系资本便成为在华跨国公司跨文化整合模式选择的标准和依据。④融合模式、同化模式有利于在华跨国公司与中国政府、消费者(顾客)、合作者(竞争者)、企业内部员工、企业与员工、母子公司之间建立关系资本;隔离模式不利于在华跨国公司与中国政府、消费者(顾客)、合作者(竞争者)、企业内部员工、企业与员工、跨国公司母子公司之间建立关系资本;移植模式有利于在华跨国公司与中国政府、消费者(顾客)、合作者(竞争者)、企业内部员工之间建立关系资本,但在企业与员工、母子公司之间两个方面的关系资本建构状况没有得到有效验证。⑤在华跨国公司在跨文化整合中,可以选择多种模式进行不同维度的关系资本建构。⑥跨国公司应该在“关系资本”的关系治理和契约治理形成结构上寻求平衡,以保证通过“关系资本”所形成的竞争优势的可持续性发展。基于研究结果,本研究提出了两点管理启示:第一,在华跨国公司以建构延续性关系资本为目标,进行动态的跨文化整合模式选择;第二，在华跨国公司以构建基于信任的异质性关系资本为内容，进行差异化跨文化整合模式选择。

此外，本研究认为在跨文化整合模式及关系建构研究主体的地域因素和主体扩展两个方面还存在细化和深入研究的空间。

本研究的创新体现在四方面：①通过对在华跨国公司跨文化整合模式选择中嵌入了关系资本因素，形成了在华跨国公司跨文化整合模式选择研究的全新视角；②借鉴了“移民文化适应”理论和“关系资本”理论两个理论，以此为基础搭建了本研究的整体理论框架；③创立了四种整合模式、24 个命题假设的理论研究模型；④通过案例研究和深度访谈研究，得到了有价值的研究结论和管理启示。

目　录

1 引言

1.1 研究背景

美国家喻户晓的搜索引擎 Google,因与中国政府政策相抵触、市场占有率不高等原因而暂时退出中国大陆;美国硅谷高科技企业——甲骨文公司,自 2003 年落户中国以来,相继有胡林、陆纯初等 20 几位公司高层管理人员离开公司,文化差异导致员工、特别是高层员工的离职,严重影响了企业绩效;微软中国公司的前任高管吴士宏、高群耀、唐骏等离职,也与中、西文化冲突,母、子公司之间不协调具有关联;戴尔最初在中国奉行“让中国融入戴尔”的企业文化,结果导致戴尔中国公司内部员工与企业关系紧张;雅虎、eBay、亚马逊、Facebook、Youtube 等在美国本土发展良好的 IT 企业,却因中国消费者不认可,市场经营状况较为惨淡。与之相反,摩托罗拉公司在中国秉承“做中国好公民,成为一个地地道道的中国公司”的理念,使之成为中西文化整合的典范;IBM“首先为中国服务,将来为世界服务”的战略,使其在中国的发展一帆风顺;惠普的理想是发展成为中国的惠普,在价值观中汲取了跨文化学者霍夫斯泰德(Hofstede)的长期利益导向和以人为本的管理模式,在此基础上形成的“惠普之道”,成为指导惠普在全球成功运作的核心价值观。大量事实表明,文化差异给在华跨国公司的发展带来了挑战,使得它们“都不同程度地在脚踏两种文化环境下挣扎”①。但不同的跨文化整合模式选择,影响着具有相同国家文化背景的跨国公司在中国的经营发展,那么,关键的影响因素是什么?影响因素发挥作用的机理又是什么?英特尔公司 2006 年的中国区换帅之举,凸显了文化因素的重要性,叶庆祥(2008)更是一针见血地将在华跨国公司高管离职、整合不利的主要原因归结为“中国特殊社会文化”“中国式关系”。②

---

① 胡安·安东尼奥·费尔南德斯,劳里·安德伍德,关系——跨国 CEO 的中国经验[M].孙达,译.南京:译文出版社,2010:3.

② 叶庆祥.跨国公司本地嵌入[M].杭州:浙江大学出版社,2008:118-119.

自20世纪80年代以来，随着全球市场的形成和中国参与全球市场程度的深化，中国的“关系”现象日益引起中外研究人员的关注（Ronald K. Mitchell & M. Joseph Sirgy，2007）。[①] Liang（1949）认为，中国文化既非以个人为导向，也非以集体为导向，而是以关系为导向。[②] 中国改革开放之初，能不断从海外获得投资支持，便得益于基于共同语言和文化所形成的“华人关系网”。最早进入中国的跨国公司，也是来自于与中国有着千丝万缕“关系”的“华人文化圈”的地区或国家。因此，“欲考察华人的社会现象，不了解‘关系’文化是不可能的”（曾国权，2001）。[③] 与西方的“关系”或“网络”（relationship or networking）不同，中国的“关系（guanxi）”被赋予了浓厚的文化色彩，是中国社会几千年文化积淀的“人情伦理”[④]和社会交往内涵的延续，也是中国经济转型、市场经济不完善所导致的制度缺失、法律执行不当、信息不对称、不确定性较高以及传统的“官本位”思想影响下的必然结果。“关系”之所以能引起广泛的关注，是因为在经济活动和市场交易中，关系能够带来利益，创造价值，形成“关系资本”。但“关系”是中国社会文化的衍生物，中国文化背景下的“关系资本（guanxi capital）”所蕴含的意义和价值，远远大于西方文化中的“关系资本（relationship capital）”，因为相同的市场机制中，中国的关系能够在交易中产生更大的利益（Standfird & Marshal，2000）。[⑤] Roberta C. & Alessandra F.（2005）认为，关系资本在不同的国家、地区和文化背景下，将呈现不同的表现形式和内容，发挥不同的作用。[⑥] Kevin David（2007）指出，关系存在文化区位的差别。“guanxi”这一英文词汇的产生和延续，便是对这一观点最好

---

① Ronald K Mitchell, Joseph Sirgy M. Enabling Guanxi Management in China: A Hierarchical Stakeholder Model of Effective Guanxi [J]. Journal of Business Ethics , 2007,71:301 - 319.

② Liang S M. *The Essential Meaning of Chinese Culture* [M]. Hong Kong: Zheng Zhong Press, 1949.

③ 曾国权.“关系”动态过程理论框架的建构[J]. 社会,2011,31(4):96 - 115.

④ 中国儒家思想宣扬“五伦”思想，所谓“父子有亲，君臣有义，夫妇有别，长幼有序，朋友有信”。（见《孟子·滕文公上》，第四章）“父子”“君臣”“夫妇”“长幼”“朋友”这五种关系，以“亲”“义”“别”“序”“信”等人情为内涵有逻辑地排列。伦，指人际交往，相互往来，进而生成关系；理，指相互交往应遵守的规则和标准。人情伦理，则是指五伦关系交往的人情内涵准则，中国传统的“义利观”“相互尊重”的理念都是这种准则的部分内容。

⑤ Standfird S S, Marshal R S. The Transaction Cost Advantage of Guanxi Based Business Practices [J]. Journal of World Business, 2000,35(1):21 - 42.

⑥ Roberta C, Alessandra F. Collective Learning and Relational Capital in Local Innovation Process [J]. Regional Studies, 2005,39(1): 75 - 87.

的阐释。[①] 中国文化背景下“关系”的生成发展模式，不同于其他文化背景下“关系”的生成发展模式。[②] 因此，跨国公司在中国文化环境中生存和发展，必然会面临中国特色“关系”文化的挑战。何种跨文化整合模式有利于在华跨国公司建立良好关系、进而建构有效的关系资本，是跨国公司必须慎重对待的问题。随着中国参与经济全球化步伐的加快，中国社会的很多方面都在经受着西方文化的巨大冲击，但“关系”这一对中国社会各个方面发生着重要影响的特色文化，并未出现衰退的迹象。Tung & Verner(2001)研究发现，在过去的几十年中，“关系”在中国更加普遍了，特别是年轻的一代更加重视关系的作用。[③] 西门子中国公司总裁贝殷思认为，中国发生着巨大变化，但“关系体制仍然深深根植于此”[④]。经济学家乔治·斯蒂格勒(Stigler G. J. ,1946)认为，人际关系对企业存在着巨大、甚至是根本性的影响。Tim Amber 将中国的“guanxi”视为“营销的第三种范式”。[⑤] 周燕华(2012)将“关系”视为除科层和市场之外的第三种配置方式。[⑥] Yang Fang(2011)认为，“关系”不仅可以帮助在华跨国公司获取资源或信息，还可以增加公司知名度、增加市场份额、激励员工。[⑦] 田泽、马海良(2012)认为，与某些关键个体或政府建立良好的关系，甚至比产品质量和价格更重要。[⑧] 默安纳·索尼和杰夫·泽宾(Mohana Sawhney & Jeff Zabin)研究发现，一个年产值 5 亿美元的企业会因伙伴关系经营不善导致 0.62 亿美元/年(占 12.4%)的损失，会因顾客关系经营不善导致

① Kevin David. An Empirical Investigation of Emic Difference between American Networking and Chinese Guanxi and a Process Model of Building Relationships for Cross - cultural Business Interactions [D]. University of Hawaii , 2007.

② 以中、美两种文化背景下关系的生成发展模式为例，中国文化强调关系的先天性建构(ascribed relations)，而美国文化则注重关系的后天性建构(achieved relations)，这源于中、美两种文化的本源。费孝通(1985)将中国社会结构的格局归纳为“差序格局”，人际交往的关系中有远近亲疏，次第之别，人本身已经因袭了血缘关系所承载的身份和地位。而西方社会信奉基督文化的“兼爱”“众生平等”信条，社会结构呈现为超越家庭的“团体格局”(梁漱溟,1987)，人们更多依靠个人后天努力创造自己的身份和地位。

③ Tung, Rosalie L, Verner Worm. Network Capitalism: the Role of Human Resource in Penetrating the China Market [J]. International Journal of Human Resource Management, 2001, 12(4).

④ 胡安·安东尼奥·费尔南德斯，劳里·安德伍德. 关系——跨国 CEO 的中国经验[M]. 孙达，译. 南京:译林出版社,2010:28.

⑤ 周燕华. 社会资本视角:中国跨国公司员工外派适应与绩效研究[M]. 北京:经济管理出版社,2012.

⑥ 田泽，马海良. 国际企业管理——文化、战略与行为[M]. 北京:清华大学出版社,2012:109.

⑦ Yang Fang. The Importance of Guanxi To Multinational Companies in China[J]. Asian Social Science, 2011,7(7):153 - 168.

⑧ 田泽，马海良. 国际企业管理——文化、战略与行为[M]. 北京:清华大学出版社,2012:110.

0.55 亿美元/年(占 10.9%)的损失。①

鉴于中国文化情境中关系的作用和关系资本所具有的价值,在华跨国公司迫切需要通过选择适宜的跨文化整合模式进行有效的跨文化整合,以形成良好的关系、建构高效的关系资本,创造企业价值。

1.2 研究的意义

1.2.1 理论意义

整合,意为"调整与融合",通过协调内部的矛盾和适应外部的环境,使系统最大限度地发挥其功能,进而实现既定的战略目标。② 跨国公司跨文化整合旨在通过处理不同文化之间的差异,使跨国公司尽快适应东道国的文化环境,协调各种关系,实现跨国公司的整体性协调发展,提升国际竞争力。如何成功地进行跨文化整合,并不存在一个全球统一的标准和模式。不同的东道国社会文化环境,会成为跨国公司进行跨文化整合模式选择的依据或影响性因素。"关系"这一特殊的中国文化元素,在很大程度上影响着在华跨国公司的经营和发展。何种跨文化整合模式有利于关系的形成和关系资本的建构、与哪些利益相关者进行关系资本的建构,便成为在华跨国公司不得不在理论和实践中面对和思考的问题。

本研究认为,在华跨国公司应该在深入了解中国传统文化、社会政治、经济现状和跨国公司自身特征的基础上,与中国的政府权力部门、产品或服务的消费者(顾客)以及合作者(竞争者)等外部利益相关者之间基于利益共享基础上建构外部关系资本,企业内部成员间基于信任与合作、企业与员工间基于价值观契合基础上建构内部关系资本,以及跨国公司子公司与母公司之间基于协同效应建构系统关系资本,六种异质性关系资本搭建了外部、内部和系统三种关系资本网络架构,形成了在华跨国公司进行跨文化整合模式选择所依据的全方位、立体化的导向标。

不同的跨文化整合模式对于关系资本建构的影响机理、在该种整合模式下进行关系资本建构的框架与路径等问题,需要在理论上进行系统探讨,以便确定在华跨国公司文化整合模式选择的原理以及整合实施的有效性。因此,探讨基于关系资本建构的跨文化整合模式选择机理,为在华跨国公司文化整合模式选择研究提供了一种新的视角。

---

① 转引自:杨孝海.企业关系资本与价值创造关系研究[D].重庆:西南财经大学,2010.

② 潘爱玲.企业跨国并购后的整合管理[M].北京:商务印书馆,2006:58.

管理概念及其具体内容是否具有跨国移植性？罗宾斯(1994)认为,欧美国家形成的管理概念及其内涵适用于绝大多数的发达国家,但在印度、中国、智利等发展中国家则必须对其进行修正,因为不同国家之间、特别是中西方国家之间在很多方面,尤其是文化领域存在显著的区别。①

随着中国国际地位的提升,有关中国本土文化元素在世界经济发挥作用的内涵和机理方面的学术研究也应该得到加强。Yina Mao et al. (2012)认为,“关系”是国外近十年来研究最热的中国本土概念之一,②但从文献研究来看,目前海外的理论研究早于并优于国内。“关系”是中国的本土文化现象,本土的问题从本土研究者视角进行研究,是民族文化自觉的体现,也是实现民族文化建设与传播从自觉到自信的关键因素。

1.2.2 实践意义

戴维 A. 利克斯指出:“大凡跨国公司大的失败,几乎都是仅仅因为忽视了对文化差异——基本的或微妙的理解所招致的结果。”③跨国公司在中国发展,必然面临文化差异产生的冲击,消除或减轻这种差异和冲突带来的负面影响,需要进行跨文化整合。整合首先需要辨别和认识差异,避开差异中的不利因素,利用差异中的有利因素。所谓文化差异,也就是文化的特殊性。相对于其他文化、特别是西方文化来讲,“关系”是中国文化的特有元素,能够对来自于异文化的在华跨国公司产生重要的影响。在跨国公司在东道国经营发展的相关研究中,目前理论界和实务界都主要关注东道国投资的政治、经济环境特征和公司的规模、技术创新、管理方式方法等变量和因素,但对于东道国的文化环境以及文化中的特有元素和该元素对跨国公司产生的影响的研究关注不足。Dunning (1993)指出,跨国公司进行海外投资具有以下几种目的:寻求市场、获取资源、提高效率或战略融资。④ 而对于在华跨国公司来讲,通过选择并利用适宜的整合模式,与不同利益相关者形成良好关系、建构有价值的“关系资本”,是实现以上目的的必要或有效途径。

对于在华跨国公司而言,中国文化背景下的“关系”充斥着微妙性、隐含性和不确定性,而关系资本的建构在现实运行中具有不易操作、标准很难把握等特征,

---

① 斯蒂芬 P 罗宾斯. 管理学[M]. 第四版. 北京:中国人民大学出版社,1994:14 - 15.

② Yina Mao, Kelly Z. Peng & Chi - Sum Wong. Indigenous Research on Asia: In Search of the Emic Components of Guanxi [J]. Asia Pacific Management ,2012, 29:1143 - 1168.

③ 转引自:时秀梅. 跨国公司跨文化研究[M]. 北京:经济管理出版社,2013:5.

④ Dunning H. *The Globalization of Business* [M]. London: Routledge, 1993.

探索通过采用适宜的跨文化整合模式进行关系资本建构的机理，对于在华跨国公司顺利进行跨文化适应、并在此基础上进行价值创造具有重要的实践指导意义；此外，随着更多的中国跨国公司走向世界，中国的“关系”文化是否还能通过发挥正导向作用帮助中国跨国公司建构关系资本、中国的“关系”文化如何更好地走向世界并被接受，也是中国文化发展实践的重要问题。

1.3 相关概念界定

1.3.1 跨国公司

跨国公司有多种不同的称呼，如国际公司、多国公司、超国家公司、全球企业等，①是指在两个或两个以上国家从事生产、销售或研发活动的国际性大型企业。对于跨国公司所具有的内涵特征，可以从以下几个方面来理解：从经营范围来看，跨国公司的企业经营活动具有范围超越母国的行为特征；从资产分布范围来看，跨国公司具有在多国拥有物质资源、生产设备等资产特征；从股权、管理权等方面来看，跨国公司在生产经营、研发制造、管理和股权等方面具有多国性特征。② 1974年，联合国将跨国经营企业统称为“跨国公司（multinational corporations，简称MNCs）”。跨国公司不仅仅是一个组织概念，还是一个时代概念，是世界经济经历了产品和资本的国际化而日渐走向生产国际化的时代产物；其内涵意义具有动态发展变化的特征，随着世界经济运作方式的发展变化，跨国公司的内涵也在不断地发生着变化。基于此，本书将跨国公司界定为：以本国或他国为基地，通过对外直接或者间接投资，以合资或独资等方式，在世界各地设立投资机构或分公司，从事国际化研发、生产或经营活动的企业。跨国公司虽然覆盖面广，分支机构遍布全球各地，但它以其完善的价值体系、成熟的管理观念以及模式化的行为制度，在全球范围内传播着其所秉承的企业文化。

① 也有专家对跨国公司的内涵做了较为细致的概念区别，如李好好、孔令锋（2007）认为：如果公司的驻外机构在经营上保持各自的独立，则为跨国公司；如果公司在其他国家所开设的子/分公司被视为总部的一个部分并由总部负责经营管理，则为全球公司。范徵（2004）对“国际企业”和“跨国公司”进行了区别，认为前者是指“跨越两国或两国以上国家进行经营的企业活动，其生产要素、产品和服务具有跨国流动性特征”；后者是指“在两个或更多国家控制着工厂、矿山、销售机构和其他资产的所有企业”。

② 林新奇（2004）从国外资产的数量和经营规模视角出发对此做了更为数据化的概念界定：“跨越4～5个国家”“25%或者更多的国外业务份额”等。

1.3.2 跨文化整合模式

本研究借鉴 C. Gancel, I. Rodger, M. Raynaud.(2004)对于跨文化整合的定义,“在不同文化之间搭建一座桥梁,促进双方在价值观、信仰和行为方式等方面的了解,更好地执行包含每种独特文化的协作战略”①。同时,吸收顾卫平与薛求知(2004)对跨文化整合的理解,整合是“多元统合”的过程,即多元文化在跨国公司内部生存、转变、发展、互动、融合的过程。它不是一种多种文化的简单混合,而是通过选择、消化、吸收、融合来达到新的适应,并形成一种多元性与整体性统一、对抗性与创新性兼有的跨国公司文化模式的过程。② 从本质上讲,跨文化整合是参与整合的所有文化之间相互作用的产物;跨文化整合模式,则是达到这种效果的具体方法和手段。目前国内、外关于跨文化整合模式的研究已经取得了丰硕的成果,但唐炎钊、柳娟(2010)认为,无论出于何种因素的考虑,“几乎都是基于西方的文化模式”。③ 本研究并未打破这一传统,仍然采用 Berry (Berry,1980; Berry1983; Berry et al,1987)在人类学领域针对移民研究所提出、并被 Nahavandi & Malekzadeh (1988)较早应用到企业跨文化管理研究中的文化适应模型④,融合(integration)、同化(assimilation)、隔离(segregation)和消亡(deculturation)。但充分考虑到跨国公司相对于东道国(中国)一般都具有较为强势的企业文化,而不同于移民文化相对于移居国主流文化处于弱势地位,跨国公司可能会采取移植模式征服东道国(中国)文化。在目前的理论和实践研究中,也有研究曾提出并分析了跨文化移植模式存在的可能性与可行性(田晖,2012)⑤。而第四种模式,即消亡(deculturation)模式,在企业的跨文化整合实践中并不具备发生的可能性(朱金强、李海,2014)⑥,因为任何一家企业都会具有自己的文化价值观,而不会处于文化消亡的状态。根据以上分析,本研究将在华跨国公司的跨文化整合模式归结为融合(integration)、同化

---

① C Gancel, I Rodgers, M Raynaud. 并购中的企业文化整合[M]. 干春晖,等,译. 北京:中国人民大学出版社,2004:53 - 57.

② 顾卫平,薛求知. 论跨国并购中的文化整合[J]. 外国经济与管理,2004(4).

③ 唐炎钊,柳娟. 中国企业跨国并购文化整合模式的动态选择研究[J]. 比较管理,2010(1):19 - 27.

④ Berry 基于“是否保留自己原有文化和身份特征(cultural maintenance)”和“是否愿意接纳移居国当地文化并希望与移居国本土成员建立良好关系(contact and participation)”两个维度,提出了融合(integration)、同化(assimilation)、隔离(segregation)和消亡(deculturation)跨文化适应模型。

⑤ 田晖. 中外合资企业跨文化冲突与绩效关系研究[M]. 北京:经济科学出版社,2012:232.

⑥ 朱金强,李海. 跨国并购中的文化整合理论的演变及其展望[J]. 现代管理科学,2014(1):32 - 34.

(assimilation)、隔离(segregation)和移植(transplantation)四种模式。①

融合模式指两种文化在渗透、妥协之后,吸收双方文化的优势,形成一种全新的文化。新文化既保存了部分原有文化,也有新生文化因素。该模式存在两种情况,文化互补与求同存异。在两种文化存在差异的状况下,不将任何一种文化视为主体文化,而是寻求两种文化的互补之处,充分发挥各自的优势,以期以一种文化优势弥补另一种文化的劣势,或两种文化共存以消除一种文化的单一性偏差。若两种文化差异巨大,冲突强烈,则可隐去或者忽略差异部分,保存两种文化中较为平淡的部分,以求得和平共存。融合并不是两种文化各占一半、平均分配的混合,而是一方文化为主、另一方文化为辅的协调共存。鉴于相对于东道国文化,母公司或母公司所在国文化对跨国公司子公司拥有更大的影响力,融合往往是以母公司文化为主、以东道国国家文化或东道国企业文化为辅的融合。

同化模式是指处于弱势地位的一方被迫放弃自己原有文化,从属于主导地位的另一方文化;或处于强势地位的一方,因认同弱势地位(东道国)一方的文化,而主动放弃自己原有文化,尽可能融入处于弱势地位一方(东道国)的文化。跨国公司为了能够在东道国取得更好的经营业绩,求得更大的发展,往往以"全球思维,本地行动"为指导思想,放弃母公司原有的经营管理模式,依照当地文化和环境制定政策和进行经营。在人力资源管理上,上至管理层,下至普通员工,都尽量聘用本土员工,这样既可以获取因员工对当地环境和市场熟悉而产生的地域优势,避免跨文化冲突带来的负面影响;同时也能培养员工对跨国公司的忠诚度。

隔离模式是指两种文化存在很大差距,一方文化拒绝接受、融入另一方文化,但又不具备足够的魅力而被另一种文化所容纳或接受。进入东道国主流文化(不一定是主导文化)的跨国公司,尽管本身是一种强势文化,但毕竟属于非主流文化,长期在东道国主流文化的浸染下,很难保证自身文化的独立性。在拒绝接受主流文化、希冀保留自身文化的同时,难免会或多或少地受到主流文化的影响,最终导致其失去自己原有文化的部分内容,隔离原有文化;但又不能被东道国主流文化完全容纳和接受,从而也会隔离东道国文化。隔离模式具有一定的局限性,是一种消极的文化整合模式。

移植模式是指具有强势文化的一方将自己的文化覆盖或强加给弱势文化的一方。理想状态下,移植模式存在柔性渗透、中性嫁接和硬性移植三种状况。柔性渗透秉承"长期培育和渗透"的理念,当母公司文化与东道国当地文化存在差异时,

① 本研究所采用的四种整合模式,并非指跨国公司整体文化的整合或改变,而是跨国公司文化中的某些文化因素或主体文化,因为一种文化不可能整体、完全地整合或被整合(罗康隆、谭卫华,2010)。

凭借母公司强大的经济和文化优势，让子公司员工逐渐地、潜移默化地从内心接受母公司模式，并最终成为母公司文化模式的拥护者、支持者、执行者和维护者。本研究认为，鉴于中国文化强大的同化能力，柔性渗透所具有的长期性将有可能导致被同化的危险，毕竟东道国文化属于主流文化。中性嫁接是以母公司文化为基础，将东道国本土文化或当地企业文化嫁接到母公司文化中。在制定子公司的制度和政策时，以母公司为参照或依据，适当考虑到当地的实际状况，进行制度或政策调整，以使其具有可操作性。中性嫁接有些融合模式的味道，或最终将形成文化融合。硬性移植是指跨国公司实行全球统一标准，将母公司的文化模式和行为习惯移植到不同国家或地区的各个子公司（包括分支机构），子公司员工必须逐渐适应母公司管理和经营模式，并在本土文化背景下按照母公司的规划开展工作。母公司派遣管理者到东道国任职，保证母子公司之间顺畅的信息沟通，以及母公司对子公司的监控。采用该模式的母公司一般经济实力雄厚，行业影响力强大，且企业文化的社会认可度较高。本研究采用硬性移植的理解。

跨国公司在跨文化整合中选择哪种整合模式，在某种程度上也取决于它所具有的文化价值取向和标准。从文化价值取向的普适主义和相对主义来看，企业文化价值相对主义具有同化模式偏好，普适主义具有移植模式偏好，普适主义与相对主义相融或相交部分具有融合模式偏好，不相融或相交部分具有隔离模式偏好（见图 1－1）。跨国公司跨文化整合既要注意到普适主义理念下移植模式的标准化优势，又要兼顾相对主义理念下同化模式的地方化利益，在普适性与相对性之间寻求一种平衡。

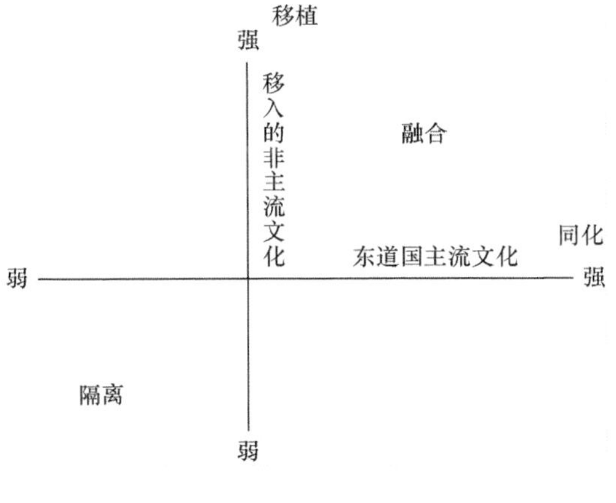

图 1－1　跨文化整合模式

1.3.3 关系资本[①]

关系资本是由“关系”和“资本”两个概念合成的，是“关系”这一客观存在所生成或创造的资本。摩根·布鲁斯(Morgan W. Bruce)于20世纪90年代在其著作《关系中的战略与企业价值》(*Strategy and Enterprise Value in the Relationship*)中首次提出“关系资本”这一概念，他认为“关系”不仅是一种资源[②]，一种资产[③]，还是一种资本。[④] 就企业而言，企业在长期的发展过程中，通过与外部和内部实体(个体或组织)的交往，不断积累形成了为所有关系网络行为者所共同拥有的、不可模仿和替代的关系资本，它是企业在学习、交流、合作甚至竞争的基础上逐步发展起来的。

对于企业“关系资本”的内涵，存在以下不同侧面和内容的理解：“企业与其他企业或顾客往来之间的关系”(Edvinsson，1998)[⑤]，“与企业成功经营、长期获利相关的企业外部互动关系”(Johnson，1999)[⑥]，“企业内部、联盟伙伴间的信任、尊重及

---

① “关系资本”研究源于西方，“关系资本”研究的内容、维度、基础也具有西方文化特征，但“关系”文化在很大程度上是中国本土现象，西方视野中的“relationship capital”有其局限性。目前很多研究将“relationship capital”视为“guanxi capital”，忽略了“guanxi capital”所隐含的民族文化效应。本研究认为“guanxi capital”既具有“relationship capital”的经营优势，也携带了负面的文化因素，是两者的结合。

② 关系资源是指企业(或个人)借助与顾客、合作者、政府、社区、金融机构存在的良好关系而可以获取的外部资源(金昊，2011)，企业与利益相关者利用这种资源追求自身利益最大化。在企业与利益相关者利用良好关系这种资源求得利益与价值提升时，关系资源便被赋予了关系资本的内涵。相对于关系资源静态的属性，关系资本具有动态的属性。

③ Dunning(2003)提出了“关系资产”的概念，用于进行跨国公司的跨国行为研究。他将“关系资产”界定为公司在经济上接触、创造或塑造机会并协调资源、开发潜力的意愿与能力资产，关系资产是使关系产生利益、维持并提升这种关系的必要因素。这些以不同形式呈现的关系不仅存在于个体之间，还存在公司或组织之间。基于共同的利益关系，公司可以获取其他公司有价值的资源为己所用，自己的资源也可以为他人所用。关系资产的建立可以使关系成员之间实现双赢的效果。关系资产具有几个特征，如无形性、辅助性和价值创造性等，其核心的观念性特征体现为信任、价值和互利。公司可以利用这些特征在关系参与者之间创造有效的二维或网络合作机制，实现资源、信息、知识、技术等方面的共享。Galbreath (2002)认为，关系资产能够构建公司有价值的关系资本储存和最重要的无形资产。

④ Morgan W Bruce. *Strategy and Enterprise Value in the Relationship* [M]. International Thomson Publishing House, 1998.

⑤ Edvinsson J, Roos L G Roos. *Intellectual Capital: Navigating in the New Business Landscape* [M]. New York: New York University Press, 1998.

⑥ Johnson Jonathan L, Ellstrand Allan E. Number of Directors and Financial Performance [J]. The Academy of Management Journal, 1999, 42(6): 674–686.

友谊产生的程度”(Kale,2000)①,“组织层次或个体层次间的互信、友好、承诺、专用性投资等独特关系资源”(宝贡敏、王庆喜,2004)②,“涉及信任、社会交往、共同准则、目标的一种交换”(De Clercq & Sapienza, 2006)③,“企业与客户、供应商、合作伙伴等形成的相互受益的关系网络”(万君康,2006)④等。

从以上对于“关系资本”内涵的理解可以发现,企业的“关系资本”是以企业为核心形成的关系网络,该关系网络的建构以信任、互惠、相互理解与尊重为基础,企业利用该网络为企业的发展获取信息、攫取资源、提高效率、增强企业整体竞争力,进而为自身创造价值或增加价值。

企业在生产实践中必然会与不同方面的人和组织发生联系,并形成某种特定的关系。这些关系存在一定的内在价值,而且会影响企业的经营,提升或者削减企业的原有价值,于是,这些具有价值的关系也便具有了“资本”的特征。关系资本通过企业与外部利益相关者之间建立互惠关系、在企业内部建立和谐关系,以及公司系统内建立协同关系,使得参与经营实践的双方或多方在互利互惠的基础上,共同创造价值。

企业关系资本构成的异质性对于关系资本价值具有重要意义。关系资本蕴含于相互尊重与认同的关系网络之中,关系资本通过关系行为者之间的互动与联系得以显现,而衍生关系资本的关系网络具有固定性,关系资本的大小与重要程度与关系中蕴含的资源密切相关。关系资本的建构是一个复杂的过程,其建构的基础是资源组合、社会相容性和治理结构等结构性因素,建立的起点是联系,建立的内容是以信任为基础、对关系性资源进行专用性投资。关系性资源,是指旨在帮助企业获得关系性租金、形成企业独特竞争优势的人际资源。关系资本形成的先决条件是通过选择合适的伙伴,进而形成关系网络资源。在关系网络内,并非所有关系都有存在的价值;在关系网络的构建环节上,并非所有的行为者都具有同等重要的地位。关系资本就是具有某种联系的利益相关者为了追求利益而进行资源和信息分享的一种价值资本。基于利益相关者的价值特征理论(Mitchell,1997)⑤,Ronald

① Kale P, Singh H, Perlmutter H. Learning and Protection of Proprietary Assets in Strategic Alliances: Building Relational Capital [J]. Strategic Management Journal, 2000(21):217 -237.

② 宝贡敏,王庆喜,战略联盟关系资本的建立与维护[J].科研与发展管理,2004,16(3):9 -14.

③ De Clercq D, Sapienza H J. Effects of Relational Capital and Commitment on Venture Capitalist: Perception of Portfolio Company Performance[J]. Journal of Business Venturing,2006, 21(3): 326 -347.

④ 万君康.合资企业本土化管理中智力资本的融合[J].特区经济, 2006,8:218 -219.

⑤ Mitchell R K, B R Agle, D J Wood. Toward a Theory of Stakeholder Identification and Salience: Defining the Principle of Who and What Really Counts [J]. The Academy of Management Review, 1997,22(4): 853 -886.

K. Mitchell & M. Joseph Sirgy (2007)开发了利益相关者关系等级模型,对利益相关者在关系网络中的价值进行了量化研究,并以此为基础将关系区分为内部关系和外部关系、核心关系、主要关系、边缘关系以及初级关系和深化关系。① 企业异质性关系资本的生成就是依据关系等级模型,确定关系开发和管理的优先顺序和特别领域,有针对性地进行投资开发和高效管理。本研究将跨国公司的异质性关系资本的生成维度分为三个层次,外部性关系[政府、消费者(顾客)、合作者(竞争者)]、内部性关系(企业内部员工之间、企业与员工之间)和系统性关系(母子公司之间)。

在华跨国公司可以通过采用适宜的跨文化整合模式将中国政府、消费者(顾客)、合作企业(竞争企业)、企业内部员工、母公司等利益相关者联结在一起,构成企业不可替代、不可模仿、不可交易的独特优势,以此生成关系租金,创造关系收益,为企业创造额外价值。

基于以上分析,本研究将在华跨国公司关系资本界定为通过创建外部互惠、合作关系[即企业与政府等控制资源或信息的权力部门形成的社会关系、与产品或服务的购买方(消费者、顾客)形成的横向关系、与市场中的合作者(竞争者)形成的纵向关系]、内部和谐关系(即企业内部员工之间的人际和谐、企业与员工之间的价值观契合)和系统协同关系(母子公司文化内容与战略目标的协同、一致)的整体框架,构建以信任为基础的信息和资源共享机制,创造或增加企业价值。

1.4 研究范围

“在华跨国公司”是一个具有极大范畴的概念,囊括了来自所有国家、各种不同行业的在华跨国公司,给本研究的具体操作带来了一定的困难。为了使研究过程及研究结论科学有效,本研究在样本选择上进行了界定和筛选,将主要样本的国家来源限定在美国,将主要样本的行业来源限定在 IT 行业。之所以选择美国作为研究样本来源国,主要在于美国在全球的政治经济地位、中国民众对美国跨国公司的认可度和中美之间较大的文化差异等因素,使得研究样本和研究本身更具有典型性。行业是影响跨文化整合的一个重要因素,不同的行业具有不同的经营内容,因而会拥有不同的利益相关者;即便拥有相同的利益相关者,它们在行业关系网络

① Ronald K Mitchell, M Joseph Sirgy. Enabling Guanxi Management in China: A Hierarchical Stakeholder Model of Effective Guanxi [J]. Journal of Business Ethics, 2007(71):301-319.

中所处的地位和所发挥的作用也会有所不同。此外,行业本身也带有文化特征,不同行业因其经营内容和提供的产品或服务的差异,与文化、特别是地域文化具有不同的关联度,使其对异文化的敏感度、对异文化的处理方式及策略也会有所区别。本研究的主要样本来源于 IT 行业:一是因为 IT 是主要案例来源国美国的优势产业,在华投资所占比重较大(姚继东,2013)①;二是因其行业文化的特殊性,与政府(信息安全)、消费者(个性化需求与文化特征)、合作者(战略联盟)、员工(本土化)、母公司(垂直管理)等利益相关者具有更为紧密的联系,它们之间建构的关系资本也便具有更大的价值。

为了使研究结论更具代表性和普遍性,本研究在访谈案例的样本选择上进行了某种程度的拓展,一是可以进行对比性研究,二是增强研究结论的科学性和实用性。

1.5 研究方法、技术路线

1.5.1 研究方法

本研究主要使用定性研究范式,分析在华跨国公司跨文化整合模式选择机理,不同整合模式对关系资本建构的影响。本研究使用的定性研究方法主要有文献研究、案例研究和深度访谈研究。

文献研究梳理了跨文化研究维度,跨文化冲突管理,跨文化整合,跨文化整合模式,跨文化整合模式选择,中国"关系"文化内涵及目前研究局限,关系资本与社会资本关联,关系资本的内涵、形成原因、测量、功能以及建构维度等方面的内容,为构建基于关系资本建构的跨文化整合模式选择模型(即 24 个命题假设)奠定了基础。案例研究对 24 个命题假设进行了验证,深度访谈研究进一步验证了 24 个命题假设、特别是不成立的命题假设,在此基础上修正了模型。

案例研究本质上是一种经验主义的探究,其应用基于这样一种情景:现象与背景之间界限不明显,需通过运用大量事例证据来开展研究。本研究中的跨文化整合模式与关系资本目前还没有形成权威的标准,特别是对于跨文化整合模式的研究,多属于定性描述,比较适合采用案例研究。

① 姚继东.在华日资企业员工工作满意度调查——与在华美资企业比较[J].经营与管理,2013(12):36-40.

1.5.2 技术路线

本研究的技术路线见图 1－2。

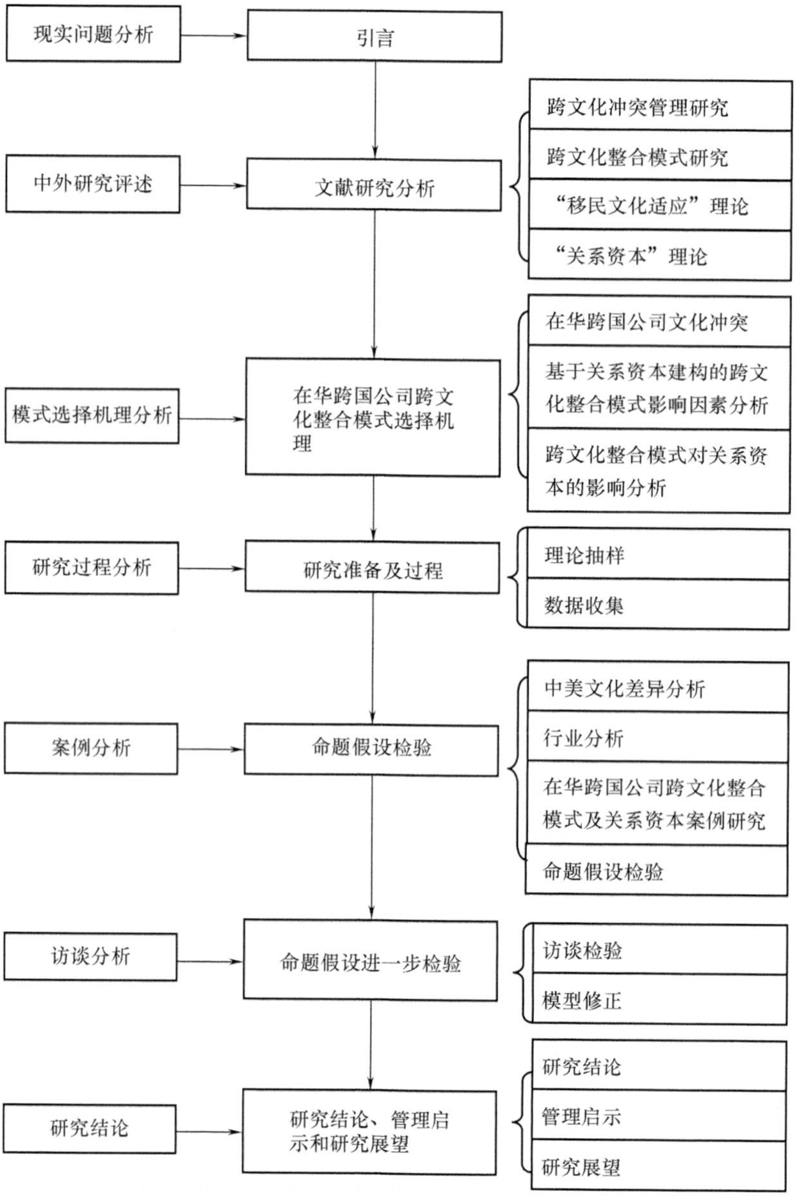

图 1－2　研究的技术路线

1.6 篇章结构

本书共分七部分:

(1)引言。本章主要论述论文的研究背景、研究意义(理论意义和实践意义)、基本概念界定、研究方法和技术路线、篇章结构和研究创新。

(2)文献综述。本章按照跨文化差异的维度——对差异导致的冲突进行管理的理论及策略——跨文化整合理论及模式——跨文化整合模式选择——移民文化适应理论——关系资本研究的路径,对相关中外文献进行了回顾与梳理。在跨文化差异的维度方面,重点分析霍夫斯泰德等学者提出的不同的文化维度划分;在管理的理论及策略方面,分析了中西商业文化、企业文化对比研究的成果;在跨文化整合模式部分,梳理了跨文化整合的内涵、跨文化整合模式理论与模式类型、跨文化整合模式选择的影响因素等中外研究成果;针对“移民文化适应理论”,梳理了“移民文化适应”的概念、研究发展阶段、理论与模型、Berry 的“移民文化适应理论”以及“移民文化适应”的归因与影响因素;在关系资本研究方面,梳理了中国文化情境下的“关系”内涵、社会资本理论研究、社会资本与关系及关系资本的关联、关系资本的内涵、成因、测量、功能及建构维度等方面的研究成果,点明了本研究主要关注的问题。

(3)基于关系资本建构的在华跨国公司跨文化整合模式选择机理。本章基于在华跨国公司文化冲突现状,对基于关系资本建构的跨文化整合模式影响因素进行了分析,并在此基础上研究分析了不同的跨文化整合模式对关系资本建构的影响状况,提出了跨文化整合模式与关系资本建构的 24 个相关命题假设,完成跨国公司跨文化整合模式选择机理的模型建构。

(4)研究过程分析。本章介绍了研究样本的抽样和数据收集两部分内容。其中样本抽样描述了案例研究和访谈研究样本的抽样原则和抽样企业状况;数据收集分析了案例问题与访谈提纲设计、数据收集程序以及研究的信度和效度问题。

(5)案例研究:命题假设检验。鉴于本研究的样本主要来自于美国在华 IT 行业的跨国公司,本章首先对中美国家文化层面、企业文化层面的差异进行了对比研究,对 IT 行业的经营特点进行了分析,为跨文化整合的实施和整合模式选择做了必要的铺垫。在此基础上通过对代表四种整合模式的四个典型案例研究,检验了第三章中提出的 24 个研究命题假设,进行了检验结果分析。

(6)访谈研究:命题假设的进一步检验。为了强化检验结果的准确性,本研究通过深度访谈对命题假设进行了进一步验证,对未被证明的命题假设给予了解释和说明,并在此基础上修正了模型。

(7)研究结论、管理启示与研究展望。综合整体研究,本章总结了六点研究结论,并在此基础上提出了两点管理启示,同时对未来的研究进行了展望。

1.7 研究创新

本研究的创新之处体现在以下四个方面:

(1)在研究内容方面,本研究在跨国公司跨文化整合模式选择中嵌入了"关系资本"这一中国本土文化元素,形成了在华跨国公司跨文化整合模式选择研究的全新视角。

(2)在理论基础方面,本研究借鉴了"移民文化适应"理论和"关系资本"理论两个理论,以此为基础搭建了本研究的整体理论框架。"移民文化适应"理论是本研究中跨国公司跨文化整合模式形成的理论基础,本研究既考虑到移民和跨国公司两者在适应东道国(或移居国)文化环境方面的相通之处,又考虑到移民作为个体的人为因素和跨国公司作为组织的系统因素在来源国系统控制、移入者的文化势力强弱、移入国(东道国)对移入者的反应、移入国(东道国)的特殊文化元素及对移入者进行异文化适应的影响状况等方面的差异,以及这种差异导致形成的不同的跨文化整合模式。"关系资本"理论是研究主体进行目标建构的理论基础,本研究对西方学术界所热衷的"社会资本"理论、中国社会文化领域关注的"关系资本"理论等相关理论进行分析之后,综合考虑中、西学术界在"关系资本"研究上的交叉、中国传统文化和现代社会对"关系"及"关系资本"内涵理解的融合等状况,分析了在华跨国公司关系资本存在的不同层次与维度,搭建了中国情境下异质性关系资本建构的框架。

(3)在模型构建方面,本研究在文献研究的基础上,提出了在华跨国公司跨文化整合的四种模式(源于 Berry 的"移民文化适应"理论)和关系资本建构的六个异质性维度(源于"关系资本"理论),两者的排列组合形成了 24 个命题假设的理论研究模型,这个理论模型具有一定的学术逻辑性和实践指导性,对后人进行跨国公司跨文化整合模式选择、关系资本建构等方面的研究具有参考价值。

(4)在命题假设检验方面,通过案例检验和访谈的进一步检验,对理论模型进行了修正,得到了有价值的研究结论和管理启示。

2 文献综述

跨文化整合模式选择研究是出于满足进行有效跨文化整合的需要,而进行跨文化整合是基于跨文化冲突的现实、进行跨文化管理的必然途径和过程。随着经济全球化进程的加快,更多的跨国公司来到中国发展。跨国公司来源国的文化与中国文化存在差异,这些差异给跨国公司在华经营造成了巨大障碍和阻力,跨国公司若不能有效解决这一问题,将会给跨国公司在华经营带来负面影响,甚至导致在华经营的失败。

中外学者从管理学、经济学、社会学、文化学等不同学科角度和层面,对在华跨国公司面临的问题进行了研究,并以这些研究成果为基础,提出了解决跨文化冲突的理论模式和具体策略,其中跨文化整合就是目前中外学者研究的热点之一。相关研究提出了跨文化整合的不同的模式,以及对这些模式进行选择和应用的条件和环境。中国有着特殊的文化环境,这种特殊性对在华跨国公司的经营产生了影响。“关系”和在此基础上形成的“关系资本”是中外学者公认的中国文化特有元素,这一特有元素不但影响着在华跨国公司进行跨文化整合模式的选择,还决定着跨国公司在华的经营和发展状况。Granovetter (1985)认为,经济行为受制于社会关系的影响,网络关系会对个体或组织行为有促进或阻碍作用,这是关系嵌入的核心内容。①

本章将对以上问题的中外研究成果进行梳理和分析。

2.1 跨文化冲突和管理研究

2.1.1 跨文化维度研究

目前,对于跨文化的维度、内容以及不同文化间的比较,存在以下研究成果及

① Granovetter M. Economic Action and Social Structure: the Problem of Embededness[J]. American Journal of Sociology, 1985(91): 481 -510.

结论(见表2-1)。

表2-1 跨文化维度

研究人员	研究内容
霍夫斯泰德(Hofstede)(1980,1991)	提出了国家文化的五个维度:个人主义/集体主义(Individualism/Collectivism)、权力距离(Power Distance)、男性度/女性度(Masculinity/Femininity)、不确定性规避(Uncertainty Avoidance)、长期导向/短期导向(Long-term/Short-term)
克拉克洪和斯乔贝克(Kluckhohn & Strodtbeck,1961)	从文化人类学视角提出了人与自然的关系、普遍的人性、时间取向、空间取向、行为取向和人们之间的关系六大价值取向理论,形成了文化六向量价值取向模型
川普涅尔(Fons Trompenaars,1993,1998)	将民族文化差异描述为与他人的关系、对时间的态度、对空间的态度三个方面,并将这三个方面的问题细化为七个维度,普遍性/特殊性、个人主义/集体主义、情感内敛/情感外露、具体性/扩散性、成就/归因、长期导向/短期导向、自然内控/自然外控,并对这七种完全对立的文化倾向构建了调和模型,认为只有当对立的文化实现良性循环时,才能达到任何一种单一文化都无法企及的新高度
霍皮(Hoppe,2005)	构建了文化的七维度模型,即身份的来源和表现(Source and Experience of Identity)、权威的来源和表现(Source and Experience of Authority)、成就的手段和目标(Means and Goals of Achievement)、对不确定性和变化的反应(Response to Uncertainty and Change)、获得知识的方式(Means of Knowledge Acquisition)、时间导向(Orientation to Time)、对自然环境和社会环境的反应(Response to natural and Social Environment)
爱德华T.霍尔(Edward T. Hall,1976)	在对不同文化交流风格研究的基础上,提出了高情境文化(High-context Culture)/低情境文化(low-context Culture)理论,所谓高情境文化,是指在进行文化传播时,大部分信息内含于物质情境或信息发出者自身,而非通过编码传递的信息之中;与此相反,低情境文化是指信息通过情境来传递,较少隐含于情境或交流双方的默契中
麦克尔H.邦德(Michael H. Bond,1987)	在对中国人价值观调查的基础上,提出了中国文化四维度:儒家思想(Confucian Dynamism)、人情观念(Human Heartedness)、整体一致(Integration)、道德规范(Moral Discipline)
奥利沃(Oliver,1994)	在中西文化比较的基础上,将中国的文化价值观归纳为天人合一、人与自身、关系导向、时间导向和个人活动导向等五个方面,具体表现为12个维度:和谐宇宙观、缘、自卑心理、情境取向、尊重权威、相互依赖、群体取向、面子、持续、过去导向、中庸、和谐关系
宝贡敏(1999)	研究了跨文化的六个维度:竞争导向/合作导向、风险态度、自然力/社会力/精神力、理性逻辑/情感逻辑、机械化/随意性、时间倾向

续表

研究人员	研　究　内　容
黎永泰,黎伟(2003)	提出了 MRRTA 跨文化维度方法:管理导向、风险偏好、责任主体导向、思维习惯、成就导向
范徵(2004)	搭建了国际商务沟通的七种基本文化倾向框架,对中国文化情境下的七种文化因素进行了分析,世界观方面表现为爱国主义敏感性、人性论上表现为小生产者心态、人际关系方面表现为大家庭制、行为方式方面表现为关系导向、思维方式方面表现为务虚先于务实、空间方面表现为礼貌、时间方面表现为耐心
张广宁(2011)	对中、美国家文化进行了整体对比研究,将前人对中国文化的研究成果归纳总结为"天人合一"的群体和谐观、"情、理、法"的人际关系论、"伦理至上"的差序格局、"崇尚权威"的高权力距离、"求稳怕变"的强不确定性规避、"不患寡而患不均"的平均主义、"家国一体"的集体主义、"协调折中"的中庸之道;美国文化表现为"自我实现"的个人主义、"法、理、情"的契约精神、"功利务实"的实用主义、"冒险进取"的英雄主义、民主与平等、"变革破旧"的创新精神

资料来源:Hofstede G. *Culture's Consequences: International Differences in Work - Related Values*[M]. Bevely Hills, CA:Sage, 1980; Hofstede G. *Cultures and Organizations: Software of the Mind: Intercultural Cooperation and Its Importance for Survival*[M]. New York: McGraw Hill, 1991; Kluckhohn F R, Strodbeck F L. *Variations in Value Orientation* [M]. New York : Harper and Row, 1961; Trompenaars F, Hampden - Turner C. *Riding the Waves of Culture, Understanding Diversity in Global Business*[M]. New York:McGraw Hill , 1993; Dalton M. 成功的全球化管理者[M]. 王俊杰,译. 北京:人民大学出版社,2005; Edward T Hall, *Beyond Culture* [M]. Anchor Book, 1976; Oliver H,W Yau. *Consumer Behavior in China: Customer Satisfaction and Cultural Values* [M]. T. J. Press (Padstow) Ltd,Padstow Cornwall,1994,68;尹国梁,张丽丽. 分析运用麦克尔・邦德理论:中国价值观调查及社会功利研究[D]. 第六届中国跨文化交际年会论文,2005;宝贡敏. 定向选择方向性目标模式——关于我国外贸企业生存、发展方向思考[J]. 国际贸易,1999(9);黎永泰,黎伟,企业管理的文化阶梯[M]. 成都:四川人民出版社,2003:464 - 468;范徵. 跨文化管理:全球化与地方化的平衡[M]. 上海:上海外语教育出版社,2004:199;张广宁. 在华合资企业核心员工跨文化管理研究[M]. 北京:经济管理出版社,2011:4.

霍夫斯泰德(Hofstede,1980, 1991)对 IBM 分布在 40 个国家和地区的 11.6 万名员工进行了文化调查,在此基础上提出了国家文化的五个维度:个人主义/集体主义(individualism/collectivism),即组织成员对个人利益和集体利益不同的关注程度;权力距离(power distance),即组织成员对权力分配不公的容忍程度;男性度/女性度(masculinity/femininity),即组织成员追求成功和金钱的程度与追求生活质量的程度;不确定性规避(uncertainty avoidance),即组织成员对不确定事件的接受程度;长期导向/短期导向(long - term/short - term),即组织成员对时间的重视程度。

尽管该研究结论取得了举世瞩目的成就,但也因其静态性、研究对象、研究样本和研究内容的局限性而引发了质疑(Bond,1989;Werner Braun & Malcolm Warner,2000)。

克拉克洪和斯乔贝克(Kluckhohn & Strodtbeck,1961)从文化人类学视角提出了人与自然的关系(征服、臣服、和谐相处)、普遍的人性(性善论、性恶论、中性/混合论)、时间取向(注重现在、重视过去、重视未来)、空间取向(公共空间、隐私空间、混合空间)、行为取向(行动、存在、自制)和人们之间的关系(个人主义、集体主义、等级关系)六大价值取向理论,形成了文化六向量价值取向模型。

川普涅尔(Fons Trompenaars,1993,1998)提出了文化架构理论,认为跨文化要素包括地位、成熟、归属、时间、情感性、特殊性、弥漫性等,并将民族文化差异描述为与他人的关系、对时间的态度、对空间的态度三个方面,并将这三个方面的问题细化为七个维度,普遍性(规则意识和制度导向)/特殊性(注重"关系",决策和计划依据情境因素进行调整)、个人主义(自我取向)/集体主义(群体取向)、情感内敛(善于控制情感,不轻易表达)/情感外露(倾向情感自然表露)、具体性(将私人生活空间和工作空间分开)/扩散性(没有独立的私人生活空间,私人生活空间和工作空间交叠)、成就(成就决定社会地位和认可度,强调"做了什么")/归因(家庭背景、社会关系、年龄等外在因素决定社会地位,强调"是什么")、长期导向(注重未来)/短期导向(注重现在)、自然内控(让环境为自己服务)/自然外控(适应环境),并对这七种完全对立的文化倾向构建了调和模型,认为只有当对立的文化实现良性循环时,才能达到任何一种单一文化都无法企及的新高度。

霍皮(Hoppe,2005)等人构建了文化的七维度模型,包括:身份的来源和表现(source and experience of identity)(集体:强调整体/个体:强调自身)、权威的来源和表现(source and experience of authority)(努力工作:生而平等/与生俱来:先天决定)、成就的手段和目标(means and goals of achievement)(温和:工作为了生活/严厉:为工作而生活)、对不确定性和变化的反应(response to uncertainty and change)(动态:惯于变化/静态:惯于稳定)、获得知识的方式(means of knowledge acquisition)(观察思考/行动实践)、时间导向(orientation to time)(时间稀缺:时间线性/时间充足:时间环行)、对自然环境和社会环境的反应(response to natural and social environment)(存在:和谐/行动:控制)。

爱德华 T. 霍尔(Edward T. Hall,1976)在对不同文化交流风格研究的基础上,提出了高情境文化(high - context culture)/低情境文化(low - context culture)理论,

所谓高情境文化，是指在进行文化传播时，大部分信息内含于物质情境或信息发出者自身，而非通过编码传递的信息之中；与此相反，低情境文化是指信息通过情境来传递，较少隐含于情境或交流双方的默契中。

麦克尔 H. 邦德（Michael H. Bond，1987）在对中国人价值观调查的基础上提出了中国文化四维度：儒家思想（confucian dynamism）、人情观念（human heartedness）、整体一致（integration）、道德规范（moral discipline）。儒家思想强调社会结构的有序性，利用人们对社会地位的尊崇理顺人际关系；人情是指人之间的感情，是中国人行为行事的基础；整体一致是指对别人的容忍力；道德规范是指适度、谨慎和适应力。

奥利沃（Oliver，1994）在中西文化比较的基础上，将中国的文化价值观归纳为天人合一、人与自身、关系导向、时间导向和个人活动导向等 5 个方面，具体表现为 12 个维度：和谐宇宙观、缘、自卑情怀、情境取向、地位与权威、互相依赖、集体价值取向、面子（脸面）、持续性、过去导向、中庸思想、和谐关系。

宝贡敏（1999）提出了跨文化的 6 个维度：竞争导向/合作导向、风险态度、自然力/社会力/精神力、理性逻辑/情感逻辑、机械化/随意性、时间倾向。

黎永泰、黎伟（2003）提出了 MRRTA 跨文化维度：管理主体（人治/法治）、不确定性偏好（强/弱）、责任主体（集体/个人）、思维模式（演绎/归纳）、成就取向（绩效/因袭）。

范徵（2004）搭建了国际商务沟通的 7 种基本文化倾向框架，并在此框架下对中国文化情境下的 7 种文化因素进行了分析，具体体现为：①世界观方面表现为爱国主义敏感性。个人、集体和国家形成统一体，为了民族大义可以放弃个人小利，民族感情不容伤害。②人性论上表现为小生产者心态。随着中国特色社会主义市场经济的推行，中国传统文化中的“性善论”逐渐让位于“中性论”与“性恶论”；“诚信”与“信任”被“造假”和“怀疑”代替，这是“小生产者”文化劣根性的体现。③人际关系方面表现为大家庭制。组织就是一个家庭，家庭要呵护每个成员，成员要为家庭奉献付出；成员归属、依附于组织，组织为成员负责。“修身、齐家、治国、平天下”的传统文化理念就是这一模式的思想基础。④行为方式方面表现为关系导向。“关系”是中国文化特有的成分因素，指人的社会联系和人际交往网络，特别指通过非正式渠道建立的交往关系，因此也往往被狭义地理解为“后门”。在中国情境下，商业活动的成功与否与“合作伙伴、客户以及政府方面”所建立关系的密切程度相关。⑤思维方式表现为务虚先于务实。中国哲学的方法论强调整体性思维，先原则后具体，先整体后部分，先大后小，先主后次，呈现为典型的曲线式形象思维,反映到商务环境中,表现为先谈“空话或虚话”,“兜圈子”,回避实质性问题,即务虚先于务实。⑥空间方面表现为礼貌。中华民族历来为“礼仪之邦”,中国文化推崇“中庸之道”,强调含蓄与谦让,顾及对方的面子。⑦时间方面表现为耐心。中华民族注重历史,强调传统,强调“以史为鉴”;同时又看重未来,关注长远,喜欢“未雨绸缪”。

张广宁(2011)对中、美两国的国家文化进行了整体对比研究,根据前人研究将中国文化归纳总结为“天人合一”的群体和谐观、“情、理、法”的人际关系论、“伦理至上”的差序格局、“崇尚权威”的高权力距离、“求稳怕变”的强不确定性规避、“不患寡而患不均”的平均主义、“家国一体”的集体主义、“协调折中”的中庸之道;美国文化表现为“自我实现”的个人主义、“法、理、情”的契约精神、“功利务实”的实用主义、“冒险进取”的英雄主义、民主与平等、“变革破旧”的创新精神。

2.1.2 跨文化商业管理模式对比研究

唐炎钊等(2012)将商业文化解构为三个层次,基本假设(商业活动存在的原因和方式)、价值观体系(包括价值观判断的伦理道德、价值观选择、商业目的)和商业行为模式(商业制度和惯例、商业礼仪、商业沟通等),并从13个维度对中西商业文化及管理模式进行了对比,见表2-2。

表2-2 中西商业文化及管理模式的对比

		中国	西方
基本假设	对商业的态度	轻商,自古以来“重农抑商”,认为“无商不奸”;进入现代社会,特别是改革开放以来,商业的社会地位有了很大提高	重商,崇商,自古希腊以来,商业便被认为是高尚的职业,重商主义更将商业、特别是对外贸易视为创造财富的主渠道
	企业经营活动与环境(自然环境和利益相关者)的关系	“天人合一”的自然观要求经济的“可持续发展”与环境保护的协调一致,但目前经济的发展已经背离了这一理念;儒商思想要求“尚中贵和”“和气生财”,营造和谐的人际关系	“为我所用”的自然观和功利主义使得以牺牲环境求得经济的发展,形成了“先污染后治理”的发展逻辑;“制度化”的商业运作模式和简单的人际关系
	对时间的看法	灵活把握时间,依据形势发展随时调整计划和安排	缜密进行工作计划,严格按照计划行事,守时,惜时

续表

		中国	西方
价值观体系	商业伦理——诚信	以传统道德为基础,强调自我约束和自律作用,依靠社会舆论进行监督的诚信商业原则	基于道德和神学基础上,以“追求财富”和“绝对理性”为核心,具有“工具和功利导向性”特征和契约精神的商业伦理
	义利观	儒家的“以义制利”和“舍利取义”观,讲究商业诚信,恪守道德;“商业成功”不是终极追求,国家责任和民族大义至上;突破个人的商业组织盈利观,从社会和人生层面思考组织本质,“义”是商业文化的价值核心	“个人利益”的合法性与至上性;肯定道德的功能,利己之余同时利他;强调平等竞争;否定道德评价中的行为动机,强调功利效果,“功利精神”是西方商业文化的核心价值观
	风险观	“贵和持中”理念,求得企业内部“一团和气”,外部“互利合作”;“中庸之道”使得商人不愿冒险,拉帮结派分担或共同承担风险	倡导竞争与冒险,认为冒险是事业成功的前提
商业行为模式	商业交往策略	“情、理、法”,重感情,讲道理,不愿诉诸法律解决问题	“法、理、情”,诉诸法律作为解决问题的首选方式,商业活动要有正式的合同与契约
	商业合作方式	依靠“熟人信任”所形成的“关系网络”和“依赖网络”是商业经营的有效方式	“制度、法律和契约”的信任与合作是商业运作的保证
	商业沟通风格	具有间接性、简明性、情景性和情感性等特点,信息模糊、言简意赅、心领神会、强调谈话者和角色关系、注重语言过程、以信息接收者为中心	具有直接性、详尽性、私人性和工具性等特点,信息清晰、信息量大、强调发言者个人、注重语言目标、以信息发送者为中心
	商业谈判行为	先原则,后细节;强调集体责任和个体权利;注重过程和立场	先细节,后原则;强调个体责任和集体权利;注重利益和结果
	商业习俗	注重外在形象和仪式	注重内容和实际状况
	工会的作用	附属于企业组织,遵从企业的整体管理,既服务于员工,也效力于企业	具有很大话语权,维权意识强烈,好争辩,愿意采取激进的行动
	商业公关行为	无科学公关意识,严重依靠政府,忽略媒体	保密式公关、试探式公关和做秀式公关三种形式,公关策略丰富

资料来源:唐炎钊,张丽明,陈志斌.中国企业跨国并购文化整合方案探究[M].北京:中国经济出版社,2012,笔者进行了整理。

2.1.3 跨文化企业管理模式对比研究

日本学者松本厚治对中、日、欧美三种企业管理模式进行了研究，见表2－3。

表2－3 中、日、欧美三种企业管理模式

企业国别	管理模式内容
中国企业	将计划经济体制下的企业管理模式冠名为“观念论”上的主人翁管理模式；“主人翁”仅是一种感觉假象，并非实质存在，导致员工做事不认真，劳动生产率低；中国国有企业的任命方式导致企业领导只对上负责，注重短期效益，而不关心企业长远的生存和发展
日本企业	终身雇佣制、年功序列制、平均分配制、福利制，不会导致铁饭碗、大锅饭、平均主义等负面效应，增加了员工的忠诚度和归属感；工会与企业既非对立关系，也不是从属关系，而是采取内部协商的方式来解决问题；员工具有主人翁精神，与企业所有者和管理者共同承担内部管理和外部发展的责任
欧美企业	企业内部具有既能保障股东利益、又不妨碍管理者进行自主管理，同时企业所有者又能对企业管理者进行监督的相互制衡的治理结构和运行机制；但董事会权力过于集中导致员工对企业缺乏认同感，对企业建设和决策缺乏参与精神；而欧美民族文化（将欧美视为文化一体①）的短期价值取向又使得员工具有较差的稳定性，与企业长期利益具有较小的重叠区域

资料来源：汤正华. 中西管理伦理比较研究[D]. 南京：南京理工大学，2005，笔者进行了整理。

张广宁（2011）也对中、日、美三个国家的文化及管理模式进行了对比研究，见表2－5。

---

① 严格来说，即便文化极为相近的、同为深受基督教文化影响、精神基础相同的欧洲各国之间，也存在一定的差异，见表2－4。

表2－4 欧洲管理模式特点的比较

层面	西欧	东欧	北欧	南欧
公司管理模式	商业性	工业式	管理式	家庭式
管理特征	经验感觉	发展直觉	职业思想	交际感觉
机构模式	推销术交易	生产体制	控制等级制	人事网络
社会思想意识	实用主义的自由市场	完整的社会市场	国家的统治	人道主义公有制

资料来源：根据林新奇的《国际人力资源管理》中“欧洲管理特点的比较”基础上编制而成。

表 2－5 中、日、美国家传统文化及企业管理模式

	中国	日本	美国
传统文化	“天人合一”的群体和谐观；“情、理、法”的人际关系论；“伦理至上”的差序格局；“崇尚权威”的高权力距离；“求稳怕变”的强不确定性规避；“不患寡而患不均”的平均主义；“家国一体”的集体主义；“协调折中”的中庸之道	“共同发展”的家族精神；“自我约束”的“和”文化；“协调合作”的集体本位主义；“忠诚、奉献”的“忠”“孝”文化；“岛国意识”造就的学习精神和民族感；“企业与国家”一致的价值取向；“注重教育”的国民素质培养观	“自我实现”的个人主义；“法、理、情”的契约精神；“功利务实”的实用主义；“冒险进取”的英雄主义；民主与平等；“变革破旧”的创新精神
语言	汉语为母语，英语为主要国际交流语言，英语读写能力较强	日语为母语，英语为主要国际交流语言，英语交流能力较差	英语为母语
沟通方式	语言含蓄，信息模糊，很少提出反对意见	表达委婉含蓄，间接沟通	立场鲜明，沟通直接，善用数据说明问题
信任	基于“血缘、学缘、乡缘”的信任网络	对整个社会都具有高度信任感	基于制度的契约“信任”
人际关系	情、理、法	理、法、情	法、理、情
人事制度	国企领导属于组织委任，民企一般来自家庭成员；考核参照工作动机、态度和资历	注重员工培训以及不同岗位之间的交流	不论资排辈，讲究实力，唯才是用，看重结果
团队	团队多临时组建，团队利益高于个人利益，个人倾向于服从集体	注重团队建设，团队是企业的主要工作形式，注重员工间合作	多为“自由团队”，团队成员更相信自己的能力，竞争力大
决策	多用投票方式，领导拍板；决策被动迟缓，员工参与率较低	U 型决策，先自上而下提出设想，再自下而上反馈建议	个人主义本位的直线式决策，高层决策，基层执行监督
参与度	参与度低	参与度高	参与度高
绩效管理	注重形式和结果，看重背景和关系	能力、资历和适应性的平衡，晋升缓慢	职位分析、强能力、快晋升
忠诚度	更倾向于“忠诚个人利益”	“以社为家”，忠诚于企业	以市场价值为核心的契约雇佣关系，忠诚于职业

资料来源：张广宁. 在华合资企业核心员工跨文化管理研究[M]. 北京：经济管理出版社，2011，笔者进行了整理。

张丽华、刘志刚(2002)以华为、微软、IBM 等中外 IT 行业巨头为例,分析了不同民族文化背景下同一行业企业间企业文化的异同,见表 2-6。

表 2-6　华为、微软、IBM 企业文化相同与相异性比较

	相同的企业文化	强者的企业文化(强者可以为个人、领导集团,甚至几代人或几代领导集团)	以人为本的企业文化	创新的企业文化	相异的企业文化	核心价值观定位	与政府关系(崇拜权威/平等)	传统文化背景	
华为		任正非(成长过程中经历的磨难造就了他顽强坚韧的性格,民营企业的体制保证了他对公司的绝对控制权)	强调"同甘共苦、荣辱与共"的集体主义团队精神,尊重知识,尊重人才	研发人员高达 50%,研发投入占总收入的 10%,研发奖励金额巨大,且在多地设立研究院		以国家、民族发展为大任、以报国、兴国为己任,强调社会责任	具有较强的意识形态倾向,服从现有政策与管理体制。		集体主义的民本观
微软		比尔·盖茨(集幻想与不懈追求于一身的个性、雄厚的知识储备、敏锐的战略眼光缔造了微软的个性文化)	不拘一格,尊重个性,保持员工独立的思想性	作为行业的开拓者和产品不断更新创造者,创新是微软的核心精神,学习型组织战略保证了创新的活力和生命力		尊重个人和个性自由,宣扬个人英雄主义	不屈从于国家政治权力机构,以企业利益为核心		个人主义的物本观
IBM		老沃森、小沃森、郭士纳(老沃森典型的"美国梦"式个人英雄奋斗历程缔造了"沃森哲学",并为历代领导团体继承)	尊重个人,将员工视为重要的资产,将"对人的尊重"贯穿于生产实践中	创新意识和变革精神保证了 IBM 从"计算——制表——记录"这一简单运作发展到 IT 航母的百年历程		尊重个人和个性自由,宣扬个人英雄主义	不屈从于国家政治权力机构,以企业利益为核心		个人主义的物本观

资料来源:张丽华,刘志刚. 核心竞争能力源于优秀的企业文化[J]. 企业经济,2002,笔者进行了整理。

2.1.4　跨文化冲突管理理论

跨文化管理也称为交叉文化管理,是指在跨文化条件下对异质文化冲突进行的管理（潘爱玲，2006）。①

国外跨文化管理理论产生于20世纪70年代，主要包括以下几种理论：

（1）跨国公司的整合同化理论。该理论认为跨国公司通过对内外资源进行整合，实现跨国公司多元文化的同化，建立具有独特性、发展性、层次性特征的管理组织与结构。整合同化理论认为东道国文化与母国文化、跨国企业各部门、不同文化背景的员工之间都可能存在文化差异，对于这些差异以及解决这些差异的不良影响需采取系统的观点进行研究。施奈德和巴尔索克斯（2002）考察了一个组织或团体在处理文化差异时可选择的三种基本组织战略：忽略、最小化和利用。忽略文化差异战略基于文化趋同理论之上，它忽略不同文化之间的差异以及差异带来的影响，秉持跨国公司母公司文化为核心的理念。该种策略可以使跨国公司多年以来形成的公司文化和价值观在全球共享，有利于实现一体化、规范化、标准化的管理。但不同国家和民族之间的文化存在差异是一个客观事实，在统一和标准化的政策推行与运营过程中，跨国公司也将会为此付出成本。文化差异最小化处理战略存在两种实施模式：一种模式是通过将各种文化均匀化，达到一种平衡，进而产生一致性；另一种模式是封闭隔绝各种文化，尽量减少不同文化间的接触与作用，减少潜在矛盾的发生。利用就是通过发掘不同文化的优劣之处，取他之长，补己之短，不同文化之间进行融合，进而形成1+1>2的协同效应。② 劳伦特指出，跨国公司进行跨文化管理应该清楚地认识到以下状况：母公司的管理方式仅是母公司所在国文化假设、价值观和行为模式的反应，是众多管理方式中的一种，与代表其他文化的管理方式相比，既非完美无缺，也并非一无是处；对于子公司所采用的管理方式，就其本质上讲，既非参照母公司的管理方式，也非以世界上的最优管理方式为标准，而是以找到最适合子公司所在文化和环境的管理方式为宜。③ 企业文化传播的关键在于是否适合当地的文化和环境，不能生搬硬套。

（2）合资企业经营理论。加拿大合资企业研究专家彼得·基林（Peter Killing）在《合资企业成功之道》一书中提出了合资企业经营理论，认为诚意与技术是合资企业管理的两个关键因素，相对于具有物质特征的技术而言，人的因素更为重要，人际信任与包容是合资企业关系的主要原则。④ Paul W. Beamish通过实证研究发现，需要和承诺是合资企业合作成功的先决条件。

① 潘爱玲. 企业跨国并购后的整合管理[M]. 北京：商务印书馆，2006：15.

② S Schneider，Jean-Louis Barsoux. 跨文化管理[M]. 石永恒，译. 北京：经济管理出版社，2003.

③ 林新奇. 国际人力资源管理[M]. 上海：复旦大学出版社，2004.

④ 彼得·基林. 合资企业成功之道[M]. 福州：福建人民出版社，1985.

(3)跨文化沟通理论。爱德华 T. 霍尔(1976)认为跨文化管理要素包括:沟通的信息(大部分内容不清晰/大部分内容清晰)、信息的理解(重视"情境"/重视"内容")、上下级关系(上级对下级行为负责/下级对自身承担相应责任)、协议形式(口头协议/书面协议)、人际信任(以信任为基础,"圈内人"与"圈外人"之分/以法律为基础,"圈内人"与"圈外人"区分不明显)、时间观念要素(不重视时间,但拘泥于形式/重视时间,不拘泥于形式)。①

(4)跨文化变革理论。加拿大学者南希 · 埃德勒(Nancy J. Adler)将跨国公司的跨文化变革分为国内、国际、跨国和全球四个阶段,并针对这四个阶段提出了相应的管理措施见表 2-7。②

表 2-7 跨国公司跨文化变革四阶段

阶段	第一阶段	第二阶段	第三阶段	第四阶段
范围	国内	国际	跨国	全球
关注内容	产品/服务	市场	价格	战略
战略	国内	跨国内	跨国	全球
观察角度	种族优越感	多中心的/地区中心的	跨国的	全球的/多中心的
文化敏感度	比较重要	非常重要	某种程度上重要	生死攸关的因素
相关者	无	客户	雇员	客户与雇员
层次	无	雇员与客户	管理者	高级管理者
战略假设	一种最好的办法	许多种好办法	成本最小的办法	许多种好办法

资料来源:赵曙明. 跨国经营与海外投资[M]. 武汉:湖北教育出版社,1996,笔者进行了整理。

国内关于跨文化管理研究主要集中在以下几个方面:①跨文化管理的价值创造。范徵(2004)研究了跨文化管理中的文化差异成本与跨文化交易成本,从额外的时间、努力、注意力的付出所带来的成本视角,分析了战略伙伴的文化类型中同类文化组合、相对文化组合、坦率度相同组合以及反应度相同组合,提出了两种文化关联作用下的三种情况以及相应的跨文化管理策略,文化平行/并存、文化交叉/融合、文化包含/覆盖,并从跨国公司核心能力培育的高度,建构了跨文化核心能力体系(由人力、技术、组织、客户、社会等知识资本构成的能力要件的向心运动的系

① Edward T Hall. *Beyond Culture*[M]. Anchor Books, 1976.

② Nancy J Adler. *International Dimensions of Organizational Behavior*(3rd ed.) [M]. Wadsworth, Belmont, CA., 1997.

统学习),基于核心能力罗盘的价值创造(寻求跨文化共性:求同存异、利益关联、独立负责)、可延展性(文化平行/并存:控股—地方化、文化包含/覆盖:购并—全球化、文化交叉/融合:联盟—全球地方化)、难以模仿的整合(全球化与地方化的平衡能力:适应程度把握、战略性差异把握、第三种文化把握)和自学习性(跨文化培训:情感分析类型、精神认知类型、行为实践类型)的四种机制,分析了跨文化能力的价值创造机制。① 俞文钊(1996)分析了不同跨文化管理方式可能产生的两种效能,方式一:移植方式——僵化——低效失败;方式二:嫁接方式——活力——高效成功。② ②跨文化管理体系建构。赵曙明(1994)、胡军(1995)研究了国际公司跨文化管理体系;余凯成等(2000)研究了跨文化人力资源管理体系。③ ③跨文化冲突管理模式。严文华等(2000)对国外的跨文化冲突整合模式进行了梳理性研究。④ 陶日贵(2003)归纳总结了解决组织跨文化冲突的3种方案,凌越、折中和融合。⑤ 蒋兆毅(2004)提出跨国公司解决跨文化冲突的8个要点。⑥ ④跨国公司商业文化研究。唐炎钊等(2012)将商业文化作为一个维度纳入了跨国企业的管理研究中。他认为商业文化植根于民族文化、并反映民族文化。商业文化包括商业形态和产业结构,是指导商业活动的价值观、商业法则和惯例、商务礼仪以及经济伦理等。对于中西商业文化的差别,应该采取学习适应、保持自我和求取平衡的策略。应该学习和适应西方重视商业的思想和观念,学习西方坚持“可持续发展”的观念。在商业运作模式上,中国要走出基于“熟人关系网络”的信任机制,逐步转向“制度和契约保障”的模式。吸取西方沟通方式中的直接性和简洁性的优势,提高沟通效率;充分了解西方的商业礼仪和惯例,尊重并逐渐适应。保持中国传统的“诚信为本”的商业文化理念,坚持儒家“以义取利”的商业价值观,坚持“重原则、重集体、重立场”的国际商业交流原则。在以“情”为基础的“软契约”和以“法”为基础的“硬契约”之间寻求平衡,努力求得“以法为基础,以礼为支撑,以情为连接”的“情、理、法”的统一。⑦

2.1.5 跨文化冲突与管理研究小结

为了便于进行跨文化比较研究,学者从不同的视角对文化进行了解构和划分。

① 范徵. 跨文化管理:全球化与地方化的平衡[M]. 上海:上海外语教育出版社,2004:4-5.
② 俞文钊. 企业中的激励因素与去激励因素研究[J]. 应用心理学,1991(1):6-14.
③ 余凯成,程文文,陈维政. 人力资源管理[M]. 大连:大连理工大学出版社,2000.
④ 严文华. 跨文化企业管理心理学[M]. 大连:东北财经大学出版社,2000.
⑤ 陶日贵. 试论跨文化管理中的文化融合[J]. 理论化与改革,2003(6):89-90.
⑥ 蒋兆毅. 跨国企业的跨文化冲突解决之道[J]. 西北师范大学学报(哲学社会科学版),2004(5).
⑦ 唐炎钊,张丽明,陈志斌. 中国企业跨国并购文化整合方案探究[M]. 北京:中国经济出版社,2012.

从前人对文化研究的成果可以看出，文化的维度不外乎人对外在的、客观的自然、时间、空间等环境因素，外在的社会权力、金钱、利益、人性等主观因素的看法及处理方式，人自身的思想观念、价值取向、行为方式以及人与人之间相处时形成的关系及对这些关系的处理方式等。人是文化的核心因素，不同文化之间的差异，实际上是文化中以人为主导、人与环境、人与他人和人与自己形成的各种关系间的差异。文化维度为研究不同文化异同提供了较为具体的线索，为解决不同文化之间在进行交往过程中遇到的问题提供了依据。

文化维度的分类便利了不同文化间的对比研究。从国家文化层面来看，霍夫斯泰德将文化分为5个维度，其中集体主义和个人主义是中、西之间国家文化的根本性差异；克拉克洪和斯乔贝克将文化分为6个维度，人与自然的关系决定了中、外文化交往的价值取向；川普涅尔将文化分为7个维度，普遍性和特殊性内含了对文化进行移植或同化两种策略的不同态度，成就和归因决定了在中、西不同文化背景中关系资本建构的模式和路径；普遍性文化强调形式规则，倾向于照章办事；特殊性文化强调具体环境，倾向于改变规则。当在特殊性文化地区（中国）从事跨文化经营活动时，来自于普遍性文化地区（美国）的人或组织对“不注重规则、凡事找熟人”的“关系”文化应有所意识；霍尔的情境文化维度有助于分析中国“关系”文化的成因；从商业文化来看，中、西商业模式的区别体现在基本假设、价值观和行为模式，“商业伦理”“义利观”等影响着跨国公司在中国文化环境中的适应程度；企业文化中的语言、行为和制度制约着跨文化管理的操作程序。

通过中西文化的对比研究，能够更清晰明了地展现文化之间的异同。中、西文化的交往随着经济全球化的快速发展，特别是在以跨国公司等经济、商务实体为载体的组织在世界范围内活动的增加，不同文化之间、不同文化的不同层次之间交往的频率也在随之增加，因不同文化碰撞而导致的跨文化冲突现象在呈上升趋势，跨文化管理理论便随之而生。跨文化管理理论基于不同视角，探讨处理不同行为主体因文化差异而产生的矛盾和冲突。跨文化整合是跨文化管理的一个重要方面。

“关系”及其部分内容作为文化差异分析的一个维度进入了研究人员的视野，但如何解决“关系”带来的问题、如何利用关系的价值，是跨文化整合研究关注的主要问题。

2.2 跨文化整合模式研究

Hu & Chen（1996）通过研究发现仅有不到5%的跨国企业对其在中国的经营

绩效感到满意,[①]除了跨国公司母公司的控制和影响等因素外,不同文化之间的差异与冲突也会对企业绩效产生负面效应。章文光(2006)认为,文化差异决定着在华跨国公司顾客满意度、忠诚度,影响着与中国供应商、销售商、员工之间的关系,使中国员工产生非理性反应,拉大管理者与员工、员工之间的距离,增加内部协调成本和管理耗费,间接影响并冲击外部经营;加大母、子公司之间的离心力,导致结构复杂程度的加深,增加母、子公司之间的协调难度。[②] 因此,通过跨文化整合降低或消除在华跨国公司外部不协调和内部冲突具有重要的现实意义。

2.2.1 跨文化整合的内涵

Schein(1985)指出,内部整合与外部适应是任何组织(企业)生存和发展都将面临的问题,[③]美国文化人类学家斯图尔德(Julian H. Steward)(1955)根据文化变迁的三个主要动因,即"特殊历史"过程、对生态环境的"适应"和"文化传播",提出了"跨文化整合"理论。[④] Berry(1997)认为,文化整合是指具有不同文化背景的群体,由于直接、持续接触,使一方或双方的原有文化发生变化的一系列现象。[⑤] 范征(2000)认为,企业文化整合是指将不同的文化经过合并、分拆、增强、减弱等方式,形成一种新的企业文化。[⑥] 斯图尔德(Julian H. Steward)(1955)指出,在跨国组织内部,多元文化并不会被某一种文化简单地"同化"掉,而是在主流文化与非主流文化两者都发生变化的情况下和谐地兼容、共存,即多元并存文化中的某些部分实现了趋同,其他部分则长期保持下去。[⑦] 拉帕波特(Roy A. Rappaport,1984)强调"文化适应"理论中"社会合力"的作用,认为它可以调控文化对环境的"适应性"或"不适应性"。[⑧] 托马斯·哈定(Thomas G. Harding,1987)进一步强化了文

---

① Hu Michael Y, Chen Haiyang. An Empirical Analysis of Factors Explaining Foreign Joint Venture Performance in China[J]. Journal of Business Research,1996,35(2):165 - 173.

② 章文光,跨国公司与中国企业互动发展[M].北京:清华大学出版社,2006:94.

③ Schein E H. *Organizational Culture and Leadership:A dynamic view*[M]. San Francisco,1985.

④ Julian H Steward. *The Theory of Cultural Change: The Methodology of Multi - linear Evolution*[M]. Urbana: University of Illinois Press, 1955, 43 - 46.

⑤ Berry J W. Immigration, Acculturation, and Adaptation[J]. Applied Psychology,1997,46(1): 5 - 34.

⑥ 范征.并购企业文化整合的过程、类型与方法[J].中国软科学,2000(8).

⑦ Julian H Steward. The Theory of Cultural Change: The Methodology of Multi - linear Evolution[M]. Urbana: University of Illinois Press, 1955:87,47,134.

⑧ Roy A Rappaport, *Pigs for the Ancestors*[M]. Oxford: Oxford University Press, 1984:393 - 396.

化适应过程中“创新”与“保持”的并存。[①] Weber et al.（1996）认为国家文化距离[②]是影响跨文化整合的重要因素，因为国家文化是企业文化的基础，国家文化距离反映在企业文化层面表现为国民性格、认知、行为方式、业务流程和管理制度等方面，企业进行跨文化整合要涉及国家文化和企业文化两个层面。就跨国公司而言，企业文化是否能顺利地完成整合与适应，关键在于与当地的文化环境的匹配和适应程度。跨国公司文化整合不能生搬硬套，多元文化差异的天然性使得母公司的管理理念在适应子公司所在地市场思维方面存在很大困难，其最佳解决方式只能是寻求母、子公司双方都能接受的价值观理念。中国学者费孝通认为，在跨文化传播中，任何文化框架必然是“一体”和“多元”并存的辩证统一。文化的跨地域传播是指文化的某些要素和单元发生空间位移，之后接收者对其进行适应性地加以改造，并消化吸收。在此过程中，传播前的部分文化已经发生了质变。所谓跨文化整合不是指整体文化，而是被传播的那些要素和单元实现了跨文化背景下的共享，合成了主流文化；在传播中没有参与整合的部分，作为“亚文化”存留下来。[③]潘爱玲（2006）指出，跨文化整合不是文化之间简单的叠加组合，而是经过选择、吸收、消化、融合之后达成相互间的适应，是改变原有文化模式、创新文化的过程。[④] 唐炎钊等（2008）认为，文化具有不同的意义体系，跨文化整合的意义在于从异文化中汲取、嵌入对自身文化有意义的正面行为。[⑤]

2.2.2 跨文化整合理论与模式

2.2.2.1 国外研究

依据国外文化整合理论的发展脉络，跨国企业文化整合存在 3 种理论：文化匹配理论（culture fit）、文化建构主义理论（culture construction）和文化适应理论（acculturation）。文化匹配理论关注不同文化之间的兼容性，以及文化差异对企业间合作的影响。该理论的某些观点认为双方的文化差异对跨文化整合及整合后的财务绩效具有负面影响（Weber，1996；Stahl & Volgt，2010）；与之相对，也有些研究认

① 托马斯·哈定．文化与进化［M］．韩建军、商戈令，译．杭州：浙江人民出版社，1987：44．

② 文化距离（culture distance）指文化之间的差异，Kougut & Singe（1988）将其界定为“一种文化规范与其他文化规范之间的差别程度”，文化距离往往会阻碍不同文化之间知识和其他要素的流动与传播。

③ 费孝通．中华民族的多元一体格局［A］．张海洋，杨筑慧．费孝通民族研究文集新编（下卷）［C］．北京：中央民族大学出版社，2006：278．

④ 潘爱玲．企业跨国并购后的整合管理［M］．北京：商务印书馆，2006：111．

⑤ 唐炎钊，王子哲，王校培．跨国并购文化整合的一个框架［J］．经济管理，2008，30（10）：24－29．

为双方的文化差异与跨文化整合后的效果呈正相关(Stahl & Volgt,2004)。Carlwright & Cooper(1993)认为该理论将重点放在了整合前的文化差异方面,从而忽略了跨国企业进行跨国经营的目标以及跨文化整合的过程。[①] 文化建构主义理论认为不同文化之间的互动与作用可以生成一种被双方认可的新生意义系统,该理论强调文化的动态性。相对于文化匹配理论,文化建构主义理论更强调跨文化整合过程,关注整合过程中重新进行员工的身份认同建构,即首先对"我们"和"你们"的原有文化进行认同(Vaara, Tienari & Santti,2003),在此基础上,进行新生意义系统的认同,即进行新身份认同建构(Vaara, 2000)。该理论认为跨文化整合的主要因素在于双方的后天文化互动,而非先天文化差异。文化适应理论强调一种文化在另外一种新的环境中的适应状况,该理论强调文化的认同性。文化适应理论是Berry(1980)针对如何解决移民文化与东道国文化之间的关系、移民文化如何适应东道国主流文化等问题提出的解决方案。Nahavandi & Malekzadeh (1988)最早将Berry 的"移民文化适应"理论引入管理学领域,认为文化适应模式的形成因素是保留他们自己文化与接受对方文化的不同意愿程度,文化适应模式选择的影响因素是双方文化的多元包容性和战略业务相关性,通过这些维度来区分文化适应策略。[②] 此外,Nahavandi & Malekzadeh 还认为社会学或人类学中的适应理论与管理学中的适应理论存在现实的区别,相对于移民来说,企业或企业员工在感到进行文化适应的压力巨大时,选择退出或离开的可能性要更大一些。Nahavandi & Malekzadeh 对 Berry 的文化适应理论在跨国企业跨文化整合研究中的借鉴具有很大的意义,但并未考虑到 Berry 的文化适应理论中的诸如"文化适应单向性""理想化状态假设"等局限性。此外,社会学或人类学范畴的文化适应的终极目标是避免冲突和达到和谐,而管理学中文化适应的终极目标是获利或绩效;社会学或人类学中主导文化适应的是东道国主流文化,而管理学中主导文化适应的是跨国公司强势的非主流文化。Elsass & Veign(1994)提出的从文化差异和组织整合两个维度进行的跨文化适应理论具有更强的双向互动性。Karen Jehn(2001)在对中美合资企业的跨文化冲突研究时,基于双方应对文化冲突的不同途径,提出了跨文化冲突的解决方案,即营造"第三种文化"。传统的跨文化整合是将母公司文化融入东道国文化,或者对本土人员进行培训适应母公司文化,第三种文化则是在两种文化完全参

① Cartwright S, C L Cooper. The Role of Culture Compatibility in Successful Organizational Marriage [J]. Academy of Management Executive, 1993(2).

② Nahavandi A, Malekzadeh R. Acculturation in Merger and Acquisitions[J]. Academy of Management Review,1998,13(1).

与和充分交流的基础上，寻找一种供双方交流、管理的“混合模式”，它既区别于母公司所在国文化，又不同于东道国文化，但又与它们之间存在一定的联系，被称之为“第三种文化”。① 在日裔美国管理学家大内(Ouchi)提出的“Z 理论”中②，Z 型企业文化的实质就是日本企业文化和美国企业文化成功模式相互融合的结果。

2.2.2.2 **国内研究**

国内对于跨国公司跨文化整合问题的研究起步较晚，主要集中于近 10 余年，且很多是对国外研究的成果在国内的解释、验证及在国外研究成果基础上进行的延伸，强调整合模式、模型等方面的研究。

王爱林(2002)提出了创新式、掠夺式、独立式 3 种跨文化整合模式；③苏喜军(2004)提出了输入型、融合型、创新型和隔离型 4 种跨文化整合模式；④潘爱玲(2004)在对 Berry 的文化适应模式、Nahavandi and Malekzadeh 的企业文化整合模式进行研究分析后，从民族文化差异和企业文化差异的双重视角，提出了融合、移

① 第三种文化本质上是融合文化。“第三种文化”的基础是“差异性和共性”，若双方之间没有差异，不需要建立一种新文化；但若没有双方的“共性”，新文化不可能建立起来。跨越合作管理界沟的“第三种文化”需要双方在可以共同接受的文化基础上，互相尊重，进行有层次的交流。两种文化之间不是一方对另一方的支配，而是双方在融合的基础上发展创新。“第三种文化”是母公司所在国文化和东道国文化之间的一种相互妥协，但更多的是两种文化在互相理解、谅解基础之上的和谐、有效的运作。“第三种文化”产生的可能性在于文化具有“融合性”特征。文化模式之间可以相互吸取某些特质因素，形成不同文化模式之间的交叉。而文化的融合也就是不同形态文化特质之间相互结合、渗透、吸收、融合，互为表里融为一体的过程。文化融合的前提是发现每一种文化背后的根本假设，寻求文化间的共性，亦即不同文化的交叠之处，提出不同文化均能接受的解决方案。“第三种文化”的产生和存在以及所能发挥的作用往往处于理想和假设状态之下，因为一种新文化的产生存在具体的路径，“第三种文化”是一个虚指的概念。但文化之间不可能独立存在，必然会发生相互之间的作用，因此，任何文化间的整合必将或多或少地带有第三种文化的特征，其区别仅在于哪方文化的因素多一些，哪方文化的因素少一些而已，文化整合不可能存在一种纯粹单一的文化。本研究中所涉及的文化整合模式其实都将最终形成“第三种文化”的结果，只不过是主流文化是哪方而已。国内也有学者进行了“第三种文化”的研究，例如：范徵(2004)提出了企业内部不同部门之间组建“第三种文化”的设想；马春光(2004)认为，在全球一体化的大背景下，当今文化发展的潮流和导向不是单纯的竞争、战胜或替代，而是“竞合”，即在竞争基础上的融合，“不同企业文化中的优质要素在经过一个有机化学反应过程之后形成一个新的企业文化”；张广宁(2011)分析了“第三方文化”概念，认为在经过“通过简讯或者会议寻找‘差异焦点’(‘差异焦点’指在文化整合中引发障碍的关键点，可能是制度、利益群体或者个人)”“通过规章制度监控障碍焦点”“通过深度访谈寻求共同愿景”“通过整合同化建立共同文化”四个步骤后建立“第三方文化”。

② Ouchi W G. *Theory Z:How American Business Can Meet The Japanese Challenge*[M]. New York:Addison - Wesley Publishing Company,1981.

③ 王爱林. 企业并购中的文化整合[J]. 中外管理导报,2002(2):59 - 61.

④ 苏喜军. 论企业并购重组中文化整合及启示[J]. 经济经纬,2004(5):70 - 72.

植、渗透、嫁接和自主 5 种模式,见表 2 - 8。①

表 2 - 8　企业文化整合模式

模式	内　容	特　点
融合模式	找出双方文化的优势与劣势,吸纳对方的优势文化,去其劣势,寻求双方文化共建的因素,在共识的基础上建造新的企业文化体系	双方认同,文化互补,整合风险小,具有兼容性的合金文化
移植模式	忽略东道国本土文化和原有企业文化,将母公司的强势企业文化(精神文化、制度文化、行为文化)移植到子公司	有强力型的主导企业文化掌控整合过程,效率高,见效快,但存在风险,易遭遇抵制
渗透模式	凭借母公司经济和文化优势的影响,使东道国员工在潜移默化中适应和接受母公司文化	冲击小,文化整合过程缓和,但速度慢
嫁接模式	以东道国当地文化或子公司企业文化为主体,将母公司企业文化中的适切部分嫁接到子公司企业文化	母公司对东道国企业文化有充分认识并持有尊重的态度
自主模式	子公司完全采用自己的文化模式,母公司不对其进行干预,管理人员避开双方分歧之处,避免在敏感区域造成冲突	双方文化差异巨大、并且母公司没有能力对这种差异进行有效管理

资料来源:潘爱玲. 企业跨国并购后的整合管理[M]. 北京:商务印书馆,2004:140 - 141,笔者进行了整理。

何超华(2005)根据企业所处的文化发展阶段,提出了同化、隔离、融合和引进 4 种整合模式。② 胡朝晖(2005)认为主要的跨文化整合模式存在 4 种:以母国文化为主的吸收型、以东道国文化为主的反吸收型、融合创新型和保留型。③ 周淼(2007)将跨国并购企业的文化整合模式归类为 5 种:吸收、分割、融合、引进和革新。④ 何曼青(2009)将跨国公司的跨文化整合策略分为 4 种,文化移植、文化融合、文化隔离和文化创新。⑤ 田晖(2012)将跨文化整合模式归纳为本土化模式、文化移植模式、文化嫁接模式、文化融合模式、文化差异规避模式、文化渗透模式和第

① 潘爱玲. 企业跨国并购后的整合管理[M]. 北京:商务印书馆,2006:140 - 141.

② 何超华. 跨国并购中的企业文化整合模式:理论与运用[J]. 商业研究,2005,309(1):155 - 157.

③ 胡朝晖. 浅析跨国公司文化整合及在子公司的实践[J]. 现代企业,2005(3):35 - 37.

④ 周淼,中国企业跨国并购中的文化差异与文化整合[J]. 边疆经济与文化,2007,37(1):33 - 35.

⑤ 何曼青. 中外企业跨文化管理与企业社会责任比较[M]. 北京:中国商务出版社 2009.

三方文化模式。①

唐炎钊等(2008)构建了“以信任为平台,以行为规范和价值观为互动着力点,以制度约束、愿景引领、利益刺激、宣传教育等激励与协调措施为动力的‘陀螺式’动态旋转模型”。②该模型提供了文化整合的框架,但涉及具体企业文化间整合,需要考虑文化差异、行业特征等内容。王铁山,冯宗宪(2008)针对跨国公司在华R&D机构的文化差异,从霍夫斯泰德提出的国家文化的5个维度(个人主义/集体主义、权力距离、男性度/女性度、不确定性规避、长期导向/短期导向)、企业文化的3个层次(工作方式、权力、利益重新分配)分析了在华R&D机构文化冲突形成机制、文化冲突的整合机制、文化整合的阻力系统(自身的阻力以及个体阻力、组织阻力、社会阻力)、动力系统(包括利益要素、能力要素、权力要素内部动力系统与需求拉引力、整合推动力外部动力系统),并在此基础上提出整合策略。③ 唐炎钊等(2012)从文化契约观和资源观视角,基于企业文化差异创造文化价值的目的进行了企业文化整合模式研究。他基于文化融合的4个阶段(学习阶段、磨合阶段、适应阶段和变革阶段)和双方对彼此文化认同及吸收意愿的程度,提出了企业文化整合的9种情形和与其相应的9种模式:低—低情形(各自文化相对独立的自主模式)、低—中情形(忽视弱势企业文化的移植模式)、低—高情形/高—低情形(全盘接受强势企业文化的同化模式/反向同化模式)、中—低情形(学习对方优点的引进学习模式)、中—中情形(积极吸收对方优势的相互吸收模式)、高—中情形/中—高情形(经过双向包容和渗透形成的融合1模式:外方企业文化多一些/融合2模式:中方企业文化多一些)、高—高情形(凝聚双方共识的创新模式);将影响跨文化整合的影响因素归为4个层面23个项目,企业文化层面(高层参与、跨国管理能力、薪酬制度、国际化经验、企业文化差异、企业公关、文化认同度)、商业文化层面(工会力量、技术流失、社会责任、对工作的认识、国际规则、中介机构、媒体负面报道)、民族文化层面(语言、社会规则与法律、尊重对方习俗、价值观、政治干预)、外部促进层面(尽职调查、跨文化培训、留任关键高层、制度不明确)。企业文化进行融合的关键在于价值观体系层面达成认同(即“求同存异”,“求同”的前提是信任,“存异”的前提是宽容)、行为模式的塑造(领导行为的决策风格、员工的合作倾向/社群性、楷模的表率作用、企业的公关策略)和整合流程的循环往复(文化差异

---

① 田晖. 中外合资企业跨文化冲突与绩效关系研究[M]. 北京:经济科学出版社,2012:232.

② 唐炎钊,王子哲,王校培. 跨国并购文化整合的一个分析框架[J]. 经济管理,2008(10):25.

③ 王铁山,冯宗宪. 跨国公司在华R&D机构的文化冲突与整合机制研究[J]. 科学政策与管理,2008(7):70.

的感知诊断、相互间的尊重和学习、双方文化的融合与重塑、新文化的内化与巩固）。①

2.2.3 跨文化整合模式选择研究

基于 Berry 的文化适应理论，Nahavandi & Malekzadeh（1998）进行了跨国企业的跨文化整合研究，认为跨文化整合模式的选择应考虑到整合企业文化和被整合企业文化两个方面的因素。对于进行整合的企业而言，采用何种模式取决于它的文化宽容度；而对被整合企业而言，选择哪一种整合模式取决于它对自己的文化和对方文化持有的态度，见表 2－9。

表 2－9 整合企业/被整合企业的文化状况及整合模式选择偏好

模式	整合企业	被整合企业
融合模式	双方企业文化关联度高且整合企业属于宽容型企业文化	对整合企业文化具有较强的认同度又希望保留自己的企业文化
同化模式	整合企业具有强势企业文化且在新的企业中仅接受单一企业文化	被整合企业员工对整合企业的文化认同度远远高于本企业文化且不愿再保留自己的企业文化
隔离模式	双方企业文化关联度不高且整合企业属于宽容型企业文化	整合企业文化对于被整合企业员工缺乏吸引力且被整合企业员工希望保存本企业文化
消亡模式	双方企业文化不具有关联性且整合企业仅能容忍单一文化	被整合企业员工既不认同自己的文化也不认同被整合企业文化

资料来源：Nahavandi A, R Malekzadeh. Acculturation in Merger and Acquisition [J]. Academy of Management Review, 1998, 13 (1).

Phillipe Hasperslagh & David Jemison（1991）按照企业自治要求和依赖程度，将企业文化整合策略划分为 4 类，保存（preservation）、共生（symbiosis）、容纳（holding）和吸收（absorption）。② 当自治要求和依赖程度都较低时，可采用容纳策略；当自治要求较高、依赖程度较低时，可采用保存战略；当自治要求较低、依赖程度较高时，可采用吸收策略；当自治要求和依赖程度都较高时，可采用共生策略。艾伦·M. 格鲁曼等（1999）将跨国公司的战略分为民族中心型、多中心型、地区中心型和全球中心型 4 种模式：民族中心型跨国公司以母公司文化、价值观、利益、目标为依

① 唐炎钊，张丽明，陈志斌. 中国企业跨国并购文化整合方案探究[M]. 北京：中国经济出版社，2012.

② Phillipe Hasperslagh, David Jemison . *Managing Acquisitions* [M]. The Free Press, 1991.

据进行战略规划，具有移植模式偏好；多中心型跨国公司侧重各国差异，以东道国文化环境为基础进行战略规划，具有同化模式偏好；地区中心型跨国公司关注的不是某个国家，而是整个地区，具有同化模式或融合模式偏好；全球中心型跨国公司以全球视野和思维进行战略设计，具有移植模式或融合模式偏好（见表2－10）。

表2－10　跨国公司的战略倾向

	民族中心型	多中心型	地区中心型	全球中心型
战略	全球一体化	国家分部责任制	地区一体化与国家分部责任制	全球一体化与国家分部责任制
组织结构	层级式产品分布	层级式地区分布与国家分布的自主性	以矩阵形式将产品和地区组织联为一体	组织网络（在某些场合股东和竞争者）
文化	本国	东道国	地区	全球
人力资源管理	母公司所在国员工	东道国本土员工	具有地区文化和经历的人员	全球范围内最佳人选

资料来源：艾伦 M 格鲁曼．国际商务[M]．北京：经济科学出版社，1999：199－200，笔者进行了整理。

David M. Schweiger（2002）认为，在跨国公司跨文化整合模式选择中，需要考虑企业重组战略和企业原有文化两个方面的因素，在重组战略方面，若整合企业追求多重协同效应选用融入式整合模式，若仅追求单一协同可选择注入式或隔离式整合模式；横向性的跨文化整合可选择混合式或注入式文化整合模式，而纵向性和多元性跨文化整合时，宜选择隔离式。若企业原有文化为单一文化可选用注入式，若企业原有文化为多元文化可选用混合式或隔离式；若双方都属于强势文化，可采用隔离式或者混合式；若两者一强一弱就会采用注入式；若两者都属于弱势文化可采取消亡式。① 约翰·P. 科特和詹姆斯·L. 赫斯克特（1997）将企业文化势力②、企业文化性质（企业文化的刚性③程度）和企业文化差异分析引入跨文化整合研究，建构了4种处理模型：冲突型（刚性大/差异性大）、摩擦型（刚性大/差异性小）、可塑

① David M. Schweiger. *M&A Integration: A Framework for Executives and Managers*[M]. New York: McGraw Hill, 2002: 202－204.

② 企业文化势力是指企业文化的强弱程度，分为强势型企业文化和弱势型企业文化，强势型企业文化的特征表现为：根深蒂固的共享价值观与经营方法、在员工中营造不同寻常的积极性、员工普遍接受和认可的特定行为方式、员工参与企业决策、信任、创新，如P&G和强生都属于这种文化；与此相对的则为弱势企业文化。

③ Barton（1992）认为，文化刚性是指文化的独占性和不易模仿性，竞争对手难以模仿，自身也难以改变。

型(刚性小/差异性大)和融合型(刚性小/差异性小)。[①] Broucher & Gary(2006)将信任特征和关系取向作为国家文化整合的重要影响因素。[②] Oerlemans & Peeters(2010)将主流文化和移入文化作为影响因素分析了模式选择偏好。[③]

张子刚等(2004)将文化刚性及文化差异程度作为模式选择的影响因素,对冲突、融合、可塑和摩擦4种状况对文化整合模式选择所产生的影响进行了分析。[④] 顾卫平、薛求知(2004)基于避免冲突的目的,从跨国公司跨国战略、企业文化价值和感知文化冲突几个方面对文化整合模式进行了陈述:若整合双方战略相关性较低,则宜选择隔离模式;整合双方战略相关性较高,则宜选择渗透和妥协的融合模式。若被整合企业文化价值较低,则宜采取吸收模式;若被整合企业文化价值较高,则宜采取妥协模式。对于整合模式的选择,既取决于整合方所感知到的文化冲突和文化差异,也取决于被整合方保留自己的文化的意愿。[⑤] 潘爱玲(2004)认为跨文化整合模式选择受到多因素的影响,如民族文化的类型和强度、企业文化的类型和强度、文化的相关性、母公司的集权程度以及母公司的跨文化管理能力。当民族文化差异较小时,可以选择移植模式、嫁接模式或融合模式;当民族文化差异较大、但母公司具有管理这种差异的能力时,可选择融合模式或嫁接模式;如果母公司不具有管理这种差异的能力但子公司或被整合方企业文化可以改变时,则可选择渗透模式,若子公司或被整合方企业文化不可改变时,则可采用自主模式。母公司的集权程度指对多元文化的容忍度,集权程度越高,越可能选择单一文化模式;反之,则可能选择多元文化模式(见图2-1)。

胡朝晖(2005)将影响文化整合的因素归结为东道国对外来文化的容忍程度、文化特质差别、文化特质代表的管理模式以及当地经济发展水平等。[⑥] 邓红(2007)研究了跨文化的风险识别与跨文化整合模式选择之间的关系。[⑦] 冯华(2011)研究了文化认同度对企业跨文化整合的影响,并提出了两种情况下的组合模型:对自己文化的认同/对他人文化的认同;他人对自己文化的认同/他人对他人

---

① 约翰 P 科特,詹姆斯 L 赫斯克特. 企业文化与经营业绩[M]. 北京:华夏出版社,1997.

② Broucher K. D, Gary J. Bamossy Post - Formation Process in Eastern and Western European Joint Venture[J]. Journal of Management Studies, 2006(43):2.

③ Oerlemans W G M, Peeters M C W. The Multiculture Workplace: Interactive Acculturation and Inter - group Relations[J]. Journal of Managerial Psychology, 2010, 25(5):460 - 478.

④ 张子刚,屈仁均,黄莉. 企业跨国并购文化整合分析[J]. 湖北社会科学,2004(2).

⑤ 顾卫平,薛求知. 论跨国并购中的文化整合[J]. 外国经济与管理 2004(4).

⑥ 胡朝晖. 浅析跨国公司文化整合及在子公司的实践[J]. 科学与管理,2005(3).

⑦ 邓红. 我国企业对外并购中跨文化整合的探讨[J]. 科技进步与对策,2007(12).

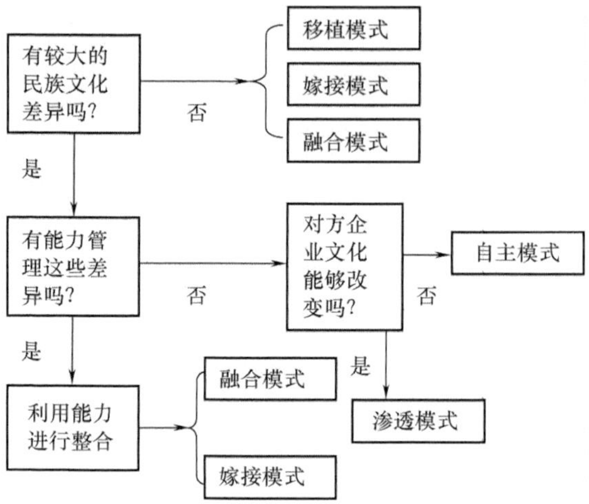

图 2-1　跨国并购文化整合模式的选择过程

资料来源:潘爱玲.企业跨国并购中文化整合的流程设计与模式选择[J].南开管理评论,2004(6).

文化的认同。

2.2.4　跨文化整合模式研究小结

从中外对跨文化整合内涵的研究可以看出,整合的过程是"整",亦即"变";整合的结果是"合",亦即"交融"。跨文化整合的匹配——建构——适应发展路径,体现了跨文化整合从静态的匹配到动态的建构和适应的变化、从单模式的融合式建构到多模式的融合、同化、隔离、消亡等适应方式的变化;在跨文化整合中,"整"是过程,其中存在不同的方式方法、模式和途径,这是形成不同整合理论和模型的基础;而"合"是结果,无论采用哪种模式和方法,只要是两种或多种文化的交互作用,形成的终将是一种"合"文化,其差别在于哪种文化成分多一些,哪种文化成分少一些。中外研究中所提及的"移植""同化""隔离"等都是一种整合方式、模式或途径,在此基础上形成的新文化绝非是完全、纯粹的移植、同化和隔离。

跨文化整合就是在异文化环境中对异文化和自身文化进行适应性协调,即内整外合。在这个过程中,企业在异文化环境中需要不断地与当地人才市场、供应商、销售商(消费者)、金融机构以及其他外界资源与信息源等进行交往与交易,直接或间接地输入和输出人力、物力、财力与信息资源,形成企业发展的良性外部系统;此外,企业内部也需要在来自不同文化背景的员工之间进行知识与信息的传递和分享,形成企业的创新能力。通过增强企业成员之间的信任度,形成融洽的员工关系，降低内部交易费用，为企业持续发展创造价值。这些整合目标的实现与整合模式选择存在很大的相关性。

从文献研究可以看出，跨文化整合模式选择的基础是文化差异和文化认同度，选择的标准取决于整合双方的自身状况、整合的目的及整合的影响因素。Navas et al. 将社会文化分为物质文化和意识文化，进行了跨文化整合模式选择分析，认为包括政府在内的政治性因素和包括价值观在内的意识因素是跨文化整合中应考虑的重要因素；Nahavandi & Malekzadeh 从被整合企业员工感受的视角，分析了跨文化整合模式的选择。被整合企业员工对整合企业的企业文化接受程度，是整合模式选择的决定性因素，而被整合企业员工与整合企业的企业文化之间的关系，实质上是企业内部员工文化与企业文化匹配、组织（企业）价值观契合的问题；David M. Schweiger 在跨文化整合模式选择研究中考虑到两种文化的匹配度，其实质是企业内部人员（员工）的文化匹配度或一致性，因为文化的核心因素是人；①Phillipe Hasperslagh & David Jemison 将企业自治要求和依赖程度作为跨国企业文化整合的主要依据，“企业自治要求和依赖程度”反映的是跨国公司母、子公司之间的关系处理问题，即母公司对子公司的控制程度、子公司对母公司的依赖程度；艾伦 · M. 格鲁曼等提出了跨国公司自身的战略倾向，其中内含了整合模式选择的参照依据；约翰 · P. 科特和詹姆斯 · L. 赫斯克特将企业文化势力引入到跨文化整合模式选择中，跨国公司作为全球经济一体化的主要推动力量，相对于东道国文化或东道国企业文化而言，一般都具有强势、至少是等同势力的企业文化；②Habeck M, Kroger F. Tran M. 将行业、业务因素引入整合模式选择分析；Broucher & Gary 引入了信任特征和关系取向；顾卫平、薛求知将跨国战略的相关性因素引入了跨文化整合模式选择中，研究了企业合作与跨文化整合模式选择的关系；潘爱玲将民族文化差异视为跨文化整合的关键因素，中、西文化差异、中国文化中的特殊元素应该在跨文化整合中有适当的嵌入。

归纳以上研究结论及成果可以发现，（东道国）政府、行业、合作企业（竞争企业）、企业内部员工、母公司等都是影响跨国企业进行跨文化整合的重要因素，但跨国公司跨国经营的终极目标是赢利，而影响赢利的直接因素是产品或服务本身所承载、并被消费者接受、认可并购买后所形成的价值，因此，消费者因素是跨国经营、跨文化整合以及跨文化整合模式选择的又一重要影响因素。杨孝海（2010）认

① David M Schweiger. *M&A Integration: A Framework for Executives and Managers*[M]. New York: McGraw - Hill, 2002: 202 - 204.

② 约翰 P 科特，詹姆斯 L 赫斯克特. 企业文化与经营业绩[M]. 北京：华夏出版社，1997.

为，企业外部关系中，客户（消费者）资本是最重要的关系资本，[①]张喜民（2011）指出，没有考虑消费者需求的产品再好也是无效的产品，因为其经济价值无法实现。[②] 跨国公司在中国文化情境下进行跨文化整合，需要考虑（东道国）政府、消费者（顾客）、合作企业（竞争企业）、企业内部员工关系、跨国公司母、子关系以及跨国公司自身的行业因素。

2.3 "移民文化适应"理论

2.3.1 移民文化适应的概念界定

"文化适应（cultural acculturation）"这一概念最初由美国移民局鲍威尔（Powell）提出，此后罗伯特·雷德菲尔德（Robert Redfiled）对相关内容进行了深入研究，在对研究成果归纳总结的基础上将该概念界定为："不同文化的两个群体之间，发生持续、直接的文化接触，导致一方或双方原有文化模式发生变化的现象。"[③]

2.3.2 移民文化适应研究的阶段

杨军红（2005）将西方关于移民跨文化适应的研究分为3个阶段，初期、发展期和繁荣期。最初引起人们对移民关注的并非文化现象，而是移民的身体和健康方面的问题；到了20世纪70年代，人们开始关注移民在与异文化接触后产生的不良反应，此阶段的研究侧重于理论说明；20世纪80年代后，移民跨文化适应在研究方法、研究范围、研究内容等方面得到了极大发展，人类学、社会学、心理学、语言学、传播学都有所涉入，移民跨文化适应问题呈现多学科、多视角的研究势态。[④] 马晓燕（2013）将西方关于移民跨文化适应的研究分为两个阶段，20世纪60年代以前为同化论阶段，20世纪60年代以后为多元论阶段。[⑤]

---

① 杨孝海. 企业关系资本与价值创造[D]. 重庆：西南大学，2010.

② 张喜民. 跨国公司在华子公司营销战略研究[M]. 济南：山东人民出版社，2011：256－257.

③ Redfiled R，Linton R，Herskovits M. Memorandum on the Study of Acculturation [J]. American Anthropologist，1936(38)：149－152.

④ 杨军红. 来华留学生跨文化适应问题研究[D]. 上海：华东师范大学，2005.

⑤ 马晓燕. 移民适应的行为策略研究[M]. 北京：中国政法大学出版社，2013：8.

2.3.3 移民文化适应理论与模型

针对移民文化适应现象，理论界划分了不同的研究维度，提出并创建了许多理论和模型。Ward将跨文化适应分为心理适应（psychological adaptation）和社会适应（social adaptation）①两个方面：心理适应主要关注内心状态、生活体验等情感方面的反应，社会适应主要关注与东道国当地社会沟通和交流状况等文化方面的问题。Black在此基础上进一步将跨文化适应分为一般性适应（general adaptation）、工作性适应（work adaptation）和交往性适应（interaction adaptation）②3个维度，一般性适应主要指日常生活方面，工作性适应主要指自身工作状况和工作环境，交往性适应主要指社会交往频率和程度。在理论模型研究方面，奥伯格（Oberg）提出了跨文化情感适应的四阶段理论，即跨文化适应在情感上需要经历蜜月期、危机期［也被称为"文化休克（culture shock）"］、恢复期和适应期四个阶段。③ Lysgaard研究了跨文化适应的3个阶段，即最初调整期（initial adjustment）、危机期（crisis）和恢复调整期（regained adjustment），提出了U型曲线假说（U－Curved Model）④，认为一个人在异文化中必然要经历一种呈U型曲线的波折之后才能恢复到以前的状态。Kin从动态视角提出了适应模式（Adaptation Theory），认为移民在新的文化环境中需要经历一个动态的适应过程，表现为"压力——调整——前进"具有弹簧性质的、螺旋式适应，适应期限与移民个体的跨文化交际能力、适应本土文化的素质以及主流文化的容纳度相关。⑤ 安东尼·吉登斯从自我认同理论视角对移民心理和移民文化进行了研究，他认为，在全球化的过程中，不同文化个体或群体之间的互动不仅频繁，而且具有多层面特征，在这期间，个体和群体的某些特质会变动、迷乱、离析、甚至是消失。⑥ Stryker, Richard Serpe（1982）认为，人员的国际性流动不仅仅是时空的变化，同时也是"文化置换"的过程。一方面，他们追求异国的主流文化，努力

① 转引自：王丽娟. 跨文化适应研究现状综述［J］. 山东社会科学，2011，188（4）：45.

② Black J S, Mendenhall M, Oddou C. Toward a Comprehensive Model of International Adjustment and Integration of Multiple Theoretical perspectives [J]. Academy of Management Review, 1991, 16(2): 291－317.

③ Oberg K. Cultural Shock: Adjustment to New Cultural Environments[J]. Practical Anthropology, 1960, 7(3): 177－182.

④ S Lysgaard. Adjustment in a Foreign Society: Nowegian Fullbright Grantees Visting the United States [J]. International Social Science Bulletin, 1955(7): 45－51.

⑤ Y Y Kin. Adapting to a New Culture in Intercultural Communication A Reader 8th ed, ed L. Samovar and R. Porter[M]. Belmont CA: Wadsworth Publishing, 1997, 404.

⑥ 安东尼·吉登斯. 社会的构成——结构化理论大纲［M］. 李康，李猛，译. 上海：上海三联书店，1998.

成为其一员;但另一方面,他们又处在该社会“现代话语系统的外围”,结果造成“其原有并已内化的文化与移居国主流文化频繁地碰撞,使其对自身文化认同更易产生焦虑感和危机感。”①

2.3.4 Berry 的移民文化适应理论

针对如何解决移民文化与东道国文化之间的关系、移民文化如何适应移入国主流文化等问题,Berry(1980)提出了二维度的跨文化适应理论(见表 2－11)。② Berry 认为,不同文化的接触必然会产生不协调反应或者冲突,但冲突会随着文化适应程度的加深而逐渐减少。跨文化适应包含两个层面的内容,群体层面和个体层面,群体层面主要指文化接触后社会结构、政治与经济状况等方面发生的变化,个体层面主要指价值观念、行为方式的变化。基于“是否保留自己原有的文化和身份特征”(cultural maintenance)和“是否愿意接纳移居国当地文化并希望与移居国本土成员建立良好的关系”(contact and participation)两个维度,Berry 提出了 4 种跨文化适应模式,融合(integration)、同化(assimilation)、隔离(segregation)和消亡(deculturation)。

表 2－11　Berry 的跨文化适应模式

		是否希望保留自己原有的文化和身份特征?	
是否愿意接纳移居国当地文化并希望与移居国本土成员建立良好的关系?		是	否
	是	融合(integration)	同化(assimilation)
	否	隔离(segregation)	消亡(deculturation)

资料来源:Berry J W, Kim U, Minde T, Mok D. Comparative Studies of Acculturative Stress [J]. International Migration Review,1987,21(3): 491－511.

融合模式指两种文化在渗透、妥协之后,吸收双方文化的优势,形成一种全新文化。新文化既保存了部分原有文化,也有新生文化因素。同化模式是指处于弱势地位的一方文化被迫或情愿放弃自己的原有文化,而从属或依从于处于主导地位的另一方文化。隔离模式是指两种文化存在很大差距,一方文化拒绝接受另一方文化,两种文化保留各自的独立性,单独发挥作用。消亡模式是指每一方文化既不认同自己的文化,也不欣赏对方的文化,员工间的文化和心理纽带断裂,价值观

① Stryker, Richard. Serpe. *Roles and Social Behavior* [M]. New York: Springer－Verlag. 1982:302.

② Berry J W. Social and Cultural Change in H. C. Triandis & R. Brislin (Eds) Handbook of Cross Cultural Psychology [C]. Boston Allyn and Bacon, 1980:211－280.

紊乱。Berry 通过虚构的案例进行了说明，一个四口之家（父亲、母亲、儿子、女儿）从意大利移民加拿大，父亲出于工作考虑，积极学习当地语言和参与当地的社会交往，并成为所居住社区的意大利裔联合会负责人，父亲采用的是融合模式；母亲因受到语言的限制，不愿意参加当地本土成员的社会活动，她的交往对象也仅限于意大利裔移民，母亲采用的是隔离模式；女儿积极地参与所在的加拿大学校的活动，而且喜欢同加拿大同学在一起，对只讲意大利语、仅提供意大利饮食的环境感到厌烦，女儿采用的是同化模式；而儿子既不再认同原有的意大利文化，也对当地的文化活动不感兴趣，儿子采用的是消亡模式。①。

Berry 将文化适应限定在一种文化对另一种文化的反应以及由此而引起的变化，主要是移民文化这一非主流文化对移入国主流文化的反应，处于弱势地位的移民具有文化选择的自由和权利，而没有关注移入国主流文化对移民文化的反应，处于强势地位的主流文化对移民的选择具有一定的影响。但现实生活中不同文化之间的接触并非单向作用，而是双方间的相互影响；不仅非主流文化有选择适应模式的自由，主流文化也有选择接受模式的权利。相同的主流文化可能对不同的非主流外来文化具有不同的反应，相同的非主流外来文化也可能对不同的主流文化实施不同的应对策略。后来 Berry 意识到自己的研究中忽略了移入国主流文化在移民适应中所发挥的作用，便增加了第三个维度，即移入国主流文化的作用。若主流文化平等对待移民文化，将采取多元文化策略；若主流文化认可移民的同化模式，将采取熔炉策略；若主流文化接受移民的隔离模式，将采取种族隔离策略；若主流文化强加给移民消亡模式，将采取排斥策略（见表 2 - 12）。

表 2 - 12 Berry 双向文化影响下跨文化整合模式

移入国主流文化	多元文化策略	熔炉策略	种族隔离策略	排斥策略
移民非主流文化	融合模式	同化模式	隔离模式	消亡模式

资料来源：Berry J W. *Socio - psychological Costs and Benefits of Multiculturalism: A view from Canada* [M]. Stockholm: Stockholm University, 2002:13.

Berry 通过对加拿大移民的研究发现，融合模式是最佳的跨文化适应模式。在移民跨文化适应的研究中，Berry 还研究了"文化适应压力（acculturation stress）"，

① Berry J W. Psychology of Acculturation: Understanding of Individuals Moving Between Cultures Brislin, R. W. (Ed.) Applied Cross - cultural Psychology[M]. Newbury Park: Sage, 1990, 245 - 246.

即移民在跨文化适应中表现出来的焦虑、抑郁、精神不振等问题,并从文化适应经历、压力源两个方面进行了分析。Berry 的跨文化适应模式也受到了质疑,如融合模式与同化模式存在交叠,4 种模式不足以解释所有跨文化适应的现象。① 依据 Berry 的文化适应模式,Lee 对韩裔美籍人进行了跨文化适应研究,验证了其中的 3 种模式,整合、同化和隔离。②

出于对 Berry 理论的补充,Bourhis et al. (1997)提出了互动文化适应模式(interactive acculturation model),认为文化适应存在 5 种模式:融合(integration)、同化(assimilation)、分割(separation)、迷失(anomie)和个体主义(individualism),即将 Berry 的消亡(deculturation)模式进行了细化。③ Bourhis et al. 认为,双方的适应模式选择越一致,越有利于双方的文化适应,有利于建立和谐的关系;反之,则不利于双方的文化适应,越容易引发冲突。Navas et al. (2005) 进一步区分了移民非主流文化和移入国主流文化理想状态(内心期望)和现实状态(实际发生)的两种情形,提出了相对文化适应延伸模式(relative acculturation extended model, RAEM)。该模式将社会文化分为物质化领域的政治(包含政府)、经济、工作、家庭和意识化领域的宗教信仰和社会习俗、思维方式、价值观等 7 个方面的内容,认为物质化领域可采用融合或同化策略,意识化领域可采用隔离策略。移民理想状况与实际状况之间的差距与冲突发生的可能性呈正相关。

尽管这些理论和模式在某种程度上对 Berry 的理论进行了补充,但并没有突破 Berry 理论的整体框架和模式,其核心理念与 Berry 的理论保持了一致(见表 2 - 13)。

表 2 - 13 "移民文化适应"的研究维度模型

模型维度	模型构建者	模型内容
单维模型	帕克和米勒(Parks & Miller)(1921)	移民个体的原有文化(culture of origin/heritage culture)消失,移民从结构上完全被主流社会同化
	戈登(Gordon)(1964)	主流社会将移民完全同化,表现在行为、结构、身份、婚姻、态度——接受、行为——接受、公民等七个方面

① 孙丽路. 移民文化适应中的代际现象[J]. 重庆理工大学学报(社会科学),2012,26(6):68.

② Lee S, Sobal J, Frongillo E A. Comparison of Models of Acculturation: the Case of Korean Americans [J]. Journal of Cross - cultural Psychology, 2003,34(3): 282 - 296.

③ Bourish R Y, Moise L C, Perreault S. et al. Towards an Interactive Acculturation Model: A Social Psychological Approach[J]. International Journal of Psychology, 1997(32): 369 - 386.

续表

模型维度	模型构建者	模型内容
二维模型	戈登(Gordon)(1964)	结构维度和文化维度:结构维度指移民在移入国组织或制度中的参与度,其衡量指标多为教育程度、经济收入等客观因素;文化维度指移民在移入国价值导向与文化认同的转变程度,其衡量指标多为文化习俗、价值观念、社会交往状况等主观因素
	贝瑞(Berry)(1980)	保留自己原有文化(cultural maintenance)和接触、参与并接受移入国文化(contact and participation)两个维度;在此基础上,提出了四种适应策略:融合(integration)、同化(assimilation)、隔离(segregation)和消亡(deculturation)
三维模型	杨格-塔斯(J. Junger-Tas)(2001)	结构维度、社会——文化维度、政治维度:结构维度主要关注在东道国的教育、就业、收入等问题,社会——文化维度主要关注参与东道国社会组织活动的状况、与本土人群的人际交流和行为模式转换情况等;政治维度主要关注移民在移入国受到平等对待的程度,如选举权、政治身份等
	贝瑞(Berry)(2002)	移民保留自己原有文化(cultural maintenance)维度、接触、参与和接受移入国文化(contact and participation)维度、移入国主流文化的反应;在原有移民选择的四个维度基础上,增加了移入国主流文化选择后形成的熔炉策略、种族隔离策略、排斥策略、多元文化策略
四维模型	恩泽格尔(H. Entzinger)(2003)	经济性适应维度、政治性适应维度、文化性适应维度、移入国主流文化对移民的接受程度维度:经济性适应维度主要指移民的经济收入、就业状况、社会保障以及参与当地社会活动的状况;政治性适应维度主要指移民的合法公民权、政治参与状况;文化性适应维度主要指社会规则意识、配偶选择以及语言;移入国主流文化对移民的接受程度维度主要指移入国社会的文化属性,即持有多元文化观还是单一文化观、对移民接受还是拒绝

资料来源:余伟,郑钢. 跨文化心理学中的文化适应研究[J]. 心理科学进展,2005,13(6):837; Gordon, Milton M. *Assimilation in American Life*[M]. New York: Oxford University,1964;Berry J W. Acculturation as Varieties of Adaptation. Padilla A. (Ads.) Acculturation: Theory, Models, and Some New Findings[M]. Boulder: Westview Press, 1980:9-25;Josine Junger-Tas, Ethnics Minorities, Social Integration and Crime[J]. European Journal on Criminal Policy and Research,2001(9):5-29;Berry J W. *Sociopsychological Costs and Benefits of Multiculturalism: A view from Canada*[M]. Sweden:Stockholm University, 2002:13;Han Entzinger & Renske Biezeveld, *Benchmarking in Immigrant Integration*[M]. Erasmus University,2003.

2.3.5 移民文化适应的归因与影响因素

对于移民的融入与适应问题,存在三种归因解释,强调个体特征的人力资本理论(R. Omidvar)①、强调提供社会支持与情感支持的社会资本理论(D. Jacobs)②、强调制度政策作用的政策归因理论(M. Fix)③。对于移民跨文化适应的影响因素,陈慧等(2003)通过对西方研究文献的梳理,归纳为外部因素和内部因素,外部因素包括文化价值观、文化距离、社会网络、环境差别,内部因素包括民族中心主义、刻板印象、评价方式。④ 其中,价值观差异具有重要影响,是造成文化休克的主要原因,往往导致移民文化与主流文化之间的敌意。⑤ 文化距离与跨文化适应程度呈负相关,即文化距离越大,两种文化之间建立和谐关系的难度就越大,就越难以顺利地进行跨文化适应。⑥ 社会关系网络可以减少在异文化中承受的心理、精神、社会以及其他方面的压力,有助于加快当地社会的融入。环境差异影响身体健康状况,进而增加各方面的压力。⑦ 民族中心主义会导致产生贬低或歧视对方文化的心理,不利于跨文化交流和适应。刻板印象容易造成不同文化交往时的误解。现实与期望之间的差距会影响对文化的评价方式。

2.3.6 移民文化适应理论研究小结

在移民文化适应理论中,本研究分析了关于移民文化适应的主要理论和模型,重点分析了 Berry 的"移民文化适应"理论,这也是本研究所依据的重要理论之一。Berry 的移民文化适应研究分为两个阶段:二维模型阶段和三维模型阶

---

① Ratna, Omidvar, Ted Richmond, Immigrant Settlement and Social Inclusion in Canada, Perspectives on Social Inclusion Working Paper Series, Laidlaw Foundation, 2003.

② Dirk Jacobs, Jean Tillie, Introduction: Social Capital and Political Integration of Migrants[J]. Journal of Ethnics and Migration Studies,2004(3): 419 -427.

③ Michael Fix, Wendy Zimmermann, Jeffrey S. Passel, The Integration of Immigrant Families in the Unite States, 2001, http://www. Urban. org/publications/410227. html.

④ 陈慧,车宏生,朱敏. 跨文化适应影响因素研究评述[J]. 心理科学进展,2003(6).

⑤ Babiker J E, Cox J L. Miller P. The Measurement of Cultural Distance and its Relationship to Medical Consultations Symptonatology and Examination Performance of Overseas Students at Edingbury University [J]. Social Psychiatry, 1980(15):109 -116.

⑥ Bochner Stephen, Problems in Culture Learning Overseas Students in Australia, In S. Bochner & P. P. Wicks(Eds)1972:65 -81.

⑦ Fumham A, Bochner S. *Culture Shock: Psychological Relations to Unfamiliar Environments*[M]. London Methuen, 1986:109 -112.

段,分别从移民对移入国文化反应的单向维度和移民对移入国文化反应以及移入国文化对移民反应的双向维度进行了研究。但跨国公司在东道国经营不同于移民在移入国生活,首先跨国公司企业文化相对于东道国文化一般属于强势企业文化,而移民文化相对于移入国的主流文化属于弱势文化,两者对东道国(移居国)文化反应必然不同;跨国公司涉及母公司因素,涉及系统价值链上的利益问题,在跨文化适应模式选择中必然会考虑跨国公司的整体性因素;而移民仅是个体,已经不再受到原母国系统因素的影响。因此,完全采用移民文化适应理论进行跨国公司的跨文化整合是存在问题的,但跨国公司与移民在跨文化整合适应方面毕竟存在更多的相通之处,“移民文化适应”理论也便具有借鉴的价值。

2.4 “关系资本”理论

2.4.1 关系研究

2.4.1.1 关系——中国特殊文化元素

在中国社会,“关系”是现实生活中的一种规范和制度,它对商业活动、经营管理、组织行为等方面都产生着深刻的影响,也因此被认为是理解中国社会和中国商业行为的核心观念(Boardman and Kato, 2003)。[①]

对于关系的研究,存在不同的视角。有专家从文化视角进行了研究,认为关系是中国社会文化的独有特征(Perk,et al.,2009);有专家从制度视角进行了研究,认为关系是法律制度建构不成熟的环境下的产物(Guthrie, 2002);也有专家从现象视角进行了研究,认为关系是人与人之间的一种直接的特殊关联(Jacon,1979)。中国“关系”的研究,一般基于两种假设:①中国社会文化和人们生活方式的重要组成部分,与霍夫斯泰德(Hofstede, 1980)所提出的国家文化理论[②]和GLOBE(House et al.,2004)文化框架中的集体主义和权力距离[③]相关;②中国自古以来的

① Boardman C M, H K Kato. The Confucian Roots of Business Kyosei[J]. Journal of Business Ethics 2003, 48(4):317-333.

② Hofstede G. *Culture's Consequence: Internet Differences in Work-related Values*[M]. Sage: Newbury Park, 1980.

③ House, R P Hanges, M Javidan, P Dorfman, V Gupta, eds. *Culture, Leadership and Organizations: The GLOBE Study of* 62 *Societies*[M]. Sage: Thousand Oaks, 2004.

法制建设不完善所致(Gold, Guthrie & Wank, 2002)。中国社会是以先天性关系(血缘关系、亲友关系等)为核心的网络结构构建,使得家庭成员成为关系构建的核心要素,由此具有了对"圈内人"的忠诚、对"圈外人"不信任和排斥的特征。"忠诚"观念是"家"文化在生物学上的延伸所致,并扩展到不同的关系领域。在中国,"关系"是企业、特别是家族企业或乡镇企业在最初建立阶段的基础性条件,是一种比用文字表达的互利规则更具有可操作性或现实意义的承诺。关系参与者忽略或违背这种承诺将有损名声,被认为没有"人情"味,并会导致失去"面子"。Redding and Ng (1982)认为,在动态关系中,"面子""人情"都是关系的核心要素。

Yang(1996)通过文献研究发现,关系存在多种不同的内容表达,特殊关系(Yang,1994)、社会联系(Xin and Pearce, 1996)、价值资源(Luo, 1997a)、社会交流(Hwang, 1987)、交往过程(Fan, 2002),并从以上表述中提炼出关系的核心要义"一整套文化建构的行为标准"。[①] 他将人们对关系的理解分为四种:①居于自我利益的社会行为;②具有自我道德的一项必要社会功能;③道德中性的人类生活选择;④违背道德的腐败行为。在此基础上形成了 4 种关系:亲情关系(family and kinship)、本土关系(neighbors and native - place ties)、同等地位关系(equal status non - kin relations)、上层或附属关系(non - kin superior - subordinate relationships)。由于对"关系"存在不同侧面或不同层次的理解,也便形成了不同的分类,Jocbs(1982)将其划分为三种,家人关系、熟人关系和陌生人关系;[②]Luo(2000)将其划分为四种,强个人血缘关系、弱个人血缘关系、强个人社会关系和弱个人社会关系;[③] Kevin David(2007)将其划分为四组关系,基于先天生成的血缘关系和基于后天获得的社会关系、与地方政府官员形成的关系和与中央政府官员形成的关系、长期关系和短期关系、个人关系和组织关系;[④]费孝通(1985)、梁漱溟(1987)、杨国枢(1995)、黄光国(2006)等基于传统文化的"儒家关系论",将其划分为三类:以家人

---

① Yang Y X. *The Flow of Gifts: Reciprocity and Social Networks in a Chinese Village*[M]. Stanford: Stanford University Press, 1996.

② Jocbs, Bruce J. The Concept of Guanxi and Local Politics in a Rural Chinese Cultural Setting. In Social Interaction in Chinese Society. Edited by Sidney L. Greenblatt, Richard W. Wilson, and Amy Auerbacher Wilson [M]. New York: Praeger, 1982.

③ Luo Y D. *Guanxi and Business*[M]. Singapore: World Scientific Publishing Co. Pte. Ltd,2000.

④ Kevin David. An Empirical Investigation of Emic Difference between American Networking and Chinese Guanxi and a Process Model of Building Relationships for Cross - cultural Business Interactions [D]. University of Hawaii , 2007.

关系为核心的情感性关系、以熟人关系为核心的混合性关系和以生人关系为核心的工具性关系；Yang(2000)以人情和感情为维度，将其划分为四种，自己人(高人情和高感情)、友情(低人情、高感情)、交情(高人情、低感情)和市场交换(低人情、低感情)。①

Dunning & Kim(2007)总结了关系的6大特征：①实用性，以利益为基础，通过情感和互相帮助的形式将个体联系在一起。②互利性，对付出—回报关系的一种永久性预期，尽管存在付出和回报未必完全等值的状况。③可传递性，关系的参与者可以将关系的影响传递给关系外的实体，并结成新的关系网络。即：若甲认识乙，甲、乙形成关系网络；乙认识丙，乙、丙形成关系网络；甲和丙可通过乙这个中介相互认识，形成甲、丙关系网络或甲、乙、丙关系网络。④私有性，关系主要运行在个体层面，因为它的核心成分互利、信任、尊重和社会地位都具有个体属性。⑤长期性，关系的建立和培育是一个长期性过程，回报被视为一种永久性任务。⑥无形性，在高语境文化背景下，一般无法对"关系"概念进行正式的界定和表述，也无法用既定的标准对其进行规范。以上6个特征可以归结为3个方面：社会关系网络(可传递性和互利性)、个人关系(私有性、长期性和无形性)和关系资本(自利的实用性)。②

Zhang(2006)认为，中国的"关系"具有地区差异，相比西部内陆地区，东部沿海地区对关系的重视程度较低；在经济落后地区与经济发达地区呈现出不同的"关系"导向。此外，从总体上来看，非市场关系在向市场关系转化。③ Wank(2002)研究发现，关系对于中国市场经济中的小企业具有重要作用。④ Keister(2002)研究指出，关系影响着中国大企业集团的决策机制。⑤ Hussain, Javed G, et al. (2010)

---

① Yang Chung - fang. Psycho - Cultural Foundations of Informal Group. The Issues of Loyalty, Sincerity and Trust. In Informal Politics of East Asia, edited by L. Dittmer, H. Fukui and P. N. S. New York: Cambridge University Press, 2000.

② Dunning John H, Changsu Kim. *The Cultural Roots of Guanxi: An Exploratory Study*[M]. The World Economy, 2007, 30(2).

③ Zhang J J. Cultural Embeddedness or Imperfect Market? Changing Importance of Guanxi in Doing Business in China Paper Presented at Academy Management Meeting, Atlanta, GA,2006.

④ Wank D. Business - state Clientelism in China: Decline or Evolution? In T. Gold et al. (eds), Social Connections in China Institutions, Culture, and the Changing Guanxi[M]. Cambridge: Cambridge University Press, 2002.

⑤ Keister L A. Guanxi in Business Groups: Social Ties and the Formation of Economic Relations In T. Gold et al. (eds), Social Connections in China Institutions, Culture, and the Changing Guanxi [M]. Cambridge: Cambridge University Press, 2002.

从理论上论证了性别差异对企业获取发展所需金融资本的影响,调查了关系在获取金融资本上的作用。①

Farh, Tsui, Xin and Cheng(1998)将中国社会学和文化学意义上的关系与西方人口统计学意义上的关系进行了对比研究,调查了两者在二维结构上的应用情况,结果显示,无论中国社会学和文化学意义上的关系还是西方人口统计学意义上的关系,都强调下属对上司的信任,但中国的关系同时强调高层管理者之间的信任关系。② 胡安·安东尼奥·费尔南德斯和劳里·安德伍德(2010)认为,与西方人相比,中国人更倾向于与雇主建立密切的私人关系(个人领导而非组织上级)。员工与雇主之间较为模糊地界定职业和个人、工作和生活的界限,寻求比西方标准更高的付出与回报。③ 中国关系研究的主题往往是个人层面的属性,如面子(face)、人情(favor)、互惠(reciprocity)、感情(empathy)、信用(personal trust)、感激(indebtedness)以及其他诸如人际互动、家庭影响、社会联系、关系利益等社会概念或因素;而西方社会关系的研究关注组织资产层面,市场主体之间依据合同或公司政策进行互动,研究主题多为公司内部信任、承诺、灵活性、信息互换、一致性、关系冲突的协调、共享价值观、契约等。

通过对关系文献研究的整理发现,人们对"中国是一个关系社会"这一论断越来越趋于一致的认同,中国"关系"这一特殊社会文化元素也是与中国进行国际贸易最为复杂、棘手的问题之一。但这一问题又不可回避,因为中国情境下的"关系"是在华跨国公司结成其他关系的基础。

2.4.1.2 中国情境下关系研究的趋势

20 世纪末,人们开始对关系进行跨文化视角的研究,并用以指导跨文化的商业伦理行为(Smeltzer & Jennings, 1998),④在选择合作伙伴时所应用的关系伦理道德实用主义(如贿赂问题)也开始引起研究人员的关注(Steidlmeier, 1999)⑤;

① Hussain, Javed G, Scott, Jonathan M, Harrison, Richard T, Millman, Cindy. "Enter the Dragoness": Firm Growth, Finance, Guanxi, and Ggender in China [J]. Gender in Management, 2010,25(2):137 - 156.

② Farh J L, Tsui A S, Xin K R, Cheng B S. The Influence of Relational Demography and Guanxi: The Chinese Case [J]. Organization Science, 1998,9(4):471 - 488.

③ 胡安·安东尼奥·费尔南德斯和劳里·安德伍德,关系——跨国 CEO 的中国经验[M].孙达,译.南京:译文出版社,2010:53.

④ Smeltzer L R, M M Jennings. Why an International Code of Business Ethics Would be Good for Business [J]. Journal of Business Ethics 1998, 17(1), 57 - 66.

⑤ Steidlmeier P. Gift - Giving. Bribery and Corruption: Ethical Management of Business Relationships in China [J]. Journal of Business Ethics, 1999, 20(2), 121 - 132.

21 世纪初，人们开始对关系进行了“寻求情感型（favor – seeking）”和“寻求租金型（rent – seeking）”分类（Su & Littlefield, 2001），[①]并对与贿赂等相关的“关系”进行了分析（Dunfee & Warren, 2001）[②]；关系的成本与收益问题也引起了关注，人们开始从利益相关者角度考虑“关系”产生的后果（Fan, 2002）[③]；寻求关系获利的三种群体（非道德利益寻求者、非治理关系培育者、感情淡漠的高级管理人员）（Chan et al. , 2002）[④]、作为调节关系中介的环境（Warren et al. , 2004）[⑤]、有效关系建立的影响因素（Millington et al. , 2005）[⑥]等方面的研究成果都为关系的深入研究做了必要的铺垫。目前，关于关系研究是否能深入开展的问题存在两种观点：一种观点认为，关系只是中国社会发展中的一种暂时现象，随着中国市场经济体制和法制建设的完善，政府对资源控制逐渐放松，一贯被视为正式制度替代物的关系将会失去其存在的合法性与价值，外资企业在华经营将面临一种“非人情主控”的状况；另一种观点认为，关系是中国社会文化的必然产物，这与中国文化的集体主义和长期导向紧密相关（Guthrie, 1998），[⑦]关系文化不会被替代或消失。

Dunning（1977）提出了跨国公司跨国经营的优势理论，即所有权优势、区位优势和内部化优势，[⑧]但该理论忽略了其他几个影响跨国公司经营绩效的重要因素，如内聚效应、公司关系网络和文化问题（如关系或社会网络、民族或亲情因

---

① Su C, J E Littlefield. Entering Guanxi: A Business Ethical Dilemma in Mainland China? [J]. Journal of Business Ethics, 2001, 32(1): 1 – 12.

② Dunfee T, D E Warren. Is Guanxi Ethical? A Normative Analysis of Doing Business in China [J]. Journal of Business Ethics 2001, 32(3): 191 – 204.

③ Fan Y. 'Guanxi' s Consequences: Personal Gains at Social Cost [J]. Journal of Business Ethics 2002, 38(4), 371 – 380.

④ Chan R Y K, L T W Cheng, R W F Szeto. The Dynamics of Guanxi and Ethics for Chinese Executives [J]. Journal of Business Ethics, 2002, 41(4), 327 – 336.

⑤ Warren D E, T W Dunfee, Naihe Li. Social Exchange in China: The Double – Edged Sword of Guanxi [J]. Journal of Business Ethics, 2004, 55(4), 353 – 368.

⑥ Millington A, M Eberhardt, B, Wilkinson. Gift Giving, Guanxi and Illicit Payments in Buyer – Supplier Relations in China: Analysing the Experience of UK Companies [J]. Journal of Business Ethics 2005, 57(3), 255 – 268.

⑦ Guthrie D. The Declining Significance of Guanxi in China' s Economic Transition [J]. The China Quarterly, 1998(154): 254 – 282.

⑧ Dunning J H. Trade, Location of Economic Activities and The MNE: A Search for an Eclectic Approach. In: Ohlin B, ed. International Allocation of Economic Activity. Holms & Meier, 1977.

素）。Adler & Kwon(2002)认为目前在关系范畴的研究中，学术界主要关注西方关系理论“结构观”视角下的接触范围、接触频率、持续时间和量化的关系强度、关系密度和关系规模等因素，但信任、承诺等软性质量因素，对于中国情境下的关系研究更具有现实的意义。① 罗家德、叶勇助(2007)认为，“儒家关系论”中的三种“关系”层次对应了三种“信任”法则，“家人”关系对应需求法则，即家人之间应无条件地满足相互需求；“熟人”关系对应人情法则，体现为工具性交换和情感性交换的混合，即情感关系掩盖下的互惠交换；“生人”关系对应公平法则，即社会规范要求的行为方式（但中国的现实状况还往往达不到社会规范的要求）。三种“信任”法则衍生于中国文化情境，在中国融入世界的过程中，需要与国际接轨。② 商务网络中的单一文化视角在很大程度上限制了社会关系网络研究。Harvey and Novice (2002)指出，在涉及中国的相关研究中，在跨文化环境领域对商务关系的社会动态性进行深层次理解还处于缺失状态。大部分的关系研究属于单方向、单文化、静态研究。曾国权(2011)认为目前理论界对中国“关系”的研究存在三大局限：过于强调儒家传统思想的影响；将“关系”与西方社会科学中的“社会资本”等概念混为一谈；“关系”理论发展有待完善。③ “关系”研究的意义在于实质理性的目的性，寻求建立、维持良好关系的方法和社会行为；而非工具理性的手段，企图借助“拉关系”获得各种形式的非正常利益。翟艳平、陆杉(2013)认为，在对西方关系资本深入分析和研究的基础上，中国的理论界应该从中国经济和文化背景出发，关注本土化研究成果对关系资本的补充。④ “关系”文化是中国的特有文化，但从理论研究上，“关系资本”的研究并不起源于中国，中国本土文化元素的理论研究远远不能跟上国际的发展。

2.4.2 社会资本

从理论研究层面来讲，关系资本研究源于、并晚于社会资本研究，两者之间存

① Adler & Kwon. Social Capital: Prospects for a New Concept [J]. Academy of Management Review, 2002,27:17 -40.

② 罗家德，叶勇助. 中国人的信任游戏[M]. 北京：社会科学文献出版社，2007.

③ 曾国权. “关系”动态过程理论框架的建构[J]. 社会，2011，31(4)：96 -115.

④ 翟艳平，陆杉. 关系资本研究现状与趋势：一个文献综述[J]. 华东经济管理，2013，27(8)：152.

在一定的相似性和相关性①。

贾科布斯(Jacobs)最早使用了“社会资本”这一表达,皮艾尔·布迪厄(P. Bourdieu)对其进行了概念界定,“实在或潜在的资源集合,该资源被一个相互熟识并认可、制度化的关系网络所拥有”,②詹姆斯·科尔曼(James Coleman)在“社会资本在人力资本创造中的作用”一文中从社会结构视角解释了“社会资本”这一理论。科尔曼认为,社会关系网络即社会资本,社会资本存在于社会人际关系之中,社会资本尽管可以被个人占有,但它不是私人资产,而是一种为至少两人或多人所拥有的公共物品,它可以镶嵌在社会网络中,帮助关系网络参与者实现生产性目标。③ “关系因素”是社会资本的重要内容,勃特(Burt,1997)将社会资本的核心内容归结为“你所结识的人(Whom you know)”和“取得联系的方式(How you are connected)”两个问题,④纳哈皮艾特和高歇尔(Nahapiet & Ghoshal,1997) 将社会资本理解为“个人和单位构建的关系网络中所蕴含的、可以挖掘或利用的真实或潜在的资源总和”,分为结构维度、关系维度和认知维度⑤[1]。目前,在经济学、管理学和社会学等领域,社会资本理论研究的焦点主要集中在两个问题上:通过关系网络获得社会资本(Burt,1997),社会资本在创造租金、形成企业优势竞争力方面的作用(Nahapiet & Ghoshal,1998)。社会资本中的关系因素对于企业联盟间的合作具有重要的作用,Ring & Van De Ven (1994)认为在跨组织合作中,社会资本中的关系

① 很多西方社会学家将“关系”等同于“社会资本”概念(Luo,2000),然而,“社会资本”这一概念仍存在很多争议,经济学家、社会学家、组织理论学家都从不同视角对“社会资本”进行过界定。根据科尔曼(Coleman,1990)的理解,社会资本不存在个体或生产能力之中,因为它体现在两个或更多的行动者的社会联系之中。从更狭义的层面来看,社会资本是“为了不同目的采取某种行动所产生的非设定性结果”(Smelser & Swedberg, 2004),社会资本产生于某种联系的建立,在这个过程中,工具性资源并不是不可或缺的元素。虽然社会资本是经济交易的副产品,但不具有经济目的性特征(Coleman, 1994)。在“关系资本”建构的联系体系中,工具性资源是不可或缺的元素。这是“关系资本”区别于“社会资本”最为关键的一点。“关系”现象虽然源于中国,但“关系资本”这一概念源于西方市场经济,“关系性”的互动或联盟一般发生在企业之间;而在中国情境下,正如“人际关系”或“私人关系”所示,“关系”一般发生在个体的人与人之间,个体联系他们所在的企业,个体成为“关系”系统的枢纽。Luo(1997)认为,关系包括感情、人情、面子;Graham & Lam(2003)认为,“社会资本”实质上相当于“关系”中的“面子”,是关系交易的一种非目的性结果。

② Bourdieu Pierre. The Forms of Capital, in J. C. Richardson (ed.), Handbook of the Theory and Research for the Sociology of Education [M]. New York: Greenwood Press, 1993.

③ Coleman J S. *Foundations of Social Theory* [M]. Cambridge: Harvard Business School Press, 1990.

④ Burt R S. The Contingent value of Social Capital [J]. Administrative Science Quarterly, 1997(42).

⑤ Nahapiet J, S Ghoshal. Social Capital, Intellectual Capital, and the Organizational Advantage [J]. Academy of Management Review, 1997, 23 (2).

维度发挥着重要作用,①Uzzi(1997)通过实证研究证明了强关系可以有效促进技术和知识的转移。②

社会网络(social network)是社会资本的一个基础性概念,社会网络是指个体(个人、组织)间社会关系构成的相对稳定的系统,而整个社会则是由一个相互平行或交错网络构成的大系统(阮丹青等,1990)。③

Grannovetter(1973)提出的"弱连带优势"理论指出,真正有价值的信息来自于弱关系(并不亲密的社会关系),弱关系具有挖掘稀缺异质性资源的优势,这一理论是社会资本的核心思想来源;④林南(Lin N., 1982)认为,社会资源有助于个人更好地生存和发展,而社会资源是指那些不为个人直接占有、通过直接或间接联系与社会活动可以获取的资源,社会资源的数量或质量取决于三个因素,社会网络的一致性、网络成员的社会地位和个体与网络成员的关系紧密度,⑤这一理论基本接近了社会资本的概念。

石军伟(2008)认为,社会资本的研究大致可以分为三个学派,以Bourdieu,Portes,Burt R.,Baker,林南等人为代表的资源学派;以Coleman为代表的功能或结构学派;以Putnam为代表的政治学派。⑥ 资源学派的主流观点认为,个体可以通过体制化关系网络获得诸如信息、物质、创意和支持等资源,该资源由参与者间的关系变化创造出来,信任在其中发挥着关键作用。功能或结构学派认为,个体本身存在三种资本,智力性的人力资本、财产性的物质资本和社会资源性的社会资本。其中社会资本的特征表现为社会结构的要素和个体利益,关注结构中地位和结构性功能,社会资本包括义务与期望(赊账单)、信息网络、有效规范、权威关系、多功能社会组织、特定社会组织。政治学派关注社会资本与区域经济绩效、国家或地区政治参与度等宏观层面的内容。

Adler & Kwon(2002)将社会资本的资本属性归纳为以下方面:可用来投资、带来收益的长期资产(即创造价值);既具有专用性也具有可兑换性;可以成为其他

---

① Ring P S, Van De Ven H A. Developmental Process of Cooperative Inter - organizational Relationships [J]. Academy of Management Review, 1994,19(1):90 - 118.

② Uzzi B. Social Structure and Competition in Inter - firm Networks: the Paradox of Embeddedness [J]. Administrative Science Quarterly, 1997, 42(1).

③ 阮丹青,周路,Peter M Blan,Andrew G Walder. 天津城市居民社会网初探——兼与美国社会网比较[J]. 中国社会科学,1990(2):157 - 176.

④ Granovetter M. The Strength of Weak Ties [J]. American Journal of Sociology, 1973, 78: 1360 - 1380.

⑤ 林南. 社会资本:关于社会结构与行动的理论[M]. 张磊,译. 上海:上海人民出版社,2005.

⑥ 石军伟. 社会资本与企业行为[M]. 北京:北京大学出版社,2008:36.

资源的替代品或互补品;具有可持续性和维护性;公共占有性;不存在于参与者本身,而存在于参与者交往之中;不易进行量化衡量。①

Krishna(2000)将社会资本分为两种类型,制度资本和关系资本,并从集体行动基础、动机来源、动机性质、适用标准等几个方面对两者进行了描述(见表2-15)。

表2-15 制度资本与关系资本的关系

	制度资本	关系资本
集体行动基础	交易	关系
动机来源	任务规则	信念价值
动机性质	最佳行为	合适行为
适用范围	市场、法律框架	家庭、伦理

资料来源:石军伟.社会资本与企业行为选择[M].北京:北京大学出版社,2008:43,笔者进行了整理。

林南(Lin, 2001)将社会资本分为接触性社会资本和动员性社会资本,接触性社会资本是指由教育和经历形成的人力资本、父母或先前职业赋予的初始地位以及个体的社会联系等,这些因素决定了个体的关系资源范围,进而影响关系网络中地位的获得;动员性社会资本是指个体利益获得过程中对社会资源的动员和利用,接触性社会资本直接决定了地位的获得,网络关系参与者的地位间接影响个体地位的获得,取决于关系的联系强度(见图2-2)。

Nahapiet & Ghoshal(1998)将社会资本区分为结构维度(structural dimension)、关系维度(relational dimension)和认知维度(cognitive dimension)。结构维度关注联系的状况、联系的强弱及网络结构等非人格化方面的内容;关系维度关注资产的获得,包括信任、规范、义务与期望、身份等人格化方面的内容;认知维度关注关系主体间理解的意义系统与表达,包括语言、文化等社会化内容。②

Grootaert C. et al. (2004)认为人们之间存在"结合型(bonding)""桥型(bridging)""连接型(linking)"三种关系状态。"结合型(bonding)"主要关注人口统计特征具有相似性的人际关系连带;"桥型(bridging)"强调社会地位大致平等的人际连

① Adler Paul S, Kwon Seok - Woo. Social Capital: Prospect for a New Concept [J]. Academy of Management Review, 2002, 27(1): 10 - 16.

② Nahapiet J, Ghoshal S. Social Capital, and the Organizational Advantage [J]. Academy of Management Review 1998, 23(2): 242 - 266.

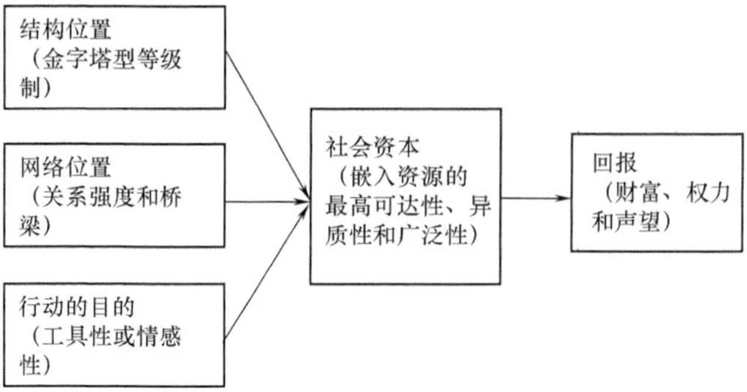

图 2-2　社会资本理论模型

资料来源：Lin N. *Social Capital: A Theory of Social Structure and Action* [M]. Cambridge University Press, 2001.

接；“连接型（linking）”则指由权力拥有者建立的垂直上下级关系的能力。①

对于社会资本的研究，存在社会经济学和组织管理学两个研究视角。

在社会经济学研究方面，Burt（1992）认为社会资本是借助企业内部、外部或一种更广义上的契约而得到人力资本或物质资本的机会，在企业的市场竞争中发挥着关键的作用。Burt 提出了“结构洞（structural hole）”概念，即参与者不能得到的联系或彼此间的不对等性，结构洞意味着信息通道，结构洞的数量而非关系强度决定着企业竞争力，等级制与结构洞负相关，等级制使得间接联系过于集中。结构洞使得行为者在结构中处于连接异质资源的地位。② Fukuyama（1995）认为社会资本是社会网络参与者之间基于普遍信任所产生的一种效应，是有助于形成个体之间合作的非正式规范。埃莉诺·奥斯托罗姆（Elinor Ostrom, 2000）认为，社会资本是关于知识共享、理解、规范和期望的互动模式。

在组织管理学方面，Nahapiet & Ghoshal（1998）研究发现，社会资本的组织与交换有益于企业智力资本的创新，形成企业竞争优势。Tsai（2000）通过分析结构洞的形成研究了关系资本与战略相关性、单位间关系网络动态发展的问题。Adler & Kwon（2002）认为社会资本源于社会结构，企业的社会结构包括市场关系、社会关系和等级关系，它们决定了机会、激励和能力三种社会资本的原动力（见图 2-3）。

---

① Grootaert C, et al. Measuring Social Capital [R]. The World Bank, 2004.

② Burt R S. *Structural Holes: The Social Structure of Competition* [M]. Cambridge, MA: Harvard University Press, 1992.

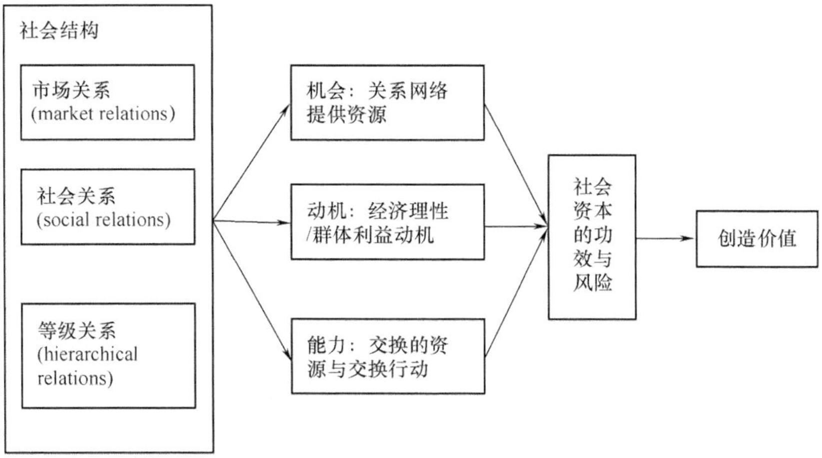

图 2-3 Alder & Kwon(2002)社会资本概念架构图

来料来源：Alder P S, Kwon S W. Social Capital: Prospects for a New Concept [J]. Academy of Management, 2002, 27(1): 17-40.

边燕杰、丘海雄(2000)研究认为，企业社会资本有助于提升企业生产率，但产业结构会在某种程度上影响企业的社会资本水平；Tsui et al.(2006)将中国文化情境融入关系资本研究，从关系的等级性、关系网络的闭合性和网络结构中的结构洞等方面分析了社会资本对中国企业管理者的影响。

2.4.3 社会资本与关系及关系资本的关联

西方文献研究中的"社会资本"和中国文化中的"关系"的确存在相似之处，如它们都属于社会学研究的范畴、核心内容都聚焦于信息共享、资源获取、互利性、社会联系、注重声誉和信任等问题，但中国的"关系"具有其特定背景下的社会文化属性。

Luo (1997)认为中国的"关系"文化源于儒家思想体系，而儒家思想体系是在东周战国国家战乱、关系冲突强烈的背景下，为了实现有序与和谐的宗旨而创建的。儒家思想体系中"五伦"思想①是中国"关系"文化的核心内容，这种思想形成了中国的社会道德规则、价值观念和阶层权力结构，使得人与人之间的关系规范超出了正式要求和法律制度。② Kipnis (1997)认为，"关系"包括面子、人情和互助三

① 参见本书1.1。

② Luo Y. Guanxi: Principles, Philosophies, and Implications [J]. Human System Management Executive1997(7): 81-94.

个因素，尽管“面子”这个概念并非中国文化独有，但西方文化中的“脸”主要指物理性的个人特征，而在中国文化中指个人在社会互动中从他人获得的正面的社会价值。[①][②] Yang (1994) 认为“人情”是一种资源，在人际交往中具有投资功能，体现了交往双方之间的一种非正式社会责任。[③] 对于互利性，Powell and Goulet (1996) 认为西方文化中的互利强调成本与收益的平衡，[④]但在中国文化中，互利性并不总是强调“利”(Jacobs, 1979)，[⑤]更在于“义”，“滴水之恩，当以涌泉相报”；不在于付出与收益的平衡，而更在于互需性(Hwang,1987)[⑥]。

从社会资本的研究可以看出，“关系”与“关系资本”[⑦]是社会资本的一个关键字眼，是社会资本的主要内容和核心因素，同时也是社会资本在特定文化背景下(比如中国文化情境)的延展，无论是社会资本所包括的基础性概念、基本属性、构成维度，还是主要社会功能，都能发现“关系”或“关系资本”的成分与痕迹。社会资本的资源学派、功能或结构学派都将关系资本视为社会资本的核心内容，Krishna (2000)将社会资本解构为制度资本与关系资本，暗示了“关系”与“制度(契约)”具有等同的作用与功能；林南(Lin, 2001)的接触性社会资本与中国“关系”文化中形成的先天性关系资本具有相似的内涵和异曲同工的功效，而动员性社会资本的互动性正是关系资本形成的内在机制；Nahapiet & Ghoshal(1998)提出的社会资本三维度，更加明确地表明了关系资本在社会资本中的作用；Grootaert C. et al.

---

① Kipnis A B. *Producing Guanxi: Sentiment, Self, and Subculture in a North China Village* [M]. Dvrham: Duke University Press, Durham, USA,1997.

② 某大学图书馆馆长的孩子去图书馆借书，当工作人员让她出示借书证时，她并没有拿出借书证，而是指了指自己的脸，意思是“你难道不认识我吗？”当然，鉴于中国高情境文化，“脸”所具有的内涵意义相当深奥，这里既有生理性的身体表征意义，也有身份、地位的社会意义，更有两者的结合，客观、自然的生理性背后隐含着社会性，这张脸“因带有图书馆长孩子的这一特殊社会身份”而具有了西方文化不能理解的含义。

③ Yang M M. *Gifts, Favors, Banquets: The Art of Social Relationships in China* [M]. Ithaca: Cornell University Press, Ithaca,1994.

④ Powell G N, L R Goulet. Recruiters' and Applicants' Reactions to Campus Interviews and Employment Decisions[J]. Academy of Management Journal, 1996, 39(6): 1619 -1640.

⑤ Jacobs B J. The Concept of Guanxi and Social Politics in a Rural Chinese Cultural Setting, in S. L. Greenblatt, R. W. Wilson and A. A. Wilson (eds.), Social Interaction in Chinese Society (Praeger, New York) 1979: 209 -236.

⑥ Hwang K K. Face and Favor: Chinese Power Game [J]. American Journal of Sociology, 1987, 92: 944 -974.

⑦ “关系”与“关系资本”是两个不同的概念，“关系”是“关系资本”的基础与源泉，拥有关系并不等同于拥有关系资本，只有通过有效维护和经营已有关系才能使其带来收入，形成资本。鲍帝斯(Bontis,1998)认为企业关系资本是依靠关系作用而带来增值的价值。

(2004)对于社会资本关系状态的划分，使关系资本研究获得了某种程度上的借鉴；Burt(1992)的结构洞理论，为纵向维度的关系资本价值提供了依据；社会资本功能方面的研究，也为关系资本的社会功能提供了参考；而社会资本研究中中国文化情境的嵌入，使得关系资本研究具有更加明确的地区性指向和社会文化背景等现实意义(见表2－16)。

表2－16 关系资本与社会资本的相异性比较

	关系资本	社会资本
本质属性	二维人际关系，具有义务、回报属性，被视为一种伦理行为；具有长期导向、紧密性、强联系特征	多维社会关系，具有义务、回报属性，被视为一种利用关系；具有短期导向和交易性、弱联系特征
涉及范围	两个个体间相互交往	两个以上个体、鸡尾酒式的混合式交往
联系状况	相互间的特殊联系，具有等级性特征	一般性的社会联系，具有平等性特征
产生原因	具有很强的社会文化成分，源于“五伦”文化，本身携带了“等级”基因，也带有经济和政治目的	主要出于社会和经济上的互利动机，强调公平和平等性需求
形成期限	长期性	短期性、临时性
包含内容	面子、人情、互助，更注重感情成分	关系、规范、组织结构，更注重网络结构中的地位
保障基础	非合同性信任	基于合同的信任
与信任的关系	先建立信任关系	后建立信任关系
与商业交易的关系	产生于商业交易之前	产生于商业交易之后
研究工具	微妙、发散、动态变化性	相对恒定性
投入时间	非同期性，一方主动为对方提供恩惠或帮助进行投资，以期日后的回报	同期性，双方为了获取利益同时投资
投入方式	血缘、亲友、一般性社会交往，以提供帮助或恩惠进行的投资具有束缚性	一般性社会交往，以提供帮助或恩惠进行的投资不具有束缚性
产出效具	以“义”为核心的增值性产出，强调互补性	强调成本与收益的互利性平衡

资料来源：个人整理。

2.4.4 关系资本研究

2.4.4.1 关系资本的内涵

关系是指人和人或人和事物之间的某种性质的联系;[①]两个人或两个群体彼此之间的感觉或相互行为(Relationship: the way in which two people or two groups feel about each other and behave towards each other.)。[②] 胡安·安东尼奥·费尔南德斯和劳里·安德伍德(2010)从商业经济角度对"关系"进行了分析,认为建立关系的前提基础是双方利益交换的需求,关系作为满足实现这种需求媒介,发挥着"社会货币"的功能。[③] 甲方给予了乙方利益(便利、帮助或好处),甲方便进行了前期的投资,或者说甲方具有了和乙方进行利益交换或向乙方进行兑换的资本盈余;乙方也会待价而沽,综合考虑自己的收益后进行反哺。在中国情境下,"关系户(指在工作或其他方面有联系、彼此关照、给对方提供方便或好处的单位或个人)[④]""关系网(人或单位之间组成的网状关系群体,特指为个人或小团体牟取私利而形成的网状人际关系或社会关系)[⑤]"在某种程度上可以说明"关系"的内涵。

资本是指:①用来生产或经营以求牟取利益的生产资料或货币;②比喻牟取利益的凭借;[⑥]③用来进行经营或创造更多财富的金钱或财产(Capital: money or property, especially when it is used to start a business or to produce more wealth.)[⑦]。随着对"资本"研究的深入,人们不断对其内涵和概念进行重新认识和界定,资本的范畴不再局限于货币、财产、生产资料等物质资本,人力资本(Schultz, 1960; Becker, 1964)、社会资本(Bourdieu, 1986; Coleman, 1990)等概念和理论的提出进一步拓宽了"资本"在经济学和社会学领域的研究范畴,在这些研究成果的基础上,人们提出了关系资本(Roy, 2005; McHale, 2006)这一概念和相应的理论,用来解释经济和管理中的某些现象。

关系资本具有广义和狭义之分,广义关系资本的核心内容包括信任、共同行

---

① 中国社会科学院语言研究所. 现代汉语词典(第6版)[M]. 北京:商务印书馆,2012:477.

② Longman Dictionary of Contemporary English(New Edition),第1384页.

③ 胡安·安东尼奥·费尔南德斯,劳里·安德伍德. 关系:跨国CEO的中国经验[M]. 南京:译林出版社,2010:26.

④ 中国社会科学院语言研究所. 现代汉语词典(第6版)[M]. 北京:商务印书馆,2012:477.

⑤ 中国社会科学院语言研究所. 现代汉语词典(第6版)[M]. 北京:商务印书馆,2012:477.

⑥ 中国社会科学院语言研究所. 现代汉语词典(第6版)[M]. 北京:商务印书馆,2012:1720.

⑦ Longman Dictionary of Contemporary English(New Edition),第217页.

动和透明度(Collins & Hitt, 2006; Carmeli & Azeroual, 2009)。信任是关系资本的根基,对于关系网络间的合作具有重要作用。信任犹如润滑剂,有利于缓解个人或企业间交往的摩擦和冲突、降低企业间合作的监督成本、防范机会主义行为的发生、降低控制成本、增强关系网络间信息交流的数量和频次、促进技术的交换、激发学习意愿等(Gualti, R. ,1995; Levin, D. Z. R. Cross. ,2004);透明度是关系资本的保障性因素,能够保证关系网络间的知识流动、打破关系网络间合作的技术壁垒、便于问题的讨论和信息交流(Hamel, G. ,1991; Simonin, B. L. ,2004; Liu, C. P. ,2009);共同行动是关系资本的目的性因素,是关系网络成员为了共同的目标而展开的有规划、针对性的行为。关系网络成员之间能够彼此分享观点、信息,从而更好地实现知识、技术的交换与创新。共同行动有利于复杂知识的交换和观点的交流(Nonaka, I. ,1994),①实现信息在最大范围内的流动。

狭义关系资本的核心内容是合作伙伴之间的相互信任(Dyer & Singh, 1998; Kale et al. 2000),Johnson, Cullen, Sakano & Katenouchi(1996)认为合作中的信任存在两种形式,可信信任(credibility trust)和善意信任(benevolence trust)。可信信任是一种理性信任,指合作方有意愿和能力承担义务,履行承诺;善意信任是感性信任,指合作方真诚、公平相处的信心。Ring & Van de Ven(1994)认为联盟中的信任是一种基于强联系和互惠规范的弹性信任或关系信任,不同于陌生人之间基于预期的弱信任。② 信任又可分为结构维度和社会维度,结构维度指通过资源互补形成协同效应;社会维度指通过降低机会主义行为,增加企业价值。Lewicki & Bunker (1996)将信任分为三种类型:合约信任、认知信任和认同信任。三种信任的价值和程度依次升高。③ 关系的行为主体交往时间越长,相互间的信任度便越高;交往的频率越高,相互间的信任度便越高。在交往过程中,关系的参与主体根据交往双方的行为记录来判断其态度倾向及将来的行为选择,进而判断其在关系网络中的行为目的和是否存在机会主义倾向。随着交往时间和交往频率的增加,

① Nonaka I. A Dynamic Theory of Organizational Knowledge Creation [J]. Organization Science, 1994, 5 (1).

② Ring P S, Van De Ven H A. Developmental Process of Cooperative Inter - organizational Relationships [J]. Academy of Management Review, 1994,19(1):90 - 118.

③ Lewicki R J, Bunker B B. Developing and Maintaining Trust in Work Relationships [A]. In Tyler R. Makramer. Trust in Organizations: Frontiers of Theory and Research [C]. CA: Sage Publications, Thousand Oaks, 1996:114.

交往各方彼此间的了解更为深入,从而减少了因不对称信息引发问题的概率,减少了机会主义行为。当然,信任并非交往的必然结果,交往不一定必然产生信任。在交往过程中,交往各方通过对交往目的、动机、能力和态度的了解,彼此间的熟悉程度不断增加,逐渐达成相互间信任和合作的心理契约。Kenneth Arrow (1962)认为,因为通过硬性契约合同实施的监督行为不能囊括所有交易的细节,市场上的所有商业交易行为都或多或少地包含信任因素,信任是形成关系资本的基石和最低保障性因素。① 信任意味着相互间的忠诚,减少违约的概率。Dyer (1997)研究发现,通用公司(GM)的交易成本是克莱斯勒(Chrysler)的两倍、丰田(Toyota)公司的6倍,其原因在于通用公司被视为在信任度方面存在问题。制度性环境对于贸易伙伴之间信任的形成存在影响,关系的发生、信任的形成都具有"动机"导向。

关系资本有两种形成渠道,通过正常工作关系建立的关系资本和通过先天固有关系建立的关系资本。Olwen Bedford(2011)对中国特殊文化背景下通过正常工作关系建立的关系资本和通过先天固有关系建立的关系资本从互动频率、利益互换频率以及每次进行互动时双方对利益期待的立场明确度等方面进行了区分,并对两种关系资本在工作场地的动态形成过程进行了研究。② "面子"是影响关系资本形成的重要因素,"面子"具有两种特征,其物理性、生理性的外部面貌特征主要发挥标记、结识等一般性功能以建立工作关系,其长期社会历史文化背景影响形成的内在心理特征则主要发挥深层次交际功能以建立后门关系。

目前,关系资本的概念内容有如下方面的研究(见表2-17)。

表2-17 关系资本概念理解

研究者	研究内容
Bourdieu, 1986	关系网络的规模、网络成员所占有资源的数量
Coleman, 1994	关系网络成员参与的社会团体数量、网络规模、异质程度、攫取资源的能力
Nahapiet& Ghoshal, 1998	结构维度,关系网络成员间联系的强弱、密度、中心性;关系维度,关系网络质量中的信任、义务、期望;认知维度,观点、语言、经历
Cullen,Johnson & Sakano, 2000	信任度、承诺、合作状况

① Arrow K J. The Economic Implications of Learning by Doing [J]. Review of Economic Studies, 1962,29(6): 135.

② Olwen Bedford. Guanxi - Building in the Workplace: A Dynamic Process Model of Working and Backdoor Guanxi [J]. Springer Science Business Media B. V. 2011,5 Online.

续表

研究者	研究内容
Joyce A. Young, 2000	关系强度(与专有性投资规模、合作领域在组织中的重要性成正相关)、关系持久性、互动频率、关系的多样性(合作范围与频率)、关系的灵活性、关系的公平性
Roy, J. P., 2005	关系质量、关系数量、关系强度、关系紧密程度
Ruth Blatt, 2009	信任、认同、彼此的义务
Sambasivan M, et al. 2011	信任、承诺、沟通

资料来源:Bourdieu Pierre. The Forms of Capital, in J. C. Richardson (ed.), Handbook of the Theory and Research for the Sociology of Education [M]. New York: Greenwood Press, 1993; Coleman J S. *Foundations of Social Theory* [M]. Cambridge, MA: Harvard University Press, 1990; Nahapict J, S Ghoshal. Social Capital, Intellectual Capital, and the Organizational Advantage [J]. Academy of Management Review, 1997, 23 (2); Cullen J B, Johnson J L, Sakano T. Success through Commitment and Trust: The Soft Side of Strategic Alliance Management [J]. Journal of World Business, 2000, 35(3): 223 – 240; Roy J P. International Joint Venture Parnter Selection and Performance: the Role of Host Country Legal Environment [D]. Ontarion: York University, 2005; Ruth Blatt. How Communal Schemes and Contracting Practices Build Relational Capital in Entrepreneurial Teams [J]. Academy of Management Review, 2009, 34(3): 533 – 551; Sambasivan M, Siew – Phaik L, Mohamed Z A, Leong Y C. Impact of Interdependence between Supply Chain Partners on Strategic Alliance Outcomes Role of Relational Capital as a Mediating Construct [J]. Management Decision, 2011, 49(3): 548 – 569.

Granovetter(1973)认为关系资本的强度包括关系成员交往的频率、交往中资源的数量、感情深度、亲密程度和互惠程度,并将关系资本的强度界定为“一种时间、感情深度、亲密度与互惠程度的集合”。互动频率是衡量关系资本强弱的重要指标,它对于隐性知识的传播具有重要的作用(Allansdottir, 2002)。Buttle(1995)认为关系资本就是关系质量,在营销领域,顾客忠诚度与关系质量正相关,能体现正面价值关系的关系资本含量。Gummesson(1987)认为关系强度和持久性是衡量关系资本的标准,互动频率是提高关系资本的重要手段。Raymond McHale 分析了“关系力指数(strength of relationship index, 简称 SORI)”模型,为关系资本的测量提供了非财务性指标标准。① “关系力指数”模型主要为了对关系资本加以衡量、并进行有效的管理,达到为企业增值的目的。

2.4.4.2 关系资本形成的原因

(1)传统文化的影响。“关系”形成的中国传统文化背景可以从以下几个方面

① 转引自:Raymond McHale. 井明,张若丹,编译. 关系资本[J]. 新理财,57.

来释义:伦理本位思想是关系文化的理论基础。中国是以“家”为核心的伦理本位的文化,而伦理本位就是要“清楚人生关系之理”①,关系首先表现为以“义”为中心的情谊关系,其次是以“利”为脉络的义务关系。遵循“差序格局”的构建逻辑,区别于西方宗教文化的“团体格局”,中国的“家”文化强调个体性的“差序格局”。“差序格局”将人与人之间的关系分为亲、疏、远、近,在此基础上形成“圈内人”与“圈外人”,并以此作为获取资源或信息的依据,最终形成等级制的关系结构框架。中国文化中的差别与不平等意味着权威和依赖,而权威意味着对资源和信息的占有或控制,在社会结构中占据着特殊的地位。

“关系”是中国文化特有成分因素,指人的社会联系和人际交往网络,特别指通过非正式渠道交往的关系,因此也往往被狭义地理解为“后门”。“关系”的重要性与中国的高情境文化不无相关。马春光(2004)将高、低情境文化之间的“关系”表现归结为以下方面(见表2-18)。

表2-18 高、低情境文化特征对比

高情境	低情境
关系基础较为长远,存在依赖感	关系基础较为短暂,不存在依赖感
沟通含蓄,要理解对方话语的含义	信息明确,要准确表达意思
上级对下属有责任感,下级对上级有忠诚感	领导作用体现在各个官僚机构之中,上级对下属不负个人责任
口头协议多于书面协议	书面协议多于口头协议
存在“圈内人”和“圈外人”的区别,两者之间无法融合	不存在“圈内人”和“圈外人”的区别,鼓励组织融合

资料来源:马春光.国际企业跨文化管理[M].北京:对外经济贸易大学出版社,2004:298,笔者进行了整理。

高情境文化中语言的含糊性不仅体现在口语中,在书面表达中也同样有所体现;不仅存在于日常的交流和交际中,即便在一些正规、严禁的政府性文件中也不乏其词。中国市场商业法制不健全不仅仅表现为法律内容和法律条文的缺失,也表现为对法律内容的语言表达上。法律语言隐晦模糊,而在具体的执行中,又将解释权留给操作的部门和人员,这无疑赋予了这些部门和人员莫大的资源控制权,这便是非正常渠道“关系”产生和发挥作用的基础。而在低情境文化中,政策中的语

① 梁漱溟.中国文化要义[M].上海:学林出版社,1987:89.

言表达明确，程序清晰，一切按照“契约”所规定的标准行事，“关系”便不再重要。

中国人喜欢同熟悉的人或单位进行商务往来的惯例源于传统文化中对于工作、家庭、朋友间等级关系的重视。跨国公司在华经营，应在某种程度上进行本土文化的适应，应与合作者建立长期的互信关系，甚至以牺牲短期利益为代价。中国传统文化中蕴含着“和”的观念，“和”的基础是“人际关系”，而所谓“人际关系”的本质是互信与互惠，同时也是一种责任和义务，是合作双方进行利益交换的基础。这种关系网络极为微妙复杂，但又无处不在，每个人、每个群体、每个组织单位都在细心地培育着自己的关系网络，即便在运行本该极为规范化的政府层面，因其对资源和信息的绝对控制，反而发挥着更加不可低估的作用。关系网络并非纯商业性质的，其中也包含着社会成分，人们在此不仅进行利益交换，也进行着情感交换，这便更加增加了商务活动中“关系”性质的复杂性。关系文化并非中国独有，但在市场经济还不发达、商业法制规则尚不健全的中国，建构各种关系网络成为企业、特别是跨国公司实现短期或长期利益、进行成功经营的公开秘密和法宝。

(2)市场信用文化的缺失。中国社会长期以来处于自给自足的自然经济状态之下，没有形成完善的市场运行机制和市场信用文化，导致社会诚信度不高，人们彼此间的信任程度很低。通过建立稳固的关系网络，形成良好的信任氛围，能够减少机会主义行为，降低市场交易成本，提高企业经营绩效。

(3)本土化战略的要求。经济全球化的快速发展，使得跨国企业在更为广阔的国际市场上进行生产和营销活动，在异文化的环境下，市场交易成本增大，原有优势与市场份额面临挑战，企业间的竞争更为激烈。本土化策略是大多数跨国经营企业的最优选择，在中国情境下，构建当地关系网络无疑是本土化的一项核心内容。

(4)消费者的重要性不断提升。随着商品的过量生产，基于商品稀缺性资源的卖方市场已经转化为以顾客为中心的买方市场，消费者的需求是企业进行生产的导向标。只有与消费者建立了契合的关系，才能保证稳定的客源，与客户进行直接、坦诚的交流，获取企业在生产经营中存在问题的信息反馈，更好地满足顾客多样化的需求，并形成企业与顾客间的良性循环。

(5)自身竞争力提升的要求。经济全球化的发展、知识经济的来临、消费需求的个性化和多样化使得企业很难完全依靠自身的资源和经营方式满足市场需求，与不同利益相关者建立合作关系，更好地适应外部快速变化的环境，增加自身抵御风险的能力，并在此基础上形成创造或增加价值的合作机制。

2.4.4.3　关系资本的测量

目前在关系资本测量方面的研究主要关注关系资本的密集度和关系资本的强

度。在关系资本的密集度研究方面,吴娜(2007)构建了外部关系网络测量模型图,关键要素包括中心点、散落在中心点周围的节点及连接中心点和节点的线段。中心点代表关系网络中的核心企业,节点代表关系网络中的供应商、顾客、金融机构以及政府等个人、群体或法人机构等,线段代表中心点与节点之间的关系,节点越多、线段越多,说明关系资本的密集度越高。在关系强度方面,可以用强弱不等的光谱图来表示。以关系网络核心企业为中心,构建基于不同时间点形成的关系网络节点,连接核心点与节点之间的线段形成关系光谱,线段的粗细表示关系的强弱程度。交往的时间越长、投入的资源越多、涉入的感情越多,关系光谱越强,关系资本强度越高。决定关系强度的因素包括交往时间、情感投入、亲密度以及互惠性。① 蔡双立、刘捷(2006)设计了关系资本强度由弱变强的途径,松散型契约安排、签订长期合约、结成战略联盟、进行合作经营;关系资本由强变弱的途径:进行关系重组、合作双方协商中止、单边中止。② 彭星闾、龙怒(2004)认为,RC(关系资本的价值)=P(企业与合作者之间交易所得)-I(为建立、维护和发展关系进行的投入),并用现金流量折现法搭建了关系资本测量的数理模型框架。③ 金昊(2011)将关系资本的衡量分为几个维度:强度和质量(信任度、承诺度)、紧密度(持久性、使用频率)、数量和广度(纵向的政府与客户、横向的合作者与竞争者)、环境影响因素(法律环境、社会环境)。④

2.4.4.4 关系资本的功能

(1)创造关系性租金。经济租金是指资源拥有者因出售资源所获的报酬,它存在三种类型:张伯伦租金(Chamberlinan Rents),即资源的垄断性租金;李嘉图租金(Ricardian Rents),即资源的稀缺性租金;熊彼特租金(Schumpeterian Rents),即资源的创新性租金。企业利用自身特有的关系资本与关系网络参与者进行合作,以实现资源、资产、信息、知识等生产要素的共享或互换,最大限度地利用这些生产要素,为企业创造特殊价值。因关系资本具有专属性,其他企业并不能创造同样的价值,那么这种利用关系所生成的超额收益便是“关系性租金”。因关系性租金具有的“特殊性”和“异质化”特征,使得具有张伯伦租金的垄断性,但更多的是李嘉图租金的稀缺性。关系性租金可以帮助企业协调供应、生产和销售链条的管理,更

---

① 吴娜.关系资本与企业价值创造[J].会计之友,2007(10).

② 蔡双立,刘捷.组织合作关系强度的柔性调节:客户关系动态管理的艺术[J].中央财经大学学报,2006(10).

③ 彭星闾,龙怒.关系资本——构建企业新的竞争优势[J].财贸研究,2004(5).

④ 金昊.企业关系资本的衡量和整合研究[J].现代商贸工业,2011(3):52.

高效率地安排、统筹和协调企业经营管理,保证资源的充分利用,降低生产成本。

(2)防范关系网络参与者的机会主义行为。契约不完备是导致市场交易中机会主义发生的主要原因,因此,防范机会主义发生的主要措施是完善契约制度。但正式契约制度不可能涵盖市场交易的所有方面,必须借助非正式的制度弥补正式契约的缺陷,而关系资本这种隐性的非正式契约的介入,恰恰可以通过建立信任和合作机制来抵制机会主义的发生。关系资本所具有的长期性和积累性使得关系网络中的参与者不得不放弃机会主义的冒险倾向,从而放长眼光审视自己对待其他关系参与者的行为方式。在经过多轮的博弈之后,关系网络参与者彼此之间有了深入了解,便会减少不对称信息的负面干扰,减少机会主义行为的发生。

(3)增强企业处理冲突的能力。交往,无论是发生个体之间、个体与组织之间还是组织之间,都会携带冲突的因素。[①] 关系资本具有的信任和合作的内在特征,便于冲突各方密切接触,进行顺畅的双向交流,加强联系纽带,并通过解决冲突问题加强相互间的学习。关系资本的强度与处理冲突问题的能力成正比。

(4)提高企业营销效率。关系营销可以为企业带来以下方面的收益:减少顾客搜寻成本、节省顾客替代成本、稳定并增加客源、降低运作成本。顾客是实现企业盈利的最直接因素,建立良好的客户关系是提高顾客忠诚度的主要举措。顾客不仅能够为企业提供针对产品和服务的信息反馈,便于企业进行有针对性的生产或改进,还可以为企业进行宣传,拉拢新客户。

(5)实现资源的有效配置。对于资源配置,主要存在两种方式:一种是基于权力分配方式的计划型资源配置,另一种是依据市场运行规则进行的市场性资源配置。但无论何种方式,在中国特定环境下,都具有一定的局限性。随着中国改革开

---

① Robbins(2005)将“冲突对组织绩效整体状况影响”的观点归为三类:第一种观点认为,冲突具有破坏性,意味着组织内系统混乱,功能失调,将产生 $1+1<1$ 的“内损效应”;冲突的对立面是合作,合作将产生 $1+1>2$的“协同效应”。冲突(这里指负面的冲突,或者说带来负面效应的冲突)将使自身承担一定的压力,特别是精神压力,进而导致情绪上的紧张和焦虑,影响工作状态,降低工作效率。同时,负面情绪具有传染性,会在组织部门蔓延,影响整个系统的状态。第二种观点认为,组织内冲突不可避免,群体冲突具有推动组织发展、提高组织绩效的潜在可能性。对于群体冲突而言,冲突必然会加剧冲突双方之间的矛盾,但同时也会加强冲突双方各自的内部团结。当面对共同的敌人或实现同一个目标时,组织内部的矛盾或分歧将被暂时掩盖或搁置,甚至可以忽略不计。第三种观点认为适度的冲突能保证组织的创新力和生命力。这种观点并不否认冲突给组织带来的消极作用,但同时也承认冲突与创新之间的相关性,认为冲突的根源在于差异,差异性是创新的基础,而随波逐流式的趋同或完全一致将导致危险的片面性。该观点倡导应对冲突进行积极主动的管理,并形成了解决冲突的两种研究思路:信息处理法和冲突类型法。本研究倾向于采用冲突的第一种内涵解释,即传统的“冲突有害论”。

放的深化和市场经济建设的深入,基于行政权力和制度安排实施的计划型资源配置已经在某种程度上失去了存在的价值(除了特殊行业外),但由于中国市场经济还处于发展和成长阶段,存在很多不完善的地方,使得市场性资源配置存在很多弊端,特别在面对权力等非市场因素情况下形成灰色地带。经济社会的转型、制度的变迁、市场的跌宕、资源配置的滞后,让人们感觉市场变化莫测、不可把握。在这种情况下,关系资本开始发挥补充功能。关系资本本身承载着一种独特的资源配置功能,在连接外部的供应商、顾客、金融机构、政府部门,协调和融合内部员工和企业部门间的关系,发挥着局部小市场的作用,能帮助企业经营者树立良好的信心。

(6)有助于和谐社会的建设。关系资本内在的信任机制、合作原则、互惠特征、价值和文化共享等特性使之成为社会秩序调控的有效补充方式。企业关系资本作为社会资源的联结者,在社会秩序的控制中,具有工具理性价值。

(7)促进企业联盟间的知识转移与创新。关系资本能够帮助企业联盟伙伴间相互获得知识和技术、促进企业间缄默性知识的转移、创新研发模式,提高组织绩效,增强自身的竞争优势,避免机会主义行为的发生。

(8)有助于跨国公司克服在进入东道国过程中遇到的政治、经济和法律问题,成为适应本土文化、提高绩效的有效社会途径。

经济学家乔治·斯蒂格勒(Stigler G. J. ,1946)认为,企业间的经济关系一旦涉及人际关系,便不再是完全竞争关系,冯·哈耶克(Hayek F. ,1948)指出,目前的市场完全竞争理论没有将市场主体的人际关系因素考虑在内,但传统的人力资本理论(Schultz T. W.)不能解释一些并不具有或者具有很小人力资本的企业家能够取得很大成功的现实,“关系资本”作为研究企业绩效的一个重要工具,便开始应运而生。

中外文献研究表明:中国的关系资本对跨国公司在华经营的绩效具有正面影响(Abramson and Ai, 1997; Luo, 1997a; Jiang, 2006)。海伦·德雷斯基(2011)认为关系将中国众多企业“约束在社交和生意网,并在很大程度上决定其成败”。[①]关系系统可以帮助跨国公司获得进入东道国的许可证、信息以及重要资源,享受税率方面的优势,具体体现为以下一些方面:

降低外资企业进入东道国的成本。Lee, Edward Yiu - chung, Anderson, Alistair R(2007)将关系资本视为外资企业进入中国克服企业在政治、经济和法律

① 海伦·德雷斯基. 国际管理[M]. 宋丕丞,译. 北京:清华大学出版社,2011:12.

问题上的社会途径。[①]

获得资源与信息。Zhao & Aram (1995)认为关系资本对于中国、俄罗斯、东欧等经济转型国家的影响作用更加突出,[②]因为这些国家的制度建设还有待完善。在运行规范的市场经济中,企业决策主要依靠“硬信息”,关系资本的作用不明显;在不规范运行的市场经济中,企业决策则主要依靠“软信息”,关系资本的作用较为显著。Portes & Zhou (1992)认为,中国处于经济转型期,资本市场尚不成熟,商务法规有待完善,关系对于经济性资源的获得至关重要。[③] Peng & Heath (1996)研究发现,企业高层和政府部门官员之间、企业与政府部门之间形成的关系资本有助于帮助企业获得更有价值的资源和信息,进而提升企业绩效。Zhao Hongxin, Hsu Chin - Chun (2007)认为,关系资本对于跨国公司在东道国进行伙伴选择、合资企业管理等都具有重要意义。[④] 关系资本可以实现信息共享,而涉及人力资源与物质资源的成本、供应商、分销商以及其他市场情况的信息对于跨国公司在东道国进行投资开发具有重要的意义。关系资本的属性特征内生于动态背景下人际交往的关系集合之中,而并非产生于类似金融资本等物质性资本之中(Coleman 1990)。[⑤] Rauch and Casella (1998)认为,即便对于不完全信息而言,社会网络内的信息共享有助于提升资源分配和国际市场的贸易。[⑥] Bruderl & Preisendorfer(1995)归纳了关系资本对企业绩效作用的途径:拓宽企业的资源基础,降低制度缺陷所产生的不确定性。在社会经济系统中,信息和资源的分布并不平衡,而是呈“金字塔”状,居于金字塔顶端的极少数人占据着大部分资源,而金字塔底端的大部分人却拥有很少的资源。关系资本的重要程度与关系网络中联系人在社会系统中的位置有关。Lin N. (2001)认为,关系网络联系人的社会地位越高,企业越可能获取别

---

① Lee, Edward Yiu - chung, Anderson, Alistair R. The Role of Guanxi in Chinese Entrepreneurship[J]. Journal of Asia Enterpreneurship and Sustainability, 2007,3(3):1 - 17.

② Zhao & Aram, Networking and Growth of Young Technology - intensive Ventures in China[J]. Journal of Business Venturing, 1995, 10(5): 349 - 70.

③ Portes A, Zhou M. Gaining the Upper Hand: Economic Mobility among Immigrant and Domestic Minorities [J]. Ethnic and Racial Studies, 1992,15(4):491 - 501.

④ Zhao Hongxin, Hsu Chin - Chun. Social Ties and Foreign Market Entry: An Empirical Inquiry [J]. Management International Review, 2007,47(6): 815 - 844.

⑤ Coleman J S. *Foundations of Social Theory* [M]. Cambridge: Harvard Business School Press, 1990.

⑥ Rauch J, Casella A. Overcoming Information Barrier s to International Resources Allocation: Prices and Group Ties, NBER Working Paper,: No 6628, Cambridge, Massachusetts: National Bureau of Economic Research, 1998.

人难以获取的资源或信息，关系资本的价值越高。① 这种资源和信息既可表现为有形的资源和信息，也可表现为无形的、体现身份的声望或符号价值（如权力或威望）。资源与信息对于企业发展的影响不仅仅体现在它们本身，还在于获取资源信息的效率（获取资源或信息所花费的时间）与效果（获取资源或信息的数量与质量）。企业所利用的关系特征可经由影响其获取资源的效率与效果影响企业绩效。杨俊等（2009）认为，传统的关系资本研究主要关注强关系和弱关系，却忽略在中国文化背景下嵌入性资源本身的价值。利用关系网络撬动资源金字塔上层的高资源拥有者，以获取更有价值的资源或信息，进而提升企业经营绩效。②

企业联盟绩效。关系资本为企业的发展提供了获取资源的平台，能够促进企业绩效的提升（Potts, 1977；Duchesneau & Gartner, 1990；Hustedde & Pulver, 1992；Kent, 1994；Mohr & Spelanari, 2001； Larsson et al. , 2003；Peng & Luo, 2000）。研究发现，关系资本在企业获取良好绩效的过程中发挥着重要的作用。③ Park and Luo（2001）研究了关系对于组织绩效的影响，研究结果显示，中国公司善于利用关系提升销售，扩大市场，形成公司的优势。④ Yeung and Tung（1996）对在中国大陆的19家跨国公司的经营绩效和"关系资本"之间的相关性进行了研究，发现"关系资本"在保障跨国公司在中国的长期成功具有重要的作用。关系建立在两个独立实体的联系之上，旨在促进个体或社会交易的流动。⑤ 薛卫等（2010）通过实证研究发现，关系资本有助于提升企业联盟在研发方面的绩效。⑥ 关系资本对企业的正面影响主要通过财务绩效（Luo & Chen, 1996）、市场收益（Davies et al. , 1995）、竞争优势（Yeung & Tung, 1996）等指标的增长或提升得以体现。田晖（2009）研究了合资企业中关系资本在国家文化和企业文化双重文化冲突状况下与绩效关系的调节作

① Lin Nan. *Social Capital: A Theory of Social Structure and Action*[M]. New York: Cambridge University Press, 2001.

② 杨俊，张玉利，杨晓非，赵英. 关系强度、关系资源与新企业绩效[J]. 南开管理评论，2009，12(4)：44－54.

③ Peng M W, Luo Y D. Managerial Ties and Firm Performance in a Transition Economy: The Nature of a Micro－macro Link [J]. Academy of Management Journal, 2000, 43(3): 486－502.

④ Park S H, Luo Y D. Guanxi and Organizational dynamic: Organizational Networking in Chinese Firms [J]. Strategic Management Journal, 2001, 22(5): 455.

⑤ Yeung I Y, R L Tung. Achieving Business Success in Confucian Societies: The Importance of Guanxi (Connections) [J]. Organization Dynamics 1996, 25(2):54－66.

⑥ 薛卫，雷家骕，易难. 关系资本、组织学习与研发联盟绩效关系的实证研究[J]. 中国工业经济，2010(4):89.

用，认为合资企业建立的关系资本能够降低国家文化和企业文化双重文化冲突对绩效产生的负面影响，有助于促进多元文化的融合，提高合资企业的绩效。Kale, Singh & Perlmutter(2000)、Collins & Hitt (2006)、Carmeli & Azeroual(2009)等研究发现，关系资本能够帮助企业联盟伙伴间相互获得知识和技术、促进企业间缄默性知识的转移、创新研发模式，提高组织绩效，增强自身的竞争优势，避免机会主义行为的发生。[①] Augustine A. Lado et al. (2008)认为，关系资本中的信任是影响联盟风险的重要因素。信任的价值在于弥补合同的不完善性、降低机会主义的负面影响和促进学习，创造关系资本收益。[②] 陈菲琼(2011)认为，联盟信任比联盟契约更能保证合作者之间的知识交流与共享。[③] 合作联盟突破了传统的竞争观念和游戏规则，可以实现双赢效果(Win - Win)。

企业营销。Luo Yadong(1997)认为，在中国的商务活动中，关系是最有效(市场增长)和最有效率(低成本)的市场营销工具。市场销售和商业信贷与关系具有紧密的相关性，关系或关系户在中国的市场销售中具有重要的作用。[④] 市场销售分为直销、建立销售中心和以佣金的形式选择销售代表三种形式，无论何种形式，人都在销售体系中处于核心位置。销售人员可以直接利用自己的关系网络，即便没有直接关系网络，也可以利用同学、朋友或者同事的关系网络提升销售。如果对通过关系介绍的产品没有实施购买行为的话，将会使关系的一方或者双方失去面子，在某种程度上，这将意味着关系的破裂。此外，销售佣金最大化等动态机制的驱使促成了关系利益的补偿。在这种情况下，即便产品不具有竞争力，但借助相关的良好关系网络或人际销售渠道，销售绩效将得到显著的提升。中国传统文化注重和谐的维系和关系的培育，公司与供应商或顾客在实施购买行为之后发生的诸如支付款项等一系列信誉问题，对公司的整体绩效具有一定的影响。在营销活动中，具有良好而宽泛关系网络的公司将会拥有更好的资金周转率，进而取得更佳的经营绩效。而关系网络狭窄或关系质量不好的公司，将会在款项付出或回收方面面临周期问题的困扰，经营绩效将受到不良影响。在公司面临经济困难时，若公司

---

① Kale P, Singh H, Perlmutter H. Learning and Protection of Proprietary Assets in Strategic Alliances: Building Relational Capital [J]. Strategic Management Journal, 2000(21):217 -23.

② Lado A A, Dant R R, Tekleab A G. Trust - opportunism Paradox, Relationalism, and Performance in Interfirm Relationships: Evidence from the Retail Industry [J]. Strategic Management Journal, 2008(29): 401 -423.

③ 陈菲琼. 企业跨国联盟关系风险及其控制机制[M]. 杭州:浙江大学出版社,2011:10.

④ Luo Yadong. Guanxi and Performance of Foreign - invested Enterprises in China: An Empirical Inquiry [J]. Management International Review,1997,37(1):51 -70.

拥有宽泛而良好的关系网络，供应商不会催逼公司还债，客户会更加及时地付款，关系资本将会帮助公司渡过难关。石军伟(2008)研究发现，关系资本对企业的销售收入等外部行为绩效具有显著作用，企业家的关系资本对企业绩效产生着重要的影响。Wong(1998)论证了中国文化背景下关系维度(信任、灵活性、依赖性和人情)与销售绩效之间存在的正相关性。

2.4.4.5 关系资本建构维度

Brandenburger & Nalebuff(1997)认为本地网络关系中战略利益行为主体包括本地供应商、本地客户、本地竞争者和本地相关支持机构(中介机构、行业协会、政府部门和科研机构)。① Bontis(1998)指出，跨国企业应关注与企业处于同一价值网络的供应商、股东、政府和盟友的关系。② Eike A. Langenberg(2007)借鉴波特的价值链理论模型，将企业的外部关系资本构建分为与原材料供应商和消费者之间的纵向关系维度(vertical guanxi)、与竞争者之间的横向关系维度(horizontal guanxi)以及与政府等权力机构的侧向关系维度(lateral guanxi)。纵向关系维度涉及企业研发，横向关系维度涉及企业研发、人力资源管理和基础设施，侧向关系维度涉及人力资源管理和基础设施。③ 边燕杰、丘海雄(2000)从企业的垂直联系(与政府部门的联系)、横向联系(企业与同行间的联系)以及企业家的关系网络，分析了企业关系资本的构建。④ 石军伟(2008)将企业的关系建构能力解构为四个因子，与金融、工商等政府机构部门形成的等级制关系、管理者的关系网络及潜在信任度形成的人格关系、与上下游产业链及媒体机构形成的专用型关系和与高校及科研机构形成的专家型关系，其中，具有政府属性的等级制关系贡献率最高。⑤ 王宇露(2009)将跨国公司子公司在东道国的网络界定为客户(消费者)、竞争者、合作者、供应商、高校和科研机构及其相互间的经济关系构成的网络。⑥ 张慧(2010)将跨国公司子公司关系嵌入分为海外子公司与母公司和母公司下属的其他子公司间形成的网络关系，东道国本地关系嵌入则是指子公司与东道国当地的顾客、供应商、竞争者或其他利益关系人形成的网络关系。⑦ Nahapiet & Ghoshal(1998)研究了企

---

① 转引自：马刚. 基于战略网络视角的产业区企业竞争优势实证研究[D]. 杭州：浙江大学，2005.

② Bontis N. Intellectual Capital: An Exploratory Study that Develops Methods and Models[J]. Management Decision, 1998, 63(2): 18.

③ Eike A Langenberg. *Guanxi and Business Strategy*[M]. Physica - Verlag A Springer Company, 2007: 130.

④ 边燕杰，丘海雄. 企业社会资本及其功效[J]. 中国社会科学，2000(2): 87 - 100.

⑤ 石军伟. 社会资本与企业行为选择[M]. 北京：北京大学出版社，2008: 160.

⑥ 王宇露. 海外子公司的网络学习[M]. 上海：上海财经大学出版社，2009: 77.

⑦ 张慧. 跨国公司在华子公司创业导向研究—关系嵌入的视角[M]. 北京：经济科学出版社，2010: 19.

业内部关系资本对企业绩效影响的机理。Yli – Renko(2001)研究了企业从外部关键客户获取的关系资本的量。周燕华(2012)以个体为中心,从关系资本更为微观的层次,探讨个体通过直接或间接联系形成的关系资本所产生的收益,如跨国公司外派员工的关系资本建构等。①

以上研究结果表明了关系资本所具有的外在价值,杨孝海(2010)认为,关系资本自身也存在价值,其内在价值在于稀缺性。关系资本是一种异质性资源,这种资源并非均匀分布于每个个人或组织,它们在数量与质量上存在着差异。但在某一特定地区和时期,由于个人和组织相对稳定的总量决定了关系网络的稳固性,而关系网络所内生的资源不具有所有主体共享的公共性,便成为努力获取的对象,显示出稀缺价值。

2.4.5 “关系资本”理论研究小结

无论是中国的本土居民还是居住在中国的外来人员,无不感到关系的重要性。根据研究人员不同的文化背景及对关系研究的不同视角,关系也便具有了不同的分类,Kevin David(2007)将关系分为基于先天生成的血缘关系和基于后天获得的社会关系、与地方政府官员形成的关系和与中央政府官员形成的关系、长期关系和短期关系、个人关系和组织关系四组关系;“儒学关系论”将关系分为三类:以家人血缘关系为核心的情感性关系、以熟人亲朋关系为核心的混合性关系和以陌生人关系为核心的工具性关系。从分类状况可以看出,Kevin David 对关系的研究更为关注关系的具体社会功能,如“关系”在与政府、组织等交往中所发挥的作用以及这种作用所形成的长期或短期影响;而儒学关系研究则更关注关系的属性,即关系形成的内在原因、形成过程、影响因素等关系架构,如“家人”“熟人”“生人”构成了关系形成的三个不同主体,这是形成不同关系层次文化、产生“差序格局”现象的根本原因,而在此基础上也便生成了关系本身的价值和关系被利用的价值。西方研究更多关注关系被利用的价值,而在中国情境下,关系本身的价值(如关系的亲情因素)和关系被利用的价值(如关系的社会因素)是不可分割、相互交织的。对于来自于异文化的跨国公司来讲,在中国情境下,关系价值问题(即关系资本)研究便具有特殊而重要的意义。

关系资本的形成既有传统文化方面的因素,也有中国本土市场信用文化的缺失、跨国公司本土化战略需求、消费者的重要性不断提升和跨国公司自身竞争力提

① 周燕华. 中国跨国公司员工外派适应与绩效研究[J]. 技术经济与管理研究,2012(2).

升的要求等方面的因素。

当前,中国学术界对"关系"的研究主要从社会学视角、关注在社会层面的影响,研究成果多限于质性的、感性的描述;而关系对于企业、特别是对在华跨国公司经营的影响,尤其在模型方面,来自海外的研究成果多于中国本土的研究成果,尽管海外研究人员对中国关系现象可能具有更独到的看法和见解,但中国本土的研究可能会更具有现实的价值。

"信任"是关系资本的核心内容,在信任的基础上,形成了通过先天固有关系建立的关系资本和通过正常工作关系建立的关系资本,在关系文献回顾总结中已经指出,在中国情境下,这两者之间并非严格隔离,互无联系,而是存在相互包含、相互转换的可能性。根据文献分析,关系资本的主要价值和意义在于攫取资源(包括硬性的生产资料和软性的政策信息)、降低市场交易成本、促进企业销售、提高企业绩效,这些功能和价值的实现不仅在于关系资本构成中的关系参与者的数量、关系网络规模、网络间的联系强度,还在于关系的异质性程度(Coleman,1990)。[①] 在关系资本的异质性因素中,Eike A. Langenberg(2007)借鉴波特的价值链理论模型,将供应商、消费者、竞争者、政府等权力机构这些异质性因素视为关系资本的建构者,从横向、纵向和侧面等维度进行关系资本建构;Nahapiet & Ghoshal(1998)在研究中增加了企业内部因素的关系资本建构,Luo Yadong(1997)、Yli - Renko(2001)深化了外部关键客户因素关系资本建构,Kale, Singh & Perlmutter(2000)、Collins & Hitt (2006)、Carmeli & Azeroual(2009)等进行企业联盟关系资本建构,边燕杰、丘海雄(2000)将与竞争者的关系具体化为企业与同行间的关系。此外,对于跨国公司而言,母、子公司之间也存在相互影响的关系(Phillipe Hasperslagh & David Jemison,1991),母公司或其他地域子公司也是子公司关系资本构建的重要因素。

基于以上分析,可将异质性关系资本分为两个研究层次。宏观层次和微观层次。宏观层次的异质性关系资本又细分为外部关系资本、内部关系资本和系统关系资本,外部关系资本主要关注企业外部联系所形成的外部网络结构及其功效,如与政府部门、产品或服务的消费者(顾客)以及合作者(竞争者)等利益相关者之间基于互动网络基础上形成的关系资本;内部关系资本主要关注企业成员间、企业与员工之间基于和谐相处基础上形成的关系资本;系统关系资本主要关注跨国公司子公司与母公司之间的关系以及在此基础上形成的协同性关系资本。微观层次的

① Coleman J S. *Foundations of Social Theory* [M]. Cambridge: Harvard Business School Press, 1990.

异质性关系资本主要以个体为中心，本研究暂不讨论微观层次的关系资本问题。

异质性关系资本有助于跨国公司搭建多维度、立体化的关系网络，避免形成完全依靠单一关系维度而导致不稳失衡的局面。

2.5 本章总结

本章按照跨文化差异的维度——对差异导致的冲突进行管理的理论及策略——跨文化整合理论及模式——跨文化整合模式选择——关系资本研究的路径进行文献回顾及整理。

通过对跨文化差异、跨文化对比及跨文化冲突管理理论文献的回顾发现，“人”的因素是文化的核心因素，也是导致跨文化冲突的关键因素。文化的交流与碰撞，实际上是人与客观环境之间、人与主观他人（个体或群体、同质性或异质性）之间、客观组织（营利性或非营利性）之间、人内心的主观自我的关系状态。随着经济全球化的快速发展，特别是跨国公司等经济、商务实体在世界范围内活动的增加，跨文化差异、矛盾和冲突等问题也日益凸现，跨文化管理也便具有了更加现实的意义。作为跨文化管理的一个重要方面，跨文化整合问题引起了国内外企业管理界研究人员的关注。

自 Nahavandi & Malekzadeh（1988）将 Berry 的“移民文化适应理论”引入到管理学领域以来，国内外研究人员针对跨文化整合模式、跨文化整合的影响因素等问题进行了大量而有意义的研究，在模式研究上，绝大部分研究成果都是在 Berry 的融合、同化、隔离和消亡基础上的细化、扩展或延伸，并没有实质性改变与进展；但针对中国的文化土壤，哪种模式更具有适宜性，目前的研究还没有形成统一或权威的结论。在跨文化整合模式选择影响因素的分析中，除了企业自身的文化势力、文化属性及文化间差异外，（东道国）政府、行业、合作企业（竞争企业）、企业内部员工关系、跨国公司母、子关系等也是影响企业跨文化整合的重要因素。此外，本研究认为对企业绩效具有重要影响的消费者因素也应纳入到跨文化整合模式选择的考虑范围之内。这些因素对跨国公司的跨文化整合具有影响，但在哪方面具有影响、影响到什么，目前的研究也未形成系统研究成果。

在中国的特殊文化情境下，与“人”的因素密切相关的“关系”文化是跨国公司在华进行跨文化整合不能回避的问题。“关系”的价值在于能够形成关系资本，为企业创造或增加价值。在对文献的梳理时发现，异质性关系资本的价值引起了学者的关注。目前，异质性关系资本的建构要素散见于中外研究成果中，包括诸如政府（中央政府和地方政府）、消费者（顾客）、供应商、合作者（竞争者）、企业员工、母公司、研究院校等。但这些建构要素是否能够在真正意义上形成关系资本以及形成怎样的关系资本，应该与跨文化整合有关。从另一视角来看，也可以说关系资本的建构过程就是跨文化整合的过程，跨文化整合的目标之一便是建构关系资本。但从文献回顾来看，将跨文化整合与关系资本建构进行结合的研究还不多见。

文献研究表明，跨文化整合具有多种模式，不同的整合模式将会使跨国公司与影响因素之间形成不同的关系，进而建构不同的关系资本。但对于建构关系资本的标准与路径，目前的研究也还有待深入。

---

[1]关于社会资本的维度，学者存在不同的划分标准，见表1。

表1　社会资本的维度

维度	研究者	内　　容
二维结构	Lenan & Van Buren, 1999	归属感：员工个人目标和行为与企业目标和行为保持一致
		信任：社会网络参与者降低对外界的防范意识
	Krishna, 2000	制度维度：制度是集体行动的基础，人们依据制度采取行动
		关系维度：准则和信念是集体行动的基础，具有认知性特征
	Lin Nan, 2001	接触性社会资本：强调人力资本、初始地位和个体社会联系的作用
		动员性社会资本：在地位获得过程中对社会资本的利用
三维结构	Nahapiet & Ghoshal, 1998	结构维度：关系参与者相互作用的形式，包括关系网络中联系的存在确认、联系强度及网络位置
		关系维度：参与者交往中形成的关系类型，包括相互间的信任、期望与义务
		认知维度：参与者接受与认可的表达方式，包括语言及习惯
	边燕杰、丘海雄，2000	纵向维度：企业的上级领导机构、下级附属机构和政府部门，表现为获取资源的向上取向
		横向维度：与其他企业进行的业务、借贷、协作、控股等多种不同性质的联系
		社会维度：与外界进行的非经济社会交往或联系，是与外界建立信任关系、获取信息与资源、达到经营目的的一种渠道或机制
	Grootaert, 2004	结合型：人口统计特征方面的关系连带，如家庭、邻居、朋友、同事等
		桥型：不具备上述连带关系特征、进行地位相当的横向型连接
		连接型：个体与政府、资源管理部门之间的垂直型连接

续表

维度	研究者	内　容
四维结构	石军伟,2008	等级制社会资本:对高于自己地位、特别是权力部门的垂直社会资本的利用
		结构社会资本:企业社会关系的静态网络,包括阶层分布、信息传递模式和交往对象的身价特征
		关系性社会资本:企业社会关系的动态网络,行动主体的关系建构行为
		认知性社会资本:双方共同理解和接受的共识性事物,诸如信任、声誉等
五维结构	Mark L. Hoelscher, James J. Hoffman, D. Dawley, 2005	信息渠道:关系网络保持联系的一种机制
		社会规范:关系网络参与者共同接受并认可的一种规范,包括愿景、价值观和知识
		义务与期望:相互间的信任以及在此基础上预期产生的收益、利益的潜意识
		身份特征:通过强化对集体意识的认同感,增加交流机会,加强合作
		道德系统:组织推行其行为规范的系统或网络,参与者在该框架下追求个人利益
六维结构	Coleman, 1990	义务与期望:社会资本是"赊账单",对自己为他人的付出期待回报
		信息网络:社会关系是获取信息的重要手段
		规范与惩罚:规范可以克服集体行为中的"搭便车"问题
		权威关系:通过控制权转让可以获得社会资本
		多功能组织:任何组织都具有多功能性,可在多方面实现社会资本的共享
		社会组织创建:社会资本是组织活动的副产品

资料来源:Lenan C. R, Van Buren H J. Organizational Social Capital and Employment Practices [J]. Academy of Management Review 1999, 24, (3): 538 – 554; Lin Nan. *Social Capital: A Theory of Social Structure and Action* [M]. New York: Cambridge University Press, 2001; Nahapiet J, Ghoshal S. Social Capital, and the Organizational Advantage [J]. Academy of Management Review 1998, 23(2): 242 – 266; 边燕杰, 丘海雄. 企业的社会资本与其功效[J]. 中国社会科学, 2000(2): 87 – 100; Grootaert C et al. Measuring Social Capital [R]. The World Bank, 2004; 石军伟. 社会资本与企业行为选择[M]. 北京:北京大学出版社, 2008; Mark L Hoelscher, James J Hoffman, David Dawley. *Toward a Social Capital Theory of Competitive Advantage in Medical Groups*[M]. New York: Cambridge University Press, 2005: 4.

3 在华跨国公司跨文化整合模式选择机理

3.1 在华跨国公司跨文化冲突

3.1.1 跨国公司跨文化管理特征

(1)员工多元化[①]。跨国公司,仅从其"跨国"的字面意思上看,也足以说明其员工构成因跨越国界而凸显的表层多样性。国际人力资源管理区别于国内人力资源管理的核心,在于不同国籍的员工所呈现的文化复杂性特征。即便在实施"本土化"策略的跨国公司内部,其成员构成在表层和深层所呈现的多样性也在变得愈发复杂,而非单纯,因为"本土化"这个概念自身的内涵在某种程度上或某个方面也在发生变化。现代汉语词典(2012)将"本土"定义为"乡土,原来的生长地",Longman Dictionary Of Contemporary English (New Edition)(2003)将"本土"界定为:①"出生地(the place you were born)" ②"出生在某个地区的人(a person who was born in a particular place)" ③"一直或长期生活居住在某个地方的人(someone who lives in a place all the time or has lived there a long time)"。跨国公司子(分)公司东道国国籍的管理人员一般具有海外留学背景、专业化知识、国际化视野,一些人可能出生在东道国,却具有长期在国外生活的经历,他们已经与传统意义上的"本土员工"有着质的区别。这使得他们在语言表达、思维方式、行事风格等很多方面表现出既不同于纯粹"本土"员工,也不同于来自于跨国公司原籍国或者其他国家或

---

① "多元化"概念源自于西方企业管理界,其英文表述为"workforce diversity"或"employee diversity"。最初源于"就业公平"理念的法律和社会政策层面,后逐步扩展为包括种族、民族、性别、年龄、教育背景、个性特征、生活方式、信仰、文化价值观(如个人主义还是集体主义)等多方面,并分为表层多元化和深层多元化,Harrison, Price & Bell(1998)认为,时间可以消除"表面"多元化的影响,但会加大"深层"多元化的影响力。

关于多元化的功能,目前存在以下三种观点:团队成员的多样性有利于促成创造性和创新成果;团队成员的差异化易引发矛盾,降低凝聚力;多样性就像一把双刃剑,在增加创造性机会的同时,也降低了员工对团队的认同度。阿德勒(1991)认为,文化多元化群体可能产生两种极端状况,特别有效或非常无效,而单一文化团体的有效性处于中间位置。在管理得当情况下,文化差异可能会产生较佳业绩。

地区的员工，使得跨国公司员工在价值观、思维方式等深层多样性愈加明显。

跨国公司内部多样性也并非在所有方面都表现出深化发展的趋势，如在年龄和教育背景方面，王春光、方文(2001)通过调查发现，在华跨国公司中，中方员工群体性特征表现为高学历和年轻化。在他们抽样调查的48位中方员工中，最大年龄为49岁，其中41人在30岁以下；95.8%的人具有大专以上学历。这说明在表层多元化方面，跨国公司内部并未表现出太大差别。在关于价值取向的调查中，高达62.5%的人认为在跨国公司工作的目的是为了获得“高收入”。[①] 收入的高低在某种程度上能证明个人的价值，但将经济收入或物质利益作为全部追求的终极目标，在很大程度上隐瞒了自身价值观，也容易导致员工个体之间、员工个体与公司之间在利益方面发生冲突。

跨国公司的发展必将带动员工多元化的发展，进而引发文化和价值观多元化对不同企业管理模式的碰撞，而这种影响反过来又会进一步增加文化和价值观的多元化。美国发现了日本企业文化中“忠诚度”的价值，日本在年功序列制的基础上引进了美国基于能力的绩效考核。跨国公司的发展打破了单一文化下的管理模式，促进了文化间的交叉与融合，丰富了多元化的内涵。

(2)漫长的文化融合过程。跨国公司在母国环境下形成自身的文化价值观相对容易，因为民族文化、商业文化、企业文化以及员工个体文化都是相融或一致的，但在异文化环境中建立一种新文化，无论采取何种模式，都将面临在价值理念、思维模式、行为方式、沟通方式等方面的重新适应或者改变。跨国公司在异文化环境中将面临多种双重因素的影响，文化的独特性(单一文化)与多元性(多元文化)、积极性(优势互补)与消极性(差异与冲突)、排异性(特殊性)与融合性(普遍性)，跨国公司在新文化生成过程中要克服各种障碍和摩擦，这个过程是极其曲折漫长的。

(3)行为方式的冲突性。文化是无形的，但文化的影响却是有形的。文化具有民族性，企业文化是民族文化衍生的微观文化，必然带有民族文化痕迹。文化决定着社会规则、价值取向、行为习惯和情感趋向，影响着企业决策、执行模式和行为方式。行为方式是文化价值观的具体体现，文化价值观的差异必将导致行为方式的不同，这种差异若不可调和，将会产生或引发冲突。

(4)经营环境的复杂性。跨国公司内部复杂的人员构成必将对企业经营管理目标、管理理念、管理风格以及协调合作方式等很多方面产生影响，带来跨国公司管理上的障碍，增加管理决策制定的难度，引发决策执行的低效率。

---

① 王春光，方文.文化适应与合作：对跨国公司在中国所面临的一个重要层面的调查研究[J].浙江社会科学，2001(5).

跨国企业多样化的文化将产生两个方面的影响：一方面会导致管理理念、管理风格和管理方式上的差异与冲突，导致管理效率的下降，若不能及时化解矛盾，会成为企业发展的障碍；另一方面，异质性文化的优势在于互补，若能妥善地进行跨文化管理和整合，将会形成双方的互补优势，提升企业绩效。

3.1.2 跨国公司文化冲突表现

姜岩(2000)认为，当跨国企业进入到一种不同于原有文化的异文化环境之中时，将会遇到各种各样不习惯的思想和行为，极有可能产生文化冲突。产生这些文化冲突的深层原因主要是：种族优越感、以自我为中心的管理和沟通误会。① 顾庆良等(2003)对北美、西欧在华跨国公司的调查问卷进行分析、总结和提炼，得出跨文化冲突的五因子为管理体制因子、外方经理行为方式因子、文化尊重因子、员工发展因子、金钱与权力距离因子，其中管理体制因子是最重要的跨文化冲突表现因子。② 跨国公司的价值观念、思维方式、作风习惯等方面的差异往往会形成对企业经营管理中的一些诸如经营目标、市场定位、行事风格等基本问题的不同态度，从而给企业的整体经营带来隐患。民族性问题使得在华跨国公司的文化体制与中国人才价值观在很多方面存在着冲突。每个个体或群体在面对外来文化时，都会表现出文化自尊感和自恋感。因此，跨国公司在开拓国际业务中，若在东道国采用不适宜的跨文化整合模式，将会不可避免地与东道国的民族文化或企业文化产生对立或冲突。跨国公司价值观冲突表现为以下几个方面：①公司内部来自不同国家、不同文化背景的员工，具有不同的价值观念和行为原则，将产生文化或价值观匹配与适应的跨文化管理问题；②同一国家市场环境下的不同性质、不同国家来源企业之间具有不同的组织价值观和行为原则，将产生政策倾向性、不正当竞争手段等问题；③国家价值观状况，即跨国公司价值观与东道国政府的政策、当地的法律和人文环境之间的匹配度等问题。杨忠智(2010)认为，文化差异对跨国公司关系的影响往往会以冲突的形式表现出来，组织内部的关系状况可以影响组织的稳定和运作，组织与外界供应商、竞争者、政府等之间的关系状况影响到组织的公众形象及受欢迎的程度。③

跨国公司跨文化管理旨在实现全球化条件下不同文化理念的融合与提升，克

---

① 姜岩.中外企业文化的交流、冲突与协调——以中外合资企业文化建设为例[J].决策借鉴，2000(2).

② 顾庆良，吴永毅，李荣智.在华跨国公司中的文化冲突[J].东华大学学报(社会科学版)，2001(1)：20－24.

③ 杨忠智.企业海外并购海外子公司内部控制研究[M].厦门：厦门大学出版社，2010：57－58.

服跨国公司内部、外部异质文化间的冲突，实现不同文化间的协同效应。

针对跨国公司冲突的内容和问题，我们首先需要确定引发冲突的主体及解决冲突的关键因素。田志龙等(2013)将跨国公司解决冲突需要进行沟通的主体分为东道国、跨国公司母公司、跨国公司子公司，其中：东道国涉及的主要因素包括政府（中央政府以及其他各级政府）、消费者和合作者；子公司涉及的主要因素包括员工（本土员工、外来员工）、企业文化价值观；母公司涉及的因素主要包括文化和决策（见图3－1）。

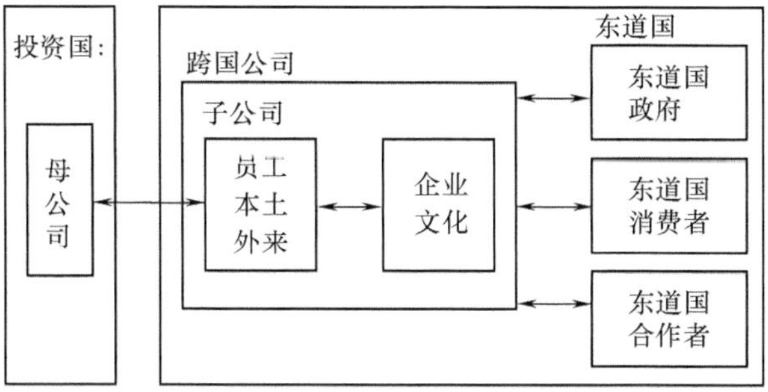

图3－1　跨文化沟通要素

资料来源：田志龙，熊琪，蒋倩．跨国公司中中国员工面临的跨文化沟通挑战与应对策略[J]．管理学报，2013，10(7)：1006.

胡安·安东尼奥·费尔南德斯和劳里·安德伍德(2010)将在华跨国公司国际经理人在中国必须处理的关系分为两种，内部关系和外部关系：内部关系包括员工、商业伙伴和总部（母公司）；外部关系包括竞争对手、知识产权侵犯者、消费者和政府（见图3－2）。

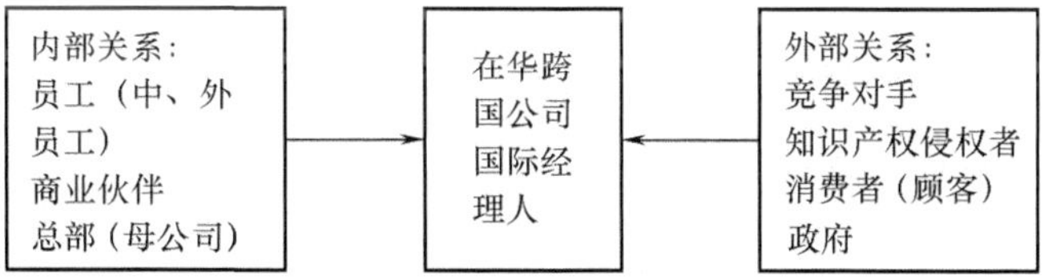

图3－2　在华跨国公司国际经理人关系种类

资料来源：胡安·安东尼奥·费尔南德斯，劳里·安德伍德．关系——跨国CEO的中国经验[M]．南京：译林出版社，2010：5.

针对跨国企业并购、合资和跨国企业联盟，Juan J. Palacious(2008)将影响双方进行跨文化整合的因素分为公司的内部性因素(资源、互动、能力)、外部性因素(市场机会、市场制约)和社会性因素(社会网络、社会标准、技术知识、功能性技术、文化表征)等方面的内容，通过进行有效的交流、采用适宜的执行模式和合作机制，实施跨文化整合。在以上因素中，我们可将外部性因素归结为与法律制度相关的政府、与市场机会相关的消费者、与市场制约相关的合作者(竞争者)；将内部性因素归结为与资源相关的员工合作或和谐状态、与互动相关的组织价值观契合；社会性因素中的社会网络即社会关系(见图3-3)。

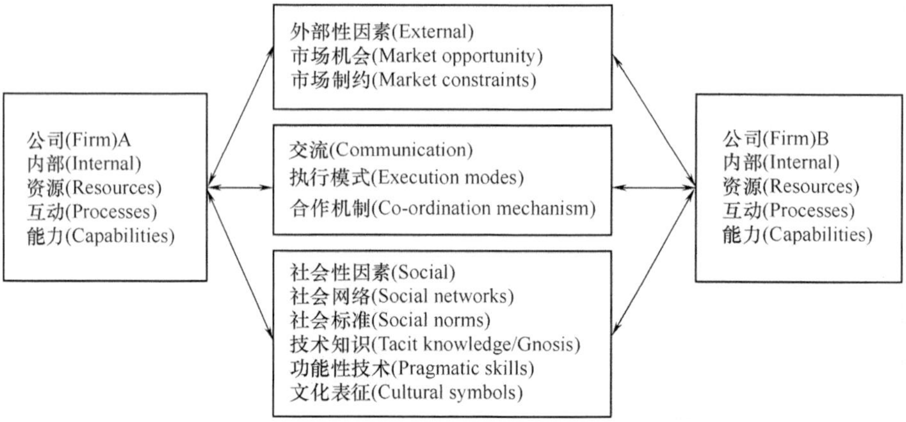

图3-3 跨国企业并购、合资和跨国企业联盟影响因素

(Conditioning factors in an M&A, JV or Alliance)

资料来源：Juan J Palacious. *Multinational Corporations and the Emerging Network Economy in Asia and Pacific* [M]. London, New York: Roulledge, 2008.

根据以上观点，跨国公司在东道国进行生产经营，必然会与东道国中央政府或地方各级政府、消费者、合作伙伴(竞争对手)、员工(中方员工、外方员工)和跨国公司母公司这5种关系客体发生作用，而企业内部由于员工多元化特征也会产生相互的作用，因此，围绕在华跨国公司这一主体，将会与东道国中央政府或地方各级政府之间、与消费者之间、与合作伙伴(竞争对手)之间、与员工之间(中方员工、外方员工)、与母公司之间以及企业内部员工相互之间形成6种关系。在“关系”文化极为重要的中国文化背景下，能否有效利用这六种关系建立高价值的关系资本，对于跨国公司在中国经营的成败具有重要的影响。

3.2 基于关系资本建构的跨文化整合模式影响因素分析

3.2.1 外部性因素:政府关系、消费者(顾客)关系、合作者(竞争者)关系

3.2.1.1 政府关系

章文光(2011)指出,在全球化的国际竞争中,政府日益成为吸引外资、促进经济增长的重要因素,①任何希望在海外制胜的跨国公司,都应将政府关系放在一个突出的位置,如何处理与代表国家利益的政府之间的关系是跨国公司在跨文化整合中需要考虑的首要问题,在中国尤为关键。Buchanan & Anwar (2009)认为,在资源国有化或法律不健全的文化环境中,政府对企业的发展具有重要的影响;海伦·德雷斯基(2011)通过对中、印经济发展模式的比较后指出,不同于印度,中国经济的发展更多地依靠政府。② 对于在华经营发展的跨国公司而言,政府更是一个不可忽视的因素。海伦·德雷斯基(2011)对跨国公司的利益相关者进行了研究,将属于母国的利益相关者依次罗列为:顾客、员工、工会、供应商、分销商、战略联盟、社区、经济团体、政府;将属于东道国的利益相关者依次罗列为:经济团体、员工、社区、政府、顾客、战略联盟、分销商、供应商。从两种利益相关者的不同排序可以看出,东道国中政府的位置排序明显优先于母国,说明政府在异文化的东道国中占有更重要的地位,跨国公司应给予东道国政府更多的关注。石军伟(2008)通过对企业利用关系资本获取信息的渠道进行研究后发现,在获取硬信息的7种渠道中,政府渠道(包括政府官员渠道)位居第二;在获取软信息的12种渠道中,政府渠道(包括政府官员渠道)位居第四。这说明政府力量在社会关系网络中的重要作用。沃尔特·迪斯尼公司董事长鲍勃·伊格(Bob Iger)认为“与政府或其他业务单位策划合作关系,对于迪斯尼娱乐集团打入中国市场和其他地方都非常重要”。③

政府具有权威性影响力,为了达到自己的目标,“既可以通过政策管制限制等措施干预跨国公司的行为”(田泽、马海良,2012),④也可以成为企业最有力的宣传者和代言人。良好的政企关系有利于政府帮助企业协调周边以及与其他组织和公

① 章文光.跨国公司在华投资“研发中心”的现状与政策建议[M].北京:北京师范大学出版社,2011:54.

② 海伦·德雷斯基.国际管理[M].宋丕丞,译.北京:清华大学出版社,2011:12.

③ 海伦·德雷斯基.国际管理[M].宋丕丞,译.北京:清华大学出版社,2011:247.

④ 田泽,马海良.国际企业管理——文化、战略与行为[M].北京:清华大学出版社,北京交通大学出版社,2012:44.

众之间的关系,为企业建立良好的外围环境。

跨国公司在东道国经营发展,与东道国政府之间存在的两层关系:一是不侵犯东道国国家利益,与国家利益的载体——政府达成一致的发展目标,即在东道国依法依规经营,既要考虑到自己在东道国发展的利益诉求,又要照顾到东道国的政治、经济、文化、环境等方面的限制性或发展性因素;二是从政府攫取利益①,获取企业发展的关键性要素,即通过与政府(或政府官员)建立紧密的交往关系,获取更多"稀缺资源""重要信息"等企业发展所需的关键性要素。不同的文化整合模式,将会导致与政府之间形成不同的关系,进而影响跨国公司在华经营绩效。正如将微软在中国的移植整合模式调整为融合整合模式的微软中国总裁陈永正所言,政府关系并非个人关系,若将公司政策调整为符合东道国政府发展规划、有助于东道国的发展,与政府的关系必然会好。此外,融合模式更适合中国文化环境的理念也使得陈永正将部分精力放到"与中国省市领导进行密切交往"上,以便为与政府建立良好关系奠定基础。而采用移植整合模式将自己放置在中国政府对立面的谷歌(Google)也领教了与政府关系不协调所产生的严重后果。

李好好、孔令锋(2007)研究指出,跨国公司在华经营面临因忽略文化差异或带有文化歧视倾向等而带来的挑战。② 跨国公司进行跨文化适应,不仅仅需要考虑"一般文化"这个软性因素,还要考虑到国家利益这个不可侵犯、不容含糊的"硬性因素"。立邦漆在中国推出的一则贬损"龙"形象的销售广告作品(无论是有意为之的文化歧视还是无意冒犯的本土化错位),引起了国人的极大反感,致使销量暴跌。对"龙"这一中华民族图腾的蔑视,触动了国人最敏感的神经。另一则耐克公司的广告宣传也因涉嫌"猥亵中国风俗习惯",而被政府相关行政管理部门叫停。耐克公司不得不对此做出解释,表达歉意。在国家利益和民族尊严面前,无论是本土企业、合资企业还是外来企业,企业利益都应处于绝对服从的地位。赵晓霞(2011)认为,东道国对跨国公司跨文化整合的影响因素表现为不同国家的法律与政策环境(包括持股比例、雇佣与解雇程序、劳动强度等方面的限制等)。③ Google

---

① 这里有两点需要说明:严格来讲,中央政府和地方政府的利益有些时候是存在差异的,以经济增长和环境保护为例,中央政府强调环境与经济的综合效应,而地方政府更注重经济增长,在这种状况下,地方政府为了自身经济利益往往会以自身和周边环境为代价,成为某些跨国公司的"保护伞";企业从政府攫取利益存在两种渠道,正常渠道和非正常渠道,通过寻租等非正常渠道获得的利益带有"贿赂""腐败"的性质,本研究建议应该避免采用该渠道;而应通过正常渠道获得政府支持,这样才能实现政、企双方在长期合作基础上的双赢(win - win)效应。

② 李好好,孔令锋.在华跨国公司人力资源政策研究[M].北京:经济管理出版社,2007.

③ 赵晓霞.跨国人力资源管理[M].北京:社会科学文献出版社,2011.

将其在美国的经营理念和经营内容移植至中国,因网站内容涉黄问题,违反了中国法律制度,在不情愿做出模式调整与改变的情况下,被迫退出中国大陆。惠普公司采用融合模式与中国政府保持着良好的互动关系,这种“内生性关系资本”是惠普在中国发展长盛不衰的一个重要原因。

中国文化情境下政府具有特殊功能,石军伟(2008)认为中国政府的本质是一种行政性垄断,“政府的政治力量在企业的社会资本中占有‘垄断性’地位”①。并将企业与政府形成的关系称为“等级制社会资本”,认为政府的支持是“最稀缺的异质性资源”,其“稀缺性”与“异质性”来自于政府对“稀缺资源”“关键信息”的垄断,以及资源分配和信息传播中的制度漏洞。与政府的特殊关系不仅可以获取稀缺资源,还可以有效阻止竞争者的进入。② 此外,政府性关系资本还可以帮助企业及时获取政府对实施项目的行政审批,加速政府工作程序,获取资金借贷、税收减免以及其他政府性资助,降低企业的项目启动和实施成本。联合利华前任总裁伯亚伦认为,聘请一位实践经验丰富的中国政府关系专家,对于在华跨国公司的业务具有重要的价值。③

但另一方面,在利益的引诱下,跨国公司也极易仿效一些国内企业,采取同化整合模式和极端本土化策略,通过实施对政府部门的“寻租”行为进行“特殊沟通”来建构关系资本,在最短的时间内实现利益的最大化,但在此基础上建构的关系资本不利于跨国公司的长期目标的实现。德国西门子公司应用同化整合模式,采取极端本土化策略,对政府部门和合作单位在招投标中进行行贿活动,获得了大批订单,使得企业绩效在短期内得到很大提升。但在行贿丑闻曝光之后,不得不承受一大笔罚款,并对其原有整合模式进行调整。

东道国(中国)转型的经济环境、不完善的法律体系和“人治”的管理传统,的确引诱着跨国公司通过非正常渠道进行寻租以进行关系资本建构,但与政府建立良好关系并不一定意味着跨国公司对自身商业道德准则的妥协和破坏,而应针对东道国(中国)特殊的文化环境,在坚守原则的基础上进行适宜的调整,在差异之间寻求一种理性的平衡。

---

① 石军伟.社会资本与企业行为选择[M].北京:北京大学出版社,2008:185-193.

② 德国大众在华子公司的发展说明了政府政策发挥作用的机制。德国大众采用同化整合模式,深谙政府发展民族产业的意图,为中国打造国产品牌,使得中国政府在1994年宣布,1996年前中国停止新的国外轿车审批项目,为大众在华发展赢得了先机,形成了事实上对中国轿车市场的垄断(张喜民,2011)。

③ 胡安·安东尼奥·费尔南德斯,劳里·安德伍德.关系——跨国CEO的中国经验[M].孙达,译.南京:译林出版社,2010:195.

3.2.1.2 消费者(客户)关系

"企业的公共关系中数量最大、范围最广的群体就是消费者(顾客)。"①企业与消费者之间相互依存,企业为消费者提供产品与服务,又依赖于消费者的信任与支持。跨国公司的终极目标是赢利,而是否能够赢利在于消费者对其产品和服务的认可度。章文光(2006)指出,"文化差异是决定跨国公司顾客满意度、忠诚度的重要因素",②因为"消费者"并不是一个全球性虚指概念,不同地区、不同文化背景下的消费者对产品和服务具有不同的要求。跨国公司进行跨文化整合,必须将跨文化背景下的消费者文化纳入整合体系。沃尔玛公司要求全球子公司奉行"微笑服务""为顾客主动包装商品"的企业行为理念,但在德国文化背景下,这一行为举措却受到了挑战。男性员工的微笑被德国人误认为是对男性顾客的调情,而对顾客的商品进行免费包装则被视为对个人财产的侵犯。沃尔玛忽视本土消费者文化的特殊性和实质内涵,采用全球标准和移植模式进行文化整合,没有与消费者形成有效的关系资本,导致沃尔玛在德国市场文化适应的失败,最终退出德国。消费者不同,企业产品和服务定位就应进行相应的变化,"最优服务"企业文化的核心理念可以保持,但企业文化的外围——服务的内容和形式应进行适宜的调整,这也是跨国公司进行跨文化整合的意义所在。日裔美籍学者威廉·大内提出,文化赋予了人们生活环境的差异性和特殊性,尽管同样的行为原理也可能适用于不同的文化,但基于文化差异性和特殊性基础之上形成的社会结构和行为模式使其呈现很大的差异。作为经营零售业的跨国公司,家乐福考虑到不同地区消费者在购物需求上的差别,要求世界各地的分店(子公司)都采取融合或同化的整合模式,进行本土化经营,以满足当地消费者的需求。考虑到汽车还不是中国大众化的交通工具,为了顾客携带方便,家乐福在中国出售的矿泉水多为散装,而不像在其他发达国家多为箱装。考虑到顾客常常购买肥皂、牙膏和食品等商品送给僧人这一实际状况,家乐福泰国超市专门为施舍僧人的顾客准备了装满肥皂、牙膏和食品的小塑料桶。这种包含着对差异的尊重、包容和适应的融合整合,与消费者之间形成了良好的关系资本,提升了消费者对产品和服务的认可度。企业的竞争优势在于能否创造出比竞争者更强的顾客价值,而顾客价值来源于企业所拥有的与顾客之间的良好关系。王宇露(2009)认为,跨国公司与顾客之间的密切关系的低不确定性有助于降低存货成本。此外,跨国公司与当地消费者接触的重复性、广泛性、深入性以及业

① 杨孝海.企业关系资本与价值创造[D].重庆:西南大学,2010.

② 章文光.跨国公司与中国企业互动发展[M].北京:清华大学出版社,2006:94.

务嵌入程度的提高，有助于提升从当地环境获得复杂知识能力和创新能力。①

3. 2.1.3 **合作者（竞争者）关系**

外资越来越多地以独资形式进入中国，②但王进猛（2013）研究发现，合资企业的绩效好于独资企业。③ 虽然在所有权分配、决策效率等方面，独资经营更具有优势，但在获得本土性特色资源、销售渠道等方面，独资经营存在劣势。对于跨国公司而言，是否选择与东道国企业合作将会影响到跨国公司对当地环境和商务惯例的适应程度。跨国公司进入中国，将会面临与母国完全不同的政治、经济和文化状况，与中国企业合作的优势在于，中国企业已经培养或者发展了具有本土特色的技术或专长，而这些特征将不可复制，即便可以模仿，也将付出极高的成本代价。顾卫平、薛求知（2004）认为，鉴于文化（国家文化与企业文化）的不可复制性，跨国公司在不同文化背景下的国家和地区进行生产经营，若不了解或不能拥有当地文化中能够帮助其获得竞争优势的元素，与本土企业建立合作关系无疑是一种有效方式。④ Buckley & Cason（1988）认为，合资企业的协同效应与跨国公司和本土企业的互补性具有正相关关系。⑤ 合资企业的中方伙伴可以帮助外资企业更便捷地接触中国本土关系网络，以便获取更为廉价的原料供应、广泛的销售渠道、适宜的地产资源，以及在税率、基础设施服务、官方政策等方面的特别关照。当跨国公司与东道国企业存在资源互补、且互补性资源的组合能够产生更大效益时，跨国公司应与东道国企业采取某种适宜的合作形式，而构建企业联盟无疑是当前跨国经营中一种被广泛认同的合作形式，Dyer, et al 也通过实证研究获得的数据说明了跨国战略联盟应用的广泛性。⑥ 面对激烈的国际和东道国竞争市场，跨国公司为了维护自己的市场地位，不得不通过合作的形式整合外部资源以增强自身的竞争优势。在经济全球化的时代，传统的利益剥夺式、排他性和对抗性的竞争已越来越失去存在的基础，互利互惠的双赢和多赢竞合或合作模式成为企业间关系互动的主流。兰登勃格（2000）认为，攫取价值需要竞争，但创造价值则需要合作，不仅是与顾客、供应商、雇员的合作，也包括与竞争者的合作。⑦ 联盟企业通过合作弥补各自在资

① 王宇露. 海外子公司的网络学习[M]. 上海：上海财经大学出版社，2009：45－124.

② 《中国统计年鉴》（2010）资料显示，截至2009年，79.97%的外资企业以独资方式进入中国。

③ 王进猛. 进入方式、内部贸易与外资企业绩效研究[M]. 北京：经济管理出版社，2013：15.

④ 顾卫平，薛求知. 跨国并购中的文化整合[J]. 外国经济与管理，2004，26（4）：2－7.

⑤ Peter J Buckley, Mark Casson. A Theory of Cooperation in International Business, in Cooperative Strategies in International Business, ed. Farok J. Contractor and Peter Lorange, 1988.

⑥ 转引自：杨海军. 市场导向、关系资本与联盟绩效的关系研究[J]. 生产力，2010（2）.

⑦ 拜瑞·内勒巴夫，亚当·布兰登勃格. 合作竞争[M]. 合肥：安徽人民出版社，2000：2－3.

源与能力方面的弱点,可以产出比单一企业更多的利润。

跨国公司跨文化整合的内容包括通过与客户树立共同经营理念,形成协同关系,实现企业与社会资本的有效整合及客户资本的延展。如何实现客户资本的延展并形成范围经济,与跨文化整合模式的选择和应用具有相关性。王强(2012)通过对近代在华英美烟草公司在组织制度变迁、原料采购与农村社会、销售组织与销售网络、广告宣传与企业文化建设等方面的研究发现,在华烟草跨国公司经营本土化体现为社会适应和文化融合,即通过对本土关系网络的依赖、管理与控制以及制度嵌入,实现与本土企业的合作和对本土企业的利用。① 在这个过程中,跨国公司根据不同阶段的发展需要,采用了同化、融合、移植等多种文化整合模式,通过与本土企业建立联盟关系、形成关系资本、管理与控制关系网络、利用关系资本的发展路径,实现了范围经济和客户资本的延展。

3.2.2 内部性因素:内部员工关系、企业与员工关系

3.2.2.1 内部员工关系

跨国公司内部人际关系的和谐程度是决定跨文化整合成功与否的重要因素之一。通过采用适宜的跨文化整合模式进而积极创造和形成一种全新的跨国公司文化,是影响跨国公司在东道国能否成功经营的关键。而创建一种将来自不同文化背景和地区的员工整合在一起的企业文化,需要一些关键性要素:直接的人际关系、国际化项目小组、跨国管理培训、利益共享体系和多元价值观共存。俞文钊(1991)研究发现,人际关系与工作成就、发展机会是激励员工的三大因素。② 但跨国公司内部人际关系的和谐状况并非天然形成,在更多情况下还存在冲突的潜在因素。跨国公司在进行生产经营和人力资源管理时,往往面对与母公司文化不同的文化,和"由这种文化决定的有着不同的价值观、思维模式及行为方式的形形色色的人"(林新奇,2004)③,从而有可能导致相互交往过程中产生摩擦,影响企业的经营与管理。此外,不同的文化和具有不同文化背景的人在进行决策时,可能会产生两种情况:一种情况是以自身的文化和价值观作为参照坐标去判断来自异文化的信息,可能导致决策失误;另外一种情况是各自以自身的文化和价值观作为参照坐标,形成不同的判断,得出相互冲突或者相互补充的结论。导致跨国公司员工之间冲突的主要原因可以归结为三方面内容,个体间的人际沟通差异、价值观冲突和

---

① 王强.近代外国在华企业本土化研究[M].上海:上海人民出版社,2012:214-263.

② 俞文钊.企业中的激励因素与去激励因素研究[J].应用心理学,1991(1):6-14.

③ 林新奇.国际人力资源管理[M].上海:复旦大学出版社,2004.

行为方式冲突。

(1)人际沟通差异。约哈里(Johari)窗口,是由约斯菲·勒弗特(Joseph Luft)和哈里·莫汉格(Harry Ingram)提出来的。在沟通中,自我可以看成是“我”,其他人可以看成是“你”,自我分为公开的自我、隐蔽的自我、盲目的自我和未发现的自我。在公开的自我情境下,自己了解自己,并且别人也了解自己,交往时具有开放性和一致性;隐蔽的自我状态下,本人了解自己,而别人却不了解自己,可能会导致潜在的人际冲突;盲目的自我情境下,本人不了解自己,而别人却了解自己,可能会导致潜在的人际冲突;未发现的自我,本人不了解自己,别人也不了解自己,极易产生人际冲突。人际冲突可能导致三种状况:“输—输”“输—赢”“赢—赢”(见表3-1)。

表3-1　约哈里窗口

他人/自己	自知	自不知
人知	开放区域	盲目区域
人不知	稠密区域	未知区域

资料来源:牛彦峰.文化刚性与海外工程项目管理文化再造研究——基于约哈里“窗口理论”[J].河北工程大学学学报(社会科学版),2014,31(2):13-17.

跨国公司内部文化和员工的多样性增加了员工之间沟通的复杂性,高情境文化和低情境文化的巨大差异使得在华跨国公司内部具有不同文化背景的员工之间在沟通方式、沟通内容、沟通反馈等方面发生冲突的可能性进一步增大。个体间的沟通过剩或沟通不足都将可能导致误解,产生冲突。根据刺猬法则,无论是同级别的个体之间还是不同级别的个体之间,他们之间的交往和沟通都要保持一定的距离。沟通过剩意味着沟通的时间、频率和内容超出正常范围,或者说过剩的沟通使得双方关系过于紧密,也因而潜伏了稍有不慎而伤害对方、导致冲突的可能性因素;而沟通不足又将使得信息不能有效、及时、全面的被双方获得,造成信息的不对称,也将成为产生冲突的隐患。

(2)价值观冲突。个体间价值观冲突的原因总体上可以归结为个性差异、环境差异和情境差异等三个方面,具体表现在个体角色差异、目标差异、情绪控制能力、信息处理能力、技能差异、部门文化差异、地位差异等维度。

个人成长的家庭环境、社会环境、个人经历、教育背景等综合因素使得个体价值观具有独特性特征,个体间价值观差异的存在具有普遍性,企业内部、特别是跨国企业内部的价值观冲突将不可避免。一方面,个性差异使得合作很难开展,造成在问题决议、行为方式上的分歧。在员工层面，价值观存在个体性差异，其表现形式可以具体化解为完成组织活动的每项任务上。虽然对于完成组织任务的最终目标是一致的，但完成任务的具体目的和价值取向可能会因人而异，有的人为了获取经济利益，有的人为了职务晋升，有的人为了个人能力提升，有的人为了实现生命的价值，也有人仅为完成任务而已。尽管完成任务这一最终目标的一致性能将所有员工个体拉到一起（其实这也是一种理想状态，现实的状况远比所列举的状况复杂得多，比如，有些员工并不认同组织目标，他们人浮于事，不积极采取行动，甚至不会按照组织目标的要求去行事，反而做出一些对实现组织目标有害而无利的事情。这属于员工个体价值观与组织价值观直面冲突的状态，这种冲突一般不会发生在员工进入组织初期，往往是员工进入组织一段时间后，与组织产生了强烈的矛盾与冲突，可能致使个人利益遭受损失，对组织产生强烈的不满），但实现目标的过程和效率会因组织成员不同价值取向的主观性而受到影响。另一方面，个人需求的同一性使得跨国公司内部员工追求的目标趋同，但由于目标所内含资源的稀缺性或激励资源的稀缺性，导致员工间的激烈竞争，也会产生冲突。

万晓兰（2005）认为，无论跨国公司自身文化如何优越，也无论管理者如何将这种文化的优越性发挥得淋漓尽致，跨国公司以母国文化为基础建立起的企业文化与东道国文化之间的客观差异性也会导致文化价值观冲突的发生。[①] 一些本土员工进入跨国公司工作并非完全由于它的组织文化所具有的吸引力，而更主要的原因是其优厚的物质待遇和晋升机会。但随着对跨国公司文化认识的深入，本土员工自身的文化与跨国公司文化之间的差异也越来越明显，当由此产生的精神压力超过物质待遇带来的满足时，本土员工便会开始经受自身价值观冲突的影响。这种影响将会对员工工作和生活产生负面效应，造成与周围环境的不和谐状况，拉大与其他员工之间的距离。

来自跨国公司母公司的管理人员或员工往往用自己的文化价值观去要求或衡量子（分）公司的本土员工，或者站在自己假想中对方的文化视角或立场考虑问题，造成某种程度上的理解错位或偏差，导致不同文化间员工的冲突。如西方跨国公司母公司派到海外子公司的管理者认为中国是集体文化，中国本土员工应该秉承集体观念积极参与公司管理事务，而中国本土员工却往往在集体决策或会议讨论中保持沉默，这种沉默会被西方管理人员误认为对公司事务的冷漠或不关注，缺乏责任感。这种深层文化差异造成的员工之间的冲突很难在短期内消除。

---

① 万晓兰. 论中国本土人才对跨国公司文化的适应性与冲突[J]. 江西社会科学，2005(10).

(3)行为方式冲突。对于跨国公司内部的文化冲突,并不仅是指文化价值观或文化审美观之间的冲突,而更多表现为日常工作中行为方式、行为规范的冲突,这些冲突源于对国际商务活动中行为规范的认知、把握和预期。

针对个体员工间的以上三种差异,跨国公司对不同整合模式的选择将会影响由这些差异引发的矛盾和冲突的频次和程度。移植模式会拉大来自母公司的员工与本土员工之间的距离。隔离模式将会减少不同文化员工之间的接触机会,最终拉大两者之间的距离。同化模式保证了员工的同质性,减少了异质文化带来的冲突。融合模式有助于本地员工和外籍员工双方的妥协、学习和融合,在这种整合模式下,本地员工通过积极主动地学习跨国公司的行为规范,摒弃可能会导致双方冲突的原有行为规范和行为方式,融入跨国公司内部;外籍员工深入了解本地员工的行为规范与行为方式,对其合理和积极的部分采纳和接受,从而建立一种包容、多元的跨国公司企业文化,促进企业绩效的提升。

3.2.2.2 **企业与员工关系**

跨国公司在华经营面临文化差异与冲突,使得中国员工产生非理性反应,拉大公司与员工之间的社会距离。此外,跨国公司内部复杂的人员构成必将对企业经营管理目标、管理理念、管理风格以及协调合作方式等很多方面产生影响,带来跨国公司管理上的障碍,造成管理决策制定的难度,阻碍决策执行的效率。不同的文化背景造成了员工价值观之间的差异,增加了文化管理的复杂性和难度,这种状况在跨国公司的初级阶段或员工最初进入跨国公司之际表现得最为明显和普遍。随着跨国公司主体文化的形成和新进员工对企业文化的适应,这种状况会有所好转,但鉴于已有价值观的稳定性,员工的价值观会在原有价值观的基础上融入企业价值观,形成一种新的价值观。而跨国公司也会在保留其原有核心价值观的基础上超越个别民族价值观,形成一种包含若干种价值理念的新的价值观体系,实现对个体价值观的包容与匹配,进而形成组织价值观契合。组织价值观契合使得组织成为多个个体利益、归属和发展的有机统一体,也使得个体成为组织价值观和目标的具体外化和体现。组织价值观契合并非天然形成,也并非一蹴而就地保持在一种固定不变的状态之中,组织价值观契合是一个动态发展的演化过程,形成组织价值观契合的有效途径是培育组织认同感。

随着社会生活日趋复杂化,追求个体自我价值的实现已成为许多人参与组织的重要因素之一,但个体价值观的多元性与组织价值观的单一性之间必然存在冲突。文化是经验的积累和主观习得的产物,随着外部环境的发展和主观经验的变化,特别是某些与切身利益相关的条件和环境发生变化时,文化的内容,即便是其核心的内容——价值观,也会发生变化。组织(企业)中的员工个体不可能具有完全一致的价值观,但可能就一些基本的问题达成妥协式共识。组织(企业)应对这种共识加以引导,培养员工的组织认同感。员工价值观和组织价值观的关系犹如零件和机器,匹配的零件才能使机器正常运转,反之会损坏机器。从组织文化角度来看,组织认同就是组织将自己的价值观融于“组织社会化”过程中,将其内化为组织(企业)成员个体价值观的一部分,进而使组织(企业)中的个体成为真正意义上的组织(企业)人。

跨国公司对不同整合模式的应用会对员工的组织认同感产生影响。移植模式多采用行政命令的手段或方式在员工个体中推行组织价值观,或协调组织(企业)与员工价值观之间的矛盾或冲突,这种硬性的强制方式表面上能够掩盖组织(企业)与员工价值观之间的矛盾与冲突,保证工作的实施与进展,但在深层次上存在产生负面效应的潜在因素,在掩盖与延缓矛盾与冲突爆发的同时,使之逐渐加深、加剧,导致将来产生更大的破坏性,不利于企业的长期发展。同化模式因采用本土化经营、管理策略,彻底融入本土文化,便于形成员工的组织认同感。隔离模式使得跨国公司既不能保持原有的组织价值观,又不能形成本土的文化价值观,不利于员工形成组织认同感。融合模式便于不同价值观的碰撞与融合,最终形成员工的组织认同感,但这个过程也充满了波折。

3.2.3 系统性因素:母、子公司关系

跨国公司在东道国进行文化整合需要考虑到母公司所在国文化与东道国文化两个方面的内容,若以母公司所在国文化为基础,跨国公司内部系统各子公司之间就会存在更多的文化相似性;若以东道国文化为基础,跨国公司内部系统各子公司之间就会存在更多的文化差异性。Chow, Shields, Wu (1999)对中国台湾地区的跨国公司价值观取向研究发现,跨国公司价值观取向存在两种情形:公司取向员工的偏好,以当地员工文化为标准,子公司采用与母公司不同的文化价值观;改变员工的偏好,以母公司文化为标准,使员工的文化价值观偏好向母公司文化价值观方向发展。在整合模式上,前者偏向同化模式,后者偏向移植模式。① 在对母公司所在国文化和子公司所在国文化影响力的研究中,Der Stede(2003)对多业务单元的跨国公司进行了研究,旨在发现跨国公司在设计业务单元管理控制系统时,受当地文化因

① Chow C W, Shields M D, Wu A. The Importance of National Culture in the Design of and Preference for Management Controls for Multi - national Operations[J]. Accounting, Organizations and Society, 1999, 24(5,6): 441.

素影响的程度。研究发现,跨国公司业务单元之间的管理控制系统呈现较大的相似性,这说明母公司所在国文化价值观所发挥的影响力大于子公司所在国文化价值观所发挥的影响力。郑石桥(2012)的研究结果也认同这一观点,母公司所在国文化影响占主导地位。① 以上研究结果暗示了跨国公司在进行跨文化整合中为了实现系统文化的协同一致,较多使用了移植模式或以母公司文化为主导的融合模式。

跨国公司进行域外发展或扩张时,在系统内推行母公司企业文化无疑是一项必要的任务。通过组织文化的推行与实施,跨国公司可以在组织文化层面实现跨国公司系统内部的统一和一致,有利于在母公司和各地的子公司之间建立起一种标准化。这种标准化既便利母子公司之间、各地不同子公司之间的沟通,也有益于增强子公司及其员工对母公司的忠诚度。但在母公司文化与东道国文化不一致时,会造成“子公司与母公司的离心力加大”②,增加母公司对子公司控制的难度。跨国公司作为非政府组织的一个类型,有其独特的价值体系。跨国公司源于西方,其价值观的根基必然奠定于西方价值观之上。西方价值观具有浓厚的文化相对主义倾向,相对主义价值观否认民族国家的权威,往往忽略民族国家的国情、社会意识形态、文化认同方面的区别。跨国公司采用移植整合模式在系统内推行母公司文化,在享受其优势带来的利益的同时,又必然会造成企业价值观与东道国国家价值观之间的冲突。

公关行为无疑是任何企业进行沟通和自我展示的一个主要渠道,特别是对于跨国公司来讲,是减少一个具有异文化背景的陌生进入者可能遭受的抵触、寻求友好支持的有效途径。但东、西方文化之间,对于公关的方式及影响存在不同的看法。一些东方国家,如中国、日本、韩国,非常注重通过人际关系的方式进行公关,无论在普通的人际交往还是在业务性的商务交往中,认同“礼尚往来”的价值取向,认为“送礼”③可以促进人们之间的感情;西方跨国公司则往往将“送礼”与商业

① 但这其中似乎又存在一个悖论:跨国公司都在实行“地方化”或“本土化”的管理策略,从人员结构来看,本土化的员工占据了子公司的绝大部分比例,即便在最高管理层,从母公司过来的管理人员也为数很少,而且呈现逐渐减少的趋势,那母公司文化是如何嵌入本地员工的?

② 章文光.跨国公司与中国企业互动发展[M].北京:清华大学出版社,2006:94.

③ 但因“送礼”和“贿赂”的界限模糊,有些时候人们往往以“送礼”的形式或者以“送礼”为借口进行实际意义上的“贿赂”。市场竞争的基础是公平、公正、公开,而与此相对,商务贿赂则是暗箱操作,它破坏了市场交易的秩序,打破了正常的市场运行和价值规律,导致了“技术逆向选择”(即企业并非依靠技术、产品或服务获得竞争优势,而是依靠行贿获得非法利润)。西方的跨国公司一般都将行贿视为违反商业道德的行为而禁止,美国则通过立法禁止本国企业向其他国家的官员行贿。因为文化背景不同,对于“贿赂”这一概念在不同语境的界定和理解也存在差别。

贿赂联系在一起，认为市场交易取决于产品和服务的质量，通过“送礼”进行的公关行为会破坏公平、公正的市场规则。沃尔玛坚决禁止供应商凭借任何理由向公司采购人员赠送礼品，哪怕是“一支笔，一杯茶”这种在东方文化中再普通不过的东西，一经查实，沃尔玛公司将终止与该供应商的合作。IBM 公司也有相似的规定，其所有交易都必须公开透明、在没有任何行贿或受贿迹象的情况下进行。西方的跨国公司进入东方这种文化环境后，其原有的企业文化必然会与东道国文化产生冲突。

消除这种冲突，跨国公司应该积极主动采取措施与当地文化实现融合性互动，而非持有征服的心态进行简单、强硬的文化移植。跨国公司跨文化整合的意义在于，通过跨文化整合，使得跨国公司在对子公司进行管理时，既要保留母公司传递给子公司的先进的、优秀的企业文化和管理模式，又要创建适合子公司所在国当地环境的企业文化与管理模式，努力将两种文化或更多种文化中的不利因素降到最低，将其有利因素发挥到极致，使跨国公司子公司的经营效益达到最佳。“绝不参与贿赂”和“对人永远尊重”是摩托罗拉公司的价值观，也是在全球下属机构推行的价值观。但在中国、日本这类重视“礼尚往来”的亚洲文化环境中，摩托罗拉对“贿赂”内涵的解释依据于当地的理解。在马来西亚这个重视集体主义的社会中，摩托罗拉基于“对人永远尊重”价值观基础之上所提出的“激励个人”的措施不得不改变为“激励集体”。但无论是集体主义还是个人主义，其核心仍然是“人”，“激励集体”的举措并没有从根本上改变“对人永远尊重”这一核心价值观。通过对“商务贿赂”和“人情礼节”的区分，通过对“对人永远尊重”语意范围的调整，摩托罗拉的“绝不参与贿赂”和“对人永远尊重”的价值观更加具有全球普适的理性基础。

从文化整合视角来看，跨国公司文化整合存在以下几个环节：阐明跨国公司自身文化、按照子公司所在的东道国地方标准释义、根据当地环境和实际状况调整、形成内涵一致的跨国公司文化，可以简单将其归结为“全球标准化—地方本土化—全球地方化—回归全球化”的发展路径。这几个环节并非呈线性的发展趋势，不同的政治经济环境和文化背景，需要不同的整合模式与策略，这几个环节也将呈现不同的顺序。“动态变化”是跨文化整合模式选择的基本理念。

除了以上六个一般性因素外，跨国公司自身的文化价值取向和具体的行业也会对跨文化整合模式选择形成一定的影响。

跨国公司存在两种文化价值取向，普适主义和相对主义。文化普适主义以自由主义政治哲学为基础，秉承“世界大同”的文化情怀，忽略不同文化之间的差异，笼罩在绝对文化标准与规范的外衣之下;相信人世间的普遍真理,认为好的东西在全世界都会是好的,应该得到无条件的推广,无论是无形的文化,还是有形的商品与服务。文化相对主义与特定文化相关,认为社会的基本构成单位是组织或群体,组织或群体具有独特的规范性特征,不同文化之间存在差异。文化相对主义肯定异质文化的存在,强调多种价值观念和生活方式的共存,追求在尊重与平等基础上的相处,推崇文化没有绝对的衡量评价标准的观念。

对于全球经营的跨国公司来讲,是将母公司的企业文化价值系统移植到东道国运营环境,还是主动适应不同东道国多样化的运营环境,是跨国公司首先要考虑的问题。

不同的东道国具有不同的文化环境,如何处理跨国公司文化与东道国文化之间的关系,便会引发企业文化价值取向问题。[①] 在一个国家完全为人们所接受的企业行为或产品设计,到了另一个国家却可能违反当地的文化规范,而跨国公司在东道国经营,应该符合东道国的社会文化规范要求。Payne et al.(1971)认为文化没有高低之分,跨国公司应该尊重每种文化,而不能用母公司的文化去衡量或要求子公司所在国或当地的员工。[②]

但 DeGeorge(1994)认为跨国公司不仅应该遵守东道国的法律法规、伦理准则,还应该有更高的要求,如遵守组织性、区域性或国际性的相应法规。[③] 因为一般来讲,跨国公司大多来自于发达国家,发达国家已经形成了较为完善的法制体系和标准法规;而东道国多为经济较为落后或经济转型国家,在制度建设和企业伦理规范方面还不成熟,存在很多欠缺的地方。跨国公司若以东道国本土文化规范为标准,必然会降低自己本身的要求,则意味着跨国公司在企业文化标准上的下滑与妥协,不利于跨国公司自身的发展和提高;因不同国家具有不同的企业文化环境,这也使得跨国公司不能形成统一的建设和管理,对跨国公司形成了不利的影响。Smeltzer & Jennings(1998)认为跨国公司应该只有一套企业文化价值体系,假如跨国公司在不同的东道国采用不同的企业文化价值体系,那么将会导致跨国公司企业文化价值危机,可能会造成跨国公司企业文化的丧失,进而还会带给子公司不

① Alas Ruth. Ethics in Countries with Different Cultural Dimensions[J]. Journal of Business Ethics,2006,69(3):237 -247.

② Payne, Dinah, Cecily Raibom, Jom Askvik. A Global Code of Business Ethics[J]. Journal of Business Ethics,1997,16(16):1727 -1735.

③ DeGeorge, Richard T. Ethics in International Business: A Contradiction in Terms? [J]. Business Credit, 2000, 102(8):50 -52.

同、甚至相互矛盾的指导标准。① 因此，跨国公司应该具有适用于任何国家、任何文化和任何商业环境的全球企业文化准则(global code of business culture)。

文化普适主义认为存在一种超越民族文化、不受国家界限影响的绝对价值体系，其典型的代表思想为“正义美国人”主张，②认为美国的价值标准适用于全球，在东道国经营的跨国公司必须按照美国的价值体系在东道国经营。基于这种思想，美国政府于1977年出台了禁止美国跨国公司向东道国政府或政府官员行贿的《海外腐败法案》(Foreign Corrupt Practice Act)，尽管这一法律具有人类正义和公理的性质，但因忽略了不同国家具体的实施环境，使得美国跨国公司在一些市场经济体制不健全、法制不完善的国家失去了竞争力，遭受到巨大经济损失。文化相对主义否认文化价值标准的普遍性和通用性，强调文化价值形成的特殊环境和适用条件，其典型代表思想为个人自由主义和文化多元论。③ 一些跨国公司采取极端本土化策略，吸收本土文化中的一些负面因素，通过不正常的竞争手段攫取利益，最终为失去诚信买单。

普适主义与相对主义是跨国公司自身的一种文化价值取向。跨国公司在跨文化整合中选择哪种整合模式，在某种程度上取决于它所具有的价值取向和标准。企业文化价值相对主义具有同化模式偏好，普适主义具有移植模式偏好，普适主义与相对主义相融或相交部分具有融合模式偏好，不相融或相交部分具有隔离模式偏好。跨国公司跨文化整合既要注意到普适主义理念下移植模式的标准化优势，又要兼顾相对主义理念下同化模式的地方化利益，在普适性与相对性之间寻求平衡。

跨国公司的行业特征也对整合模式选择存在影响。Cullen(1999)从企业内部价值链的优势来源(上游还是下游)、内部价值链上的研发、生产、销售、售后等环节以及跨国公司面临的环境压力角度对跨国公司在跨文化整合中的“全球化”或“本土化”经营战略进行了划分，认为“企业经营价值观的生成选择都遵循一个原则，即与东道国文化相关程度高的行业、产品和接近东道国消费者的业务活动都要求实行本土化；而与东道国文化相关程度低的行业、产品和远离东道国消费者的业务活动都倾向实行全球化”。④ 跨国公司作为一个营利性组织本身没有全球统一

---

① Smeltzer, La Ⅱ y R, M M Jennings. Why an International Code of Business Ethics Would Be Good for Business[J]. Journal of Business Ethics, 1998, 17(1): 57-66.

② 乔治·恩德勒. 国际商务中的诚信竞争[M]. 上海：上海社会科学院出版社, 2001: 25.

③ 曹凤月. 企业文化与企业伦理研究[M]. 北京：光明日报出版社, 2014: 99-100.

④ Cullen J. 多国管理：战略要径[M]. 邱立成, 译. 北京：机械工业出版社, 2000.

的整合标准,在东道国进行跨国经营时会根据自身的情况选择适合自己的文化整合模式,如可口可乐公司在跨文化整合中倡导“地方主义”(从其中文的译名可窥一斑),家乐福公司根据其零售业的行业特征主张“本土化经营”;与此相反,GE 公司考虑其产品的品牌效应则倡导“全球化经营”,英特尔公司从其行业内涵的“软文化”内涵强调“全球合作”的理念。跨国公司不仅应将行业特征和与东道国环境的适契程度作为其整合模式和策略的选择依据,而且还应考虑到行业所对应的产品和相应的服务。

3.3 跨文化整合模式对关系资本建构的影响分析

不同的整合模式和策略将对跨国公司与东道国政府、当地消费者、合作企业(竞争企业)、本土员工以及跨国公司母公司间的关系形成不同的影响,进而影响跨国公司在东道国的整体经营和发展。

胡安·安东尼奥·费尔南德斯(Juan Antonia Fernandez)和劳里·安德伍德(Laurie Underwood)(2010)将跨国公司高层管理人员关乎中国特征的个人能力归结为:谦卑和强势;耐心和速度;建立人际关系网络。其中谦卑和耐心主要针对适应中国本土文化而言,暗示了对东道国文化的尊重和跨文化整合与适应的缓慢过程。① 拜耳中国公司的施德浩博士认为,在华跨国公司面临两个方面的压力,“日益全球化的本土公司和日益本土化的全球公司”,特别是对于日益发展壮大的本土公司,他们所采用的商业策略不适用于传统的跨国公司的“标准战法”,也有悖于规范的市场模式要求,是一种不合逻辑的“游击战法”。了解中国本土公司的商业运作方式,与中国公司发展和建立信任关系,需要耐心和时间。而强势则是指跨国公司在坚守原则和跨国公司文化的核心要素方面不能退让,不能在适应东道国商业行为方面走得过远,应该在与东道国商业文化接轨和坚守跨国公司文化之间寻求一种平衡。越是在文化层面根深蒂固的行为,越可能在跨文化交往层面出现问题。“关系”作为中国文化的核心要素之一,是跨国公司在中国市场上生存和发展必将面对的问题。跨国公司在跨文化整合中,不同的整合模式将会导致与利益相关者形成不同的关系状况。通过运用适宜的整合模式在东道国建立有效的关系资本,有利于促进跨国公司在华的经营和发展。

根据以上分析,本研究对在华跨国公司在不同整合模式下形成的关系资本状

① 胡安·安东尼奥·费尔南德斯,劳里·安德伍德. 关系——跨国 CEO 的中国经验[M]. 孙达,译. 南京:译林出版社,2010:21.

况提出以下命题假设,并进行论证分析。

3.3.1 融合模式

融合模式是指在尊重差异、相互协调的基础上实现优势互补、你中有我的企业文化,采用这种整合模式形成的文化具有“杂交”的性质,其优势体现为能够减少双方的冲突。海因茨·诺德霍夫将大众汽车(Volkswagen)成功的原因归为在互惠互利的共识和相互信赖的沟通与合作基础上形成的融合性企业文化。LG 的一位高管在谈到 LG 在中国的发展时说,不要把 LG 看成是韩国文化,也不要把 LG 看成是中国文化,而是将韩国文化和中国文化融为一体的 LG 文化。LG 在中国的发展目标就是要使它成为中国人热爱的 LG。

跨国公司与“民族产业、民族文化和民族利益之间的冲突”是全球化的必然结果(吴寸木,2010),①政府作为民族产业和民族利益的代表,也必然会与跨国公司发生某种关系,特别是在具有高权力距离文化和进行经济转型的中国,政府发挥着不可替代的作用。因此,在华跨国公司如何协调与中国各级政府的关系是其能否在华成功经营发展的一个关键因素。针对此种状况,张喜民(2011)指出,“权力营销是许多大型跨国公司进入中国的重要战略”,“亲善政府”便是一项主要举措。②李宁等(2006)认为,无论本土企业还是在华跨国公司,若想发展壮大,必须从战略和策略层面切实推行政府关系,将其变成企业发展的助推剂。③

融合模式并不意味着两种文化的自然融合,而是在跨国公司文化主导下的融合。跨国公司意识到中国文化的特殊性和中国政府的关键及强势地位,必然会采取主动的态度接近、熟悉当地的政治法律环境、经济环境和文化环境,通过增加当地就业、提高劳动力素质或增加当地税收等方式,取得当地政府的信任与认可,与当地政府或权力机构建构关系资本,获得政府在优惠政策、稀缺资源等方面的照顾和支持,促进企业绩效的提升。跨国公司和东道国(中国)政府之间处于一种互有所需、互有所取的状况之下,东道国(中国)政府对于主动采取融合策略的跨国公司,也必然会伸出合作之手,在不损害自己利益的前提下,最大限度地为对方提供便利,这符合双方的共同利益。特别是在中国这种秉承“以和为贵”文化的礼仪之邦,融合模式所隐含的“中庸”因素也符合中国的主流文化。Sanyal & Guvenli(2000)以在华子公司为样本,对于和当地政府的沟通交流在解决企业特定问题方

① 吴寸木.谷歌不听话[M].北京:电子工业出版社,2010:214.

② 张喜民.跨国公司在华子公司营销战略研究[M].济南:山东人民出版社,2011:235.

③ 李宁,孔琳,陈晓莉.政府管理管理[J].国际公关,2006(6).

面的帮助进行了实证研究,发现与东道国政府的关系质量能够正向影响公司绩效。[①] 基于此,本研究得出以下命题假设:

命题假设1:融合模式有助于跨国公司与东道国政府之间建立关系资本。

跨国公司在全球推出的产品可以是统一的,但销售模式未必统一;服务的内容和理念可以是统一的,但服务的方式未必统一。产品、服务内容和理念是跨国公司的品牌和核心竞争力,是吸引东道国引进跨国公司、促进当地发展、满足当地消费的主要动因;但对产品、服务内容和理念的接受程度取决于东道国当地消费者,跨国公司的产品、服务内容和理念必须与当地消费者融合。因为消费者是具有主观需求的多样性实体,消费者所消费的不仅是产品和服务本身,还有产品和服务所内含的文化。泰国的家乐福超市充分考虑佛教文化而为赠送僧侣的消费者准备了日用消费品套装[②]、宝洁公司为了迎合不同国家审美文化的需求针对同一产品设计了不同的广告宣传,这些基于当地消费文化而调适的策略都得到了消费者的认可。

融合模式在坚持自己优秀文化的基础上,能够充分考虑到当地消费者的文化感受和对企业产品与服务的特殊要求,主动接受和积极吸收当地文化因素,获得了较高的消费满意度。随着消费者对产品和服务满意度的提高,消费者与公司之间的距离将进一步拉近,消费者不仅会增加自身的购买意愿,还会帮助跨国公司进行产品和服务的宣传,扩大跨国公司在当地和全球的影响力,延展跨国公司的经营范围。基于此,本研究得出以下命题假设:

命题假设2:融合模式有助于跨国公司与东道国消费者(顾客)之间建立关系资本。

鉴于融合模式所具有的求同存异、优势互补的特征,它便于形成一种开放、多元、包容的企业文化环境,有利于其他企业资源及文化的融入。企业资源观认为企业的竞争优势来自于独特、不可复制的资源(Barney,1985),[③]跨国公司在华经营,需要借助本土企业本身所具有的独特资源,Morrison D. William(2004)认为,建立联盟是获取其他企业资源的有效途径或渠道。[④] 因此,采用融合模式易于跨国公司在中国环境下与其他企业结盟,从而形成企业间的良性合作。市场经济中企业间

---

① Sanyal R N, Guvenli T. Relations between Multinational Firms and Host Governments: the Experience of American - owned Firms in China [J]. International Business Review, 2000,9(1): 119 - 134.

② 范徵.跨文化管理:全球化与地方化的平衡[M].上海:上海外语教育出版社,2004:60.

③ Barney J B. Firm Resources and Sustained Competitive Advantage[J]. Journal of Managerment,1991(17): 99 - 120.

④ Morrison D William., Partnership Firms, Reputation, and Human Capital [J]. American Economic Review, 2004, 94: 1682 - 1692.

的竞争可能导致两种结果的产生，零和竞争将导致你死我活的恶性冲突，非零和竞争将形成互补的良性合作。两个企业之间没有全方位的竞争，也没有全方位的合作，任何两个关联企业之间都是同时存在着既竞争又合作的关系。若在市场方面存在竞争，在研发和信息共享方面则存在合作的可能。关系资本使具有业务合作的企业之间形成一个封闭的内环境（a closed setting），该环境将合作伙伴的选择限制在封闭的关系网络环境内，有助于提高合作伙伴之间的信任度，并在产品销售、价格、付款条件以及产品研发等方面享受特殊的优惠标准，同时限制外围企业进入，降低竞争压力。Rindfleisch & Moorman（2001）研究发现企业联盟间关系信任程度有助于新产品开发。①

融合模式在保留自己文化的同时，能够接受并吸纳其他的文化，有助于和其他企业形成合作关系，建立联盟。企业间的联盟能够帮助跨国公司尽快适应当地环境，避免被排斥的局面，并实现资源共享，发挥优势互补，形成协同效应，提高企业的应变能力和创新能力。基于此，本研究得出以下命题假设：

命题假设3：融合模式有助于跨国公司与东道国合作者（竞争者）之间建立关系资本。

跨国公司员工具有多样性特征，其多样性不仅体现在地域、年龄、教育背景等表层文化，还体现在价值观等深层文化方面。在"跨国公司管理特征"一节曾分析过，员工多元化会在创新方面形成优势，但同时也会给员工的人际关系带来麻烦。融合模式是一种包容模式，与跨国公司本身的多元化存在天然的一致性。融合模式能够在坚守跨国公司母公司优秀文化的基础上，吸收东道国（中国）本土文化的精髓，创造一种包容的企业文化，这种文化本身就是一种再生文化，具有较强的弹性，有利于降低或消除员工多样性带来的不同文化背景或不同级别层次的员工之间的冲突，增强员工之间的信任，提升企业内部员工之间的和谐程度。海伦·德雷斯基（2011）认为，在华跨国公司采用融合模式进行整合，在人员招聘上将"与他人相处的能力"和"与企业价值观契合"②作为招聘标准，实际上是实现了东、西文化的结合，为员工之间和谐相处和团队建设奠定了基础。此外，融合模式一方面要求本土员工了解跨国公司文化，另一方面要求来自母公司的员工了解当地文化，以此拉近不同文化员工间的距离。西方跨国公司"平等"文化的本土融入，降低了本土普通员工与管理人员的权力距离，便于两者和谐相处。基于此，本研究得出以下命

① Rindfleisch A, Moorman C. The Acquisition and Utilization of Information in New Product Alliances: A Strength - of - Ties Perspective[J]. Journal of Marketing, 2001, 65(2): 1 - 18.

② 海伦·德雷斯基. 国际管理[M]. 宋丕丞，译. 北京：清华大学出版社，2011：12.

题假设：

命题假设4：融合模式有助于跨国公司内部员工之间建立关系资本。

员工多样性产生的影响不仅存在于员工之间，还存在于员工与跨国公司之间。跨国公司文化建设的主要内容之一是通过对员工进行公司文化培训，达到员工价值观与企业价值观的契合。组织价值观契合是一个逐渐适应、动态发展的演化过程，是员工个人价值观与组织（企业）价值观相互磨合、融合的过程，这与跨国公司的融合整合的内涵和路径是一致的。一般来讲，跨国公司企业文化一般属于强势企业文化，融合模式一方面采取"管理当地化"策略，将先进的管理理念、制度和方式融合到本土文化之中，让本土员工了解跨国公司文化；一方面吸取本土文化中的优势成分，充分考虑到本土员工的文化价值观。融合模式有助于实现跨国公司母公司文化、东道国文化以及当地企业文化的兼容并存，进而实现员工价值观与企业价值观的契合。员工价值观与企业价值观的契合度越高，越容易增强员工与企业之间的相互信任和承诺，增强员工对企业的忠诚感和奉献精神，形成员工与跨国公司之间的关系资本。基于此，本研究得出以下命题假设：

命题假设5：融合模式有助于跨国公司与内部员工之间建立关系资本。

跨国公司在东道国经营发展，除受到东道国环境的影响外，还受到母公司文化、跨国公司整体目标等因素的影响。东道国子公司是跨国公司整体构建的一个环节，母公司对子公司的控制程度决定了子公司本土化和跨国公司全球标准化的执行状况，而子公司的本土化程度又与跨国公司在东道国的经营状况存在相关性。一般而言，跨国公司本土化的经营和发展策略有助于提高它的经营绩效。但本土化与全球标准化呈负相关，本土化程度越高，全球标准化程度越低，越不利于实现跨国公司的整体系统建设。兼顾跨国公司整体利益和子公司的发展，才能实现子公司利益的最优。融合模式既考虑到跨国公司子公司本土化的要求，又考虑到跨国公司整体全球标准化的要求，将跨国公司母公司对子公司的控制保持在一种合理的比例，既在跨国公司整体发展框架下保持对子公司的指导性控制，又将公司本土化发展战略产生的优势给予充分的吸收，实现了子公司在跨国公司整体发展链条和本土化的平衡。

杨忠智（2010）认为，跨国公司母、子公司之间的控制权问题体现为：赋予子公司更多的自主权，以便回应复杂、多变的国际环境；同时采取不同于传统科层组织的机制，以保证母公司的整体协调。母、子公司之间存在两种控制机制，正式化控制机制（制度控制）和非正式化控制机制（文化控制）。跨国公司的管理政策必须适应当地文化才能提高经营绩效。东道国与跨国公司之间存在较大文化差异时，将会提升母、子公司决策的不确定性，增加母、子公司之间的信息处理量，母公司需要采取一种更为灵活的非正式控制机制，通过非正式沟通等机制整合全球子公司文化，增进价值观共享。正式的管理机制具有僵化性特征，无法对复杂的环境做出及时反应。当然，这并不意味着对正式管理机制的放弃，而是在正式管理机制与非正式管理机制之间形成一种互补型融合。① 基于此，本研究得出以下命题假设：

命题假设 6：融合模式有助于跨国公司系统建立关系资本。

3.3.2 隔离模式

隔离模式是指跨国公司在跨国经营中，对东道国文化采取不认同、不融入的观念和态度，但同时又不能完全保留自己的原有文化，不能保持自己在经营管理模式上的独立性。该模式是一种消极的整合模式，在更多情况下是跨国公司不了解东道国文化状况、在整合过程中又不能完全把握公司的发展方向时产生的一种文化整合模式。

不同文化、特别是中、西文化之间，存在较大的差异，这在文献综述中已有阐述。尽管文化差异未必一定能导致文化冲突，也可能会形成文化互补，但在更多情况下还是会产生冲突。法律制度属于文化范畴，若跨国公司不认同东道国文化，在某种程度上也会不认同东道国的法律制度。尽管不认同并不一定意味着不遵守，但当不认同发展到一定程度或者在某种特殊境况下，将会导致不遵守状况的发生。对东道国法律制度的不认同或不遵守，将引发跨国公司与代表国家利益的政府之间的矛盾与冲突，不利于跨国公司与东道国政府之间建立关系资本。在中国文化背景下，政府依然是重要资源的分配中心和关键信息的掌控中心，而获取资源是跨国公司进行跨国经营的主要目的之一。张慧（2010）认为，政府在项目审批、物资协调与分配、金融监管、原材料进出口定额与配额数量等方面具有管理权。② 不能与政府建立和谐的关系，将会阻碍跨国公司获得当地的优势资源和自身发展所需要的关键元素，在与当地企业竞争中，不能形成优势竞争力，这样就会进一步增加跨国公司对政府的不满，导致双方关系的恶化。石军伟（2008）认为，有效的政府关系管理对企业发展的各个方面都起着决定性作用，甚至能够决定着整个商业运作的成败。③ 基于此，本研究得出以下命题假设：

命题假设 7：隔离模式不利于跨国公司与东道国政府之间建立关系资本。

---

① 杨忠智. 企业海外并购海外子公司内部控制研究[M]. 厦门：厦门大学出版社，2010：45 - 107.

② 张慧. 跨国公司在华子公司创业导向研究[M]. 北京：经济科学出版社，2010：105 - 122.

③ 石军伟. 社会资本与企业行为选择[M]. 北京：北京大学出版社，2008：186.

企业文化存在四个层次:物质文化、行为文化、制度文化和精神文化。物质文化涉及公司标识、产品设计等方面的内容,与跨国公司产品或服务的消费者有紧密的关联。以产品设计为例,设计本身就是一种文化。产品用来服务顾客,满足顾客需求,而跨国公司生产的产品不仅服务于母公司所在国的消费者,还包括东道国的消费者,在某种情况下,东道国的消费者甚至会占有更高的比例。隔离模式将跨国公司文化与东道国本土文化隔离,没有吸收或引进东道国文化,其产品的设计便不会吸纳东道国文化因素和东道国消费理念,这将导致其所生产的产品或所提供的服务不能得到当地消费者的认可或接受,造成产品的滞销。

消费者信息是企业运行和发展的重要资源,通过消费者,企业可以了解到产品和服务被需求的状况,及时对产品和服务进行改善。Coleman(1988)认为,企业社会资本的功能在于社会关系网络内存在的信息潜力,提供信息渠道,节约信息搜索成本。同样具有社会联系功能的关系资本承袭了社会资本的这一特征。石军伟(2008)认为,信息市场是企业资源配置的关键协调机制(见图 3 -4)。

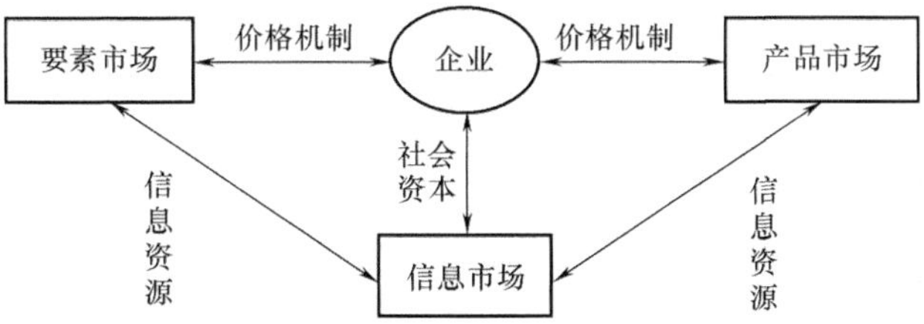

图 3 -4 企业市场基本框架

资料来源:石军伟. 社会资本与企业行为选择[M]. 北京:北京大学出版社,2008:92.

Bonner & Walker(2004)研究指出,新产品开发与消费者的信息正相关。① 但隔离模式将当地消费者阻挡在跨国公司产品和服务的门外,中断了双方了解的路径。基于此,本研究得出以下命题假设:

命题假设 8:隔离模式不利于跨国公司与东道国消费者(顾客)之间建立关系资本。

跨国公司不认同东道国文化,同样也不会接受东道国的企业文化,认为东道国

---

① Bonner M J, Walker C O. Selecting Influential Business - to - Business Customers in New Product Development : Relational Embeddedness and Knowledge Heterogeneity Considerations[J]. Product Development and Management Association, 2004,21(3):155 - 169.

本土企业的介入会给跨国公司在知识产权、市场份额等方面带来更多的麻烦。此外,跨国公司之间的交往使用的是“标准战法”,强调规范;而中国本地企业使用的是“游击战法”,比较随意,和中国本土公司在一起,要花更长的时间和他们发展关系、建立信任以及了解他们行事的风格和方式。在这种理念下,与东道国企业建立战略联盟关系也便会存在一定困难,这也是目前一些跨国公司愿意以独资的形式到中国投资的原因之一。战略联盟是一种合作关系,企业间通过建立战略联盟,可以实现稀缺资源与重要信息的共享,降低搜寻成本。战略联盟可以将企业间的零和博弈竞争转变为非零和博弈的互补式合作,更好地发挥联盟企业各自的优势,实现协同效应。跨国公司在东道国经营,必将面临跨文化差异和跨文化冲突的境况,通过与本土企业组建联盟可以帮助跨国公司克服跨文化差异带来的困扰,尽快适应东道国文化。Tsai, Huei - ting (2013)认为,对于跨国公司这样的外来者,与本土企业建立合作关系是在东道国取得成功的必要而且迅速的有效方式。① 可口可乐中国公司负责人表示,合作伙伴的重要贡献之一便是与当地政府的联系,帮助跨国公司处理与当地政府有关的事务,从而办事顺畅。跨国公司采用隔离模式进行跨文化整合,不能够正视东道国(中国)本土企业的地位和作用,也不能将其纳入到整合体系之中,实质上是对东道国(中国)国家文化和企业文化的排斥。正如“力的作用是相互的”原理一样,隔离模式不仅隔离了本土企业,同时也隔离了跨国公司本身,使本土企业也对跨国公司产生了排斥力量,不利于两者建立联系并形成高质量的关系资本,影响跨国公司的经营绩效。基于此,本研究得出以下命题假设:

命题假设9:隔离模式不利于跨国公司与东道国合作者(竞争者)之间建立关系资本。

跨国公司员工一般是由东道国(中国)本土人员、母公司所在国人员或其他地区人员所组成,不同地区的员工代表不同的文化。潘爱玲(2006)认为,同一跨国公司内来自不同文化背景的员工所表现出来的民族文化差异,要远远大于他们在各自国土上的国内企业员工之间的民族文化差异。② 加之隔离模式不认同、不想引进或吸收东道国文化,这样便会加重东道国(中国)本土员工与来自于跨国公司母公司或其他地区的员工之间相互进行文化适应的难度。文化本身具有稳定性,相互之间的适应需要一定的时间期限和有效途径,而隔离模式不仅不能提供不同文

① Tsai, Huei - ting. Towards a Guanxi - based Theory of Internationalization: Chinese, Taiwanese and Evolving MNEs [J]. Chinese Management Studies, 2013, 7(1): 111 - 126.

② 潘爱玲.企业跨国并购后的整合管理[M].北京:商务印书馆,2006:102.

化之间进行有效接触和和谐交往的渠道与途径，还因企业自身价值观的割裂而使企业内部员工对企业文化越发感到迷茫，既不利于具有不同文化的员工之间的磨合，加大员工之间的分歧，更不利于企业内部凝聚力的形成和包容文化的建设。基于此，本研究得出以下命题假设：

命题假设10：隔离模式不利于跨国公司内部员工间建立关系资本。

跨国公司员工多样性要求公司进行多元化的文化建设与之相匹配，隔离模式将跨国公司母公司文化与东道国文化完全隔离开来，在公司内部形成二元文化的对立，使得员工文化与企业文化之间的矛盾和冲突非但没减少，其深层次的矛盾冲突反而会加深。此外，隔离模式使东道国（中国）子公司既失去了跨国公司母公司的原有企业文化，又不能吸收东道国（中国）文化，造成东道国（中国）子公司文化处于一种不上不下、无源无根的悬空状态，丧失了企业价值观的精华和要旨，使企业员工失去了进行价值观契合的标准和参照。社会建构文化理论认为，知识的获得和文化的认同是一个主动建构的过程，建构过程中的能力发挥和行为倾向受限于态度和感情，社会性互动为这种建构提供了必要的途径。隔离模式将跨国公司文化和东道国文化截然分开，使本土员工失去了与跨国公司文化进行社会性互动的基础，也便失去了对跨国公司文化产生认同的可能性。Russ Vince（2006）认为，跨国公司进行跨文化整合要关注并尊重被整合企业及员工的文化传统、需求和感情，努力实现在双方整合互动中被整合方对整合方文化的认同、接受与采纳，否则将会对企业员工的组织承诺和合作意愿产生负面影响。基于此，本研究得出以下命题假设：

命题假设11：隔离模式不利于跨国公司与内部员工之间建立关系资本。

跨国公司在东道国采用隔离模式进行跨文化整合，意味着跨国公司既不能在全新的文化土壤中完全继承母公司原有的优秀文化，又难以摆脱东道国文化的影响，这样必然会在子公司内部产生一种与母公司文化不一致、又与东道国文化不完全协调的企业文化的存在，且对这种文化不能掌控，允许其按自己的模式肆意发展。跨国公司是一个有机系统，母、子公司之间存在一种微妙的联动机制。但采用隔离模式进行整合导致的状况，既不利于跨国公司母公司对子公司进行协调把握，也不利于子公司分享母公司的资源和优势，必然会拉大母、子公司之间的距离。

杨忠智（2010）认为，资源的转化与输出是跨国公司存在的一种价值，子公司利用母公司输入的资源进行自我建构，同时也将在东道国获取的资源的一部分转化为母公司成长与发展的资源，回输给母公司。① 跨国公司子公司在东道国建构的关系资本，将形成子公司价值的一部分，而这部分价值终将以资源的形式回输给母公司，完成母、子公司之间的资源整合与协同发展。但若既不能实现前期的有效输入，又不能实现后期有价值的回输，母、子公司系统间的整合意味着失败。基于此，本研究得出以下命题假设：

命题假设12：隔离模式不利于跨国公司系统建立关系资本。

3.3.3 同化模式

同化（assimilation）是指公司放弃原有文化，融入东道国文化；或公司原有文化被东道国文化吸收，生成一种完全不同于母公司文化的全新文化。同化模式的实质是本土化的一种极端形式 ②。

任何事情都具有两面性，跨国公司采用同化模式而形成的本土化策略也具有这一特征。本土化的优势毋庸置疑，但本土化的劣势也不容忽视。任何文化都具有独特性，既有其先进性的一面，也有其落后性的一面。跨国公司对子公司实施本土化策略的关键在于把握好本土化的“度”，即在本土文化的“优、劣”之间寻求一种平衡。跨国公司的文化整合必将是一种在冲突、妥协、融合、新生之后的全新文化，过度的“本土化”将使本土文化侵蚀、垄断跨国公司文化，若本土文化中的负面因素占有过高比例，对跨国公司文化的整个机体将造成一定的冲击甚至破坏。在中国经济转型期的环境下，鉴于市场经济体制不完善和监督环节缺失的现实，跨国公司本土化程度越高，受本土文化中负面因素影响的程度便会越深。跨国公司应通过文化整合，在母公司成熟的企业文化和中国的本土文化之间寻求一种平衡，形成对中国本土文化负面因素的制约，尽量减少其产生的不利影响。

同化是本土化的一种极端行为。跨国公司认同东道国（中国）文化，会采取本土化策略，根据东道国（中国）政治经济状况和文化环境，调整跨国公司的部分政

---

① 杨忠智．企业海外并购海外子公司内部控制研究［M］．厦门：厦门大学出版社，2010：116.

② 跨国公司具有自己独特的价值观，但若为了实施本土化策略，过于采纳或接受东道国地方文化，甚至是一些消极文化因素，会造成对跨国公司自身价值观的侵犯。梅波（2002）研究发现，在华跨国公司在招聘本土员工、特别是高级员工时，若不以规范的市场的规则和能力要求作为参照，而是一味地为了适应中国特殊文化，要求员工的“关系网络、政府背景”，甚至“喝酒能力、拿回扣能力”等，将会造成跨国公司价值观发展的困境。跨国公司非但不能影响当地的商务规范，反而被当地的消极文化同化了。Fanncis（1991）认为，跨国公司对子公司实施本土化战略时，要注意“度”的问题。若公司不适应当地文化，会对企业经营产生负面；但若太适应当地文化，也会对自身文化产生消极作用。只有处于“中等程度”时，“适应性”与“吸引性”之间才会表现为正相关关系。

策,适度地进行本土文化适应。但若采用同化模式进行跨文化整合,跨国公司会将自己完全浸没到东道国(中国)的文化之中。任何文化都不会是完美无缺的,跨国公司在融入东道国(中国)文化、吸收东道国(中国)优势文化的同时,也必然会受到东道国(中国)糟粕文化的影响。跨国公司无限获利的欲望与中国市场经济尚不完善、政府寻租行为尚有生存空间的现状的结合,将使得跨国公司为了寻求短期利益,会利用各种先天固有关系,通过政府官员实施政府寻租行为,违反中国的法律制度,与中国政府的根本利益和长期利益产生冲突。Grootatert et al. (2004)认为,与政府等权力部门过于紧密的关系形成的连接型(linking)关系资本有可能演变成裙带关系资本,形成内部交易或政治选择机制。① 部分在华跨国公司通过进行商业贿赂获取政府资源或建设项目的事实已经证明了这种可能性。

此外,政府在中、西不同文化背景中发挥着不同的作用,几个世纪以来中国是在"关系"而非西方式的法治制约下运作,中国社会由政府政策而非法律体系所监控(杨忠智,2010)。② 长期以来,跨国公司在其他文化背景下形成的企业文化很难进行实质上的改变以适应中国政府,在遇到重大或尖锐矛盾时,这种内在、潜伏的矛盾就将暴露出来。基于此,本研究得出以下命题假设:

命题假设13:同化模式不利于跨国公司与东道国政府之间建立关系资本。

加拿大学者南希·埃德勒(Nancy J. Adler)关于跨国公司发展阶段的观点表明,跨国公司在东道国进行经营管理,首先会以东道国本土员工和消费者作为考虑问题的出发点,然后才会扩展到国际、跨国和全球视角。③ 因此,本土化是跨国公司进行跨国经营的基本策略。在本土化管理理念的指导下,跨国公司必然会考虑到当地消费者的现实情况和特殊需求,并以此为基础进行产品生产和服务的设计、企业文化建设等,更大程度地提升当地消费者满意度。美国"肯德基"公司在中国推出的早餐品种逐渐增加了传统的中式早餐"油条""豆浆""茶卤蛋",这完全是从中国消费者文化出发进行的文化整合。但同化模式是本土化的一种极端表现,跨国公司作为具有强势企业文化、全球品牌产品的国际企业,必然具有其独特之处。在中国情境下,本土消费者对跨国公司的产品与服务以及洋味文化还存在一种至少是认可、崇拜或猎奇心理。他们消费的不仅仅是跨国公司的产品和服务,在更大程度上还有跨国公司本身的品牌和所承载的文化。同化模式不仅会使跨国公司文化、产品与服务失去"洋味"的外表,还会丧失强势文化的本质及本身的魅力,失去

① Grootatert C, et al. Measuring Social Capital[R]. The World Bank, 2004.

② 杨忠智.企业海外并购海外子公司内部控制研究[M].厦门:厦门大学出版社,2010:123.

③ 转引自:赵曙明.跨国经营与海外投资[M].武汉:湖北教育出版社,1996.

对中国消费者的吸引力。基于此,本研究得出以下命题假设:

命题假设14:同化模式不利于跨国公司与东道国消费者(顾客)之间建立关系资本。

同化模式意味着对东道国文化的全盘接受、采纳与融入,最终成为东道国文化的一部分。跨国公司文化在被东道国文化同化后,已经完全失去了原有的企业文化,形成了一种以东道国本土文化为主体的企业文化,与东道国本土企业在本质上已经没有区别。多元化的优势在于异质性,异质性虽然隐含冲突的可能性,但同时也具有相互补充、形成协同效应的潜在因素。异质性和差异化源于它们在网络内所扮演的角色不同(Bartlett & Ghoshal, 1989),[①]Dyer(1997)认为,企业间的合作是获取外部资源、形成异质性资源的重要手段。[②] 跨国公司在经过同化模式整合后,具有了本土企业的同质性特征,不仅失去了与本土企业形成互补的优势,还增加了同性质企业相互竞争的可能性。

跨国公司进行本土化经营,须具有一定的途径,与当地企业建立联盟是实现本土化的有效途径之一。在实施本土化战略的过程中,跨国公司欲了解当地市场,形成能够与当地企业匹敌甚至胜过当地企业的独特竞争力,必须首先通过建立联盟的形式克服或突破东道国在政治、经济、文化以及意识形态等方面的壁垒,顺利地进入本土企业或其他跨国公司与本土企业所形成的"圈子",以便进行更充分的了解、分享和互惠。但经过同化整合、已经具有与本土企业同质特征的跨国公司会引发本土企业的顾虑,它们不仅担心跨国公司会与他们争夺本土市场,瓜分本属于它们的蛋糕,还会与他们争夺最稀缺的人力资源。杨忠智(2010)认为,跨国公司采取本土化人才策略,从东道国本土吸纳中高级管理人才(包括建立研发中心),而其人才来源之一便是从竞争对手中挖取高层次人才,这样便会形成与本土企业的竞争。[③] 章文光(2011)也有同样的发现,在华跨国公司想方设法将"拥有知识产权、职业经验和丰富关系网络的人才"[④]储备起来。因此,同化整合模式将形成跨国公司与本土企业在市场和人才方面的非合作性竞争,不利于两者之间的合作关系的

① Bartlett C A, Ghoshal S. Tap Your Subsidiaries for Global Reach[J]. Harvard Business Review, 1986, 51(6):87-94.

② Dyer J H. Effective Inter-firm Collaboration: How Firms Minimize Transaction Costs and Maximize Transaction Value[J]. Strategic Management Journal, 1997, 18(7): 535-556.

③ 杨忠智. 企业海外并购海外子公司内部控制研究[M]. 厦门:厦门大学出版社,2010:116.

④ 章文光. 跨国公司在华投资"研发中心"的现状与政策建议[M]. 北京:北京师范大学出版社,2011:224.

建立，很难形成有效的关系资本。基于此，本研究得出以下命题假设：

命题假设 15：同化模式不利于跨国公司与东道国合作者（竞争者）之间建立关系资本。

同化模式将使得跨国公司内部文化更为单一，有利于降低跨国公司内部的文化差异性和差异度，进而减少文化差异带来的冲突，形成企业内部的统一管理。在中国长期以来单一文化传统的影响下，跨国公司内部的单一文化将有助于减少不同利益集团或小集团现象的发生，提升员工之间的和谐度，增强员工之间的互信。

斯蒂芬·P.罗宾斯研究发现，在 IBM 德国公司工作的德国员工，受德国文化的影响比受 IBM 企业文化影响要大，[①]也就是说，相对于企业文化，国家文化对跨国公司具有更大的影响力。跨国公司跨文化整合中同化程度越高，普通员工和高层管理者中本土化人员所占比例越高，普通员工和高层管理者之间的文化相似度越高，两者之间的文化差异越小，矛盾和冲突也便越少，企业员工之间的和谐度、信任度也同时会得到提升。基于此，本研究得出以下命题假设：

命题假设 16：同化模式有利于跨国公司内部员工之间建立关系资本。

实现企业员工与企业文化价值观契合主要有两种模式：一种模式是企业文化取向，即以企业文化价值观为目标，员工文化价值观向企业文化价值观靠拢或倾斜；另一种模式是员工文化取向，即以员工价值观为目标，企业文化价值观向员工价值观靠拢或倾斜。同化模式是以东道国文化为目标，跨国公司文化向东道国文化靠拢或倾斜，最后融入东道国文化之中，形成一种新的文化。在这个过程中，跨国公司处在动态的变化与适应中，而东道国文化或员工文化作为适应的参照物，处于稳定的状态。在采用同化模式的跨国公司内部，无论是基层员工还是管理人员，本土员工占有绝大比例，而本土员工与本土文化的契合度必然高于本土员工与非本土文化的契合度。

此外，杨忠智（2010）认为，比起西方人来，中国员工更倾向于与雇主建立密切的关系。下级对上级在职业发展和个人问题上有所期待，上级对下级在忠诚及承诺方面也有所诉求。需求的相互满足与回报便是“关系”机制的作用。在中国，员工更大程度上表现为在为企业管理者个人工作，而不是为公司工作；员工的忠诚针对直接上司，忠诚度在中国公司表现得更为强烈，“一日老板，永远老板”的心态较为普遍。[②] 因此，跨国公司采用同化模式必然会拉近员工与企业管理者以及企业文化的距离，提升员工对企业文化的认同度，形成更高的组织价值观契合。基于

---

① 斯蒂芬 P 罗宾斯. 管理学[M]. 北京：中国人民大学出版社，1997.

② 杨忠智. 企业海外并购海外子公司内部控制研究[M]. 厦门：厦门大学出版社，2010：53－56.

此,本研究得出以下命题假设:

命题假设 17:同化模式有利于跨国公司与内部员工之间建立关系资本。

Birkinshaw M. Allen(1995)认为跨国公司海外子公司具有三种战略功能,对当地环境做出反应、在不同国家市场间整合竞争地位和管理当地事务以及全球整合。① 跨文化整合采用同化模式意味着跨国公司放弃原有母公司企业文化,与东道国文化融合为一种不同于原母公司的新的企业文化。跨国公司在东道国形成的新企业文化必然与原母公司文化或跨国公司的其他子公司文化存在差异和冲突,打破跨国公司统一的管理链条和文化标准,不利于与母公司或其他子公司之间建立和谐的关系和形成有价值的关系资本。林峰(2005)指出,不少在华跨国公司的管理层出现了腐败问题,其中的原因之一便是囿于中国商业环境的约束,不得不按照某些潜规则或"灰色"的方式来开展业务,这样便与母公司的企业文化之间形成了反差。② 基于此,本研究得出以下命题假设:

命题假设 18:同化模式不利于跨国公司系统建立关系资本。

3.3.4 移植模式

移植模式实质上是民族中心主义的体现。移植模式是将跨国公司母公司的文化管理模式在全球子公司范围内统一推行,各地子公司采用母公司的全球标准化管理,忽略不同民族文化和企业文化间的差异,将母公司的文化、价值观、管理理念、产品设计以及营销模式贯彻到全球各地子公司。相对于子公司的企业文化,母公司以"强文化"的姿态居于子公司文化之上,并对子公司文化进行全覆盖,子公司在各个方面必须与母公司保持一致。该模式内含这样一种理念,由于全球一体化的发展,整个世界在经济、管理、科技等领域的同一性和相似性不断扩大,民族文化和企业文化间的差异日益缩小,所有的企业经营管理人员都持有相似的价值理念,全球逐渐形成一个同质性市场。

移植模式是一种更换土壤的强行注入式整合,其前提条件是母公司经济实力和综合影响力强大,企业文化成熟,与东道国(企业)文化对比悬殊。其优势体现为能快速建立起统一的企业文化,形成高效的管理模式,使公司尽快进入到生产经营环节。美国通用电气(GE)在海外开设子公司或进行企业兼并时经常采用此种方式,得益于强势企业文化和公司全球品牌效应。思科公司(Cisco)借此模式在全

---

① Birkinshaw M Allen. Configurations of Strategy and Structure in Subsidiaries of Multinational Corporations [J]. Journal of International Business studies, 1995(4).

② 林峰.跨国公司战略调整与中国对策[M].北京:社会科学文献出版社,2005:154.

球企业文化建设方面享有速度和效率的美誉。当然,移植模式也存在不可否认的劣势,“橘生淮南则为橘,橘生淮北则为枳”,文化的形成是一个长期积淀的过程,一旦形成便具有内在的稳态特征,不易改变。在一方土壤中培育出来的文化,是否适合于另一方的土壤和环境,是跨文化整合中必须谨慎对待的问题。中国政府在制定政策时,更多考虑的是政治因素,很少会受企业因素的影响。Markus B. Hofer & Bernhard Ebel(2007)指出,跨国公司在中国情境下经营,必须调整母国环境下与政府形成的纳税人—政府关系,以及这种关系影响下的心智模式和社会地位。①

跨国公司源于西方,其文化价值观的根基奠定于西方文化相对主义基础之上,其核心理念强调多种价值观念和生活方式的共存,强调个别文化和价值观的独立性,忽视国家文化和利益与组织文化和利益之间的差别,将国家利益与跨国公司等非政府组织的利益放在同等地位上,否认民族国家的权威,容易造成对东道国国家利益的损害。跨国公司的行为受理性主义支配,获取利益是其最终的价值追求,而完全利益驱动下的跨国公司行为必然会与东道国国家利益存在冲突。

跨国公司的天性是追求垄断地位②,一旦跨国公司在华经营形成垄断局面,将不利于我国民族产业、民族企业以及规范的市场经济的发展,与我国政府引进外资的初衷相违背。在高科技产业,跨国公司采用移植整合模式,导致核心技术和关键信息完全掌握在跨国公司手中,对我国的信息和情报安全带来隐患。章文光(2011)认为,跨国公司在华投资研发中心,实质上是一种技术移植和垄断,对中国的研发资源、研发低成本优势、自主技术创新、研发外部性等方面造成了威胁和损害。

中国政府引进跨国公司的目的之一是增加当地就业,但具有移植模式偏好的跨国公司倾向于使用母公司所在国的人员,这可能会与中国的国家利益、政策相冲突,造成与政府的紧张关系。基于此,本研究得出以下命题假设:

命题假设 19:移植模式不利于跨国公司与东道国政府之间建立关系资本。

移植模式将母公司的文化价值观、产品和服务理念、营销模式完全理想化,将其视为最佳模式,完全忽略文化这一强大的隐性因素对消费行为的影响,忽略不同地区消费者的个性化需求。沃尔玛德国公司将法国沃尔玛母公司“员工面带微笑友好服务”的理念和营销模式完全移植到德国,忽略了法、德两国消费者的文化差

① Markus B Hofer, Bernhard Ebel. *Business Success in China* [M]. Springer - Verlag Berlin Heidelberg, 2007:104.

② 王志乐. 跨国公司在中国[M]. 北京:中国经济出版社,2006:88.

异和德国具体的消费文化情境,结果遭到德国消费者的拒绝。[①] 欧洲汽车经销商不能将欧洲人对小型汽车青睐的文化强加给中国消费者,因为中国文化以“大”为身份和价值的象征。李光耀在谈到中国经济方式转变时,对比了中、美两种不同的消费观,认为中国人在消费上较为保守谨慎,只有对未来具有十分把握时才会花钱;而美国人相对开放大胆,不管未来怎样都会花钱。美国属于低不确定性规避国家,相信将来肯定比现在要好,敢大胆花钱;而中国属于中等不确定性规避国家,内心一直存在“唯恐将来再度变穷”的恐惧。采用移植模式的跨国公司如果认识不到这个差别,用美国人的消费心理去衡量中国人的消费理念,并在中国采取美国人的营销策略,最终不会得到中国消费者的认可。基于此,本研究得出以下命题假设:

命题假设 20:移植模式不利于跨国公司与东道国消费者(顾客)之间建立关系资本。

采用移植模式的跨国公司认为自己的文化模式是全球最佳的文化模式,能够在母国推行并能取得成功也同样能够在世界各地取得相应的成效,于是对东道国的企业或企业文化怀有征服或压迫的心理。但在新兴市场经济国家,以中国为例,一些民族企业也开始走向世界,具有强势企业文化。跨国公司在中国发展,既面临其他本土化跨国公司的竞争压力,同时也面临国际化本土公司的竞争压力。跨国公司不能以平等的心态对待本土公司,便很难赢得本土公司的认可与尊重,与本土企业形成合作关系的可能性便会很小。此外,随着我国经济与科技渐趋于国际水平,跨国公司为保证其产品在中国市场的竞争力,利用各种手段和整合资源加大对国内企业的控制和国内市场的渗透,而利用独资形式、采用移植整合模式容易形成跨国公司在技术和经营方面的垄断,与本土企业形成恶性竞争,拉大与本土企业的距离。如微软组织多家跨国公司组建“数字家庭工作小组”,以技术标准和知识产权为手段实现技术垄断,挤压中国本土企业。章文光(2011)认为,高科技产业的跨国公司进行技术移植,容易造成国内产业的技术依赖,不利于中国产业研发能力的提升,也便利了跨国公司对本地企业的打压。[②] 基于此,本研究得出以下命题假设:

命题假设 21:移植模式不利于跨国公司与东道国合作者(竞争者)之间建立关系资本。

---

① 弗雷德·卢森斯,乔纳森 P 多. 国际企业管理:文化、战略与行为[M]. 赵曙明,程德俊,译. 北京:机械工业出版社,2009:125.

② 章文光. 跨国公司在华投资“研发中心”的现状与政策建议[M]. 北京:北京师范大学出版社,2011:210.

跨文化整合的作用和影响不仅存在于文化层面,也存在于人力资源管理方面。采用移植模式的跨国公司在人力资源管理方面倾向于从母公司派来不同层级的管理人员和技术人员,雇佣部分本土员工从事基层生产和销售。受到不同文化背景下形成的思维定式的影响,企业内部员工在企业文化建设、决策制定与执行、日常行为方式等方面必然存在差异,容易导致外来员工与本土员工之间产生更多的误解,潜藏了发生冲突的可能性因素。此外,移植模式所内含的强势文化和压迫理念会灌输给来自母公司的员工,使他们产生民族歧视的心理,不能以平等的心态对待本土员工,造成员工之间、员工与管理人员之间的矛盾和冲突。基于此,本研究得出以下命题假设:

命题假设 22:移植模式不利于跨国公司内部员工之间建立关系资本。

企业文化是国家文化的亚文化,带有国家文化的痕迹,企业文化在某种程度上反映国家文化,是国家文化在某方面的缩影。本土员工身上承载着东道国国家文化的基因,东道国国家文化在跨国公司本土员工的身上会有所体现。万晓兰(2005)认为,无论跨国公司文化自身如何优越,跨国公司以母公司所在国文化为基础建立起的企业文化与东道国文化之间的客观差异性也将会导致某种程度上的冲突。① 随着本土员工对跨国公司文化认识程度的加深,本土员工所承载的东道国文化与跨国公司所体现的母公司所在国文化之间的差异也越来越明显,当这种差异所产生的负面影响不能消除或降低时,本土员工会承受一定的精神压力,进而影响他们对跨国公司的看法和工作态度,严重时甚至会选择离职。WaLsh(1995)研究发现,跨文化整合不利,会造成员工流失率上升,通常高层管理人员和公司最优秀人才会最先离职。②

移植模式在中、外员工的管理上存在双重标准,不同的选拔条件,不同的薪水待遇,不同的考核、晋升机制,限制了本土员工的职业发展路径,使他们内心产生了不平衡感,甚至抵触和敌对情绪。基于此,本研究得出以下命题假设:

命题假设 23:移植模式不利于跨国公司与内部员工之间建立关系资本。

移植模式的理念基础是企业文化价值取向的普适理论,认为母公司文化适合于全球的土壤,管理的统一性和整体性有助于价值的生成和效率的提升。跨国公司子公司在东道国采用母公司的文化管理和企业经营模式,有利于母公司在全球推行统一的管理模式,从而可以高效地进行整体协调和资源调配,对子公司系统进行直接、有序的管控,实现母、子公司之间的协同效应,提高跨国公司系统的整体绩

① 万晓兰. 论中国本土人才对跨国公司文化的适应性与冲突[J]. 江西社会科学,2005(10).

② 转引自:裴学成,杨叶倩. 跨国并购中的文化整合[J]. 中国市场,2013,178(3):67 - 74.

效。基于此，本研究得出以下命题假设：

命题假设 24：移植模式有利于跨国公司系统建立关系资本。

全部 24 个命题假设见表 3－2。

表 3－2　命题假设汇总表

命题假设
命题假设 1：融合模式有助于跨国公司与东道国政府之间建立关系资本。
命题假设 2：融合模式有助于跨国公司与东道国消费者（顾客）之间建立关系资本。
命题假设 3：融合模式有助于跨国公司与东道国合作者（竞争者）之间建立关系资本。
命题假设 4：融合模式有助于跨国公司内部员工之间建立关系资本。
命题假设 5：融合模式有助于跨国公司与内部员工之间建立关系资本。
命题假设 6：融合模式有助于跨国公司系统建立关系资本。
命题假设 7：隔离模式不利于跨国公司与东道国政府之间建立关系资本。
命题假设 8：隔离模式不利于跨国公司与东道国消费者（顾客）之间建立关系资本。
命题假设 9：隔离模式不利于跨国公司与东道国合作者（竞争者）之间建立关系资本。
命题假设 10：隔离模式不利于跨国公司内部员工之间建立关系资本。
命题假设 11：隔离模式不利于跨国公司与内部员工之间建立关系资本。
命题假设 12：隔离模式不利于跨国公司系统建立关系资本。
命题假设 13：同化模式不利于跨国公司与东道国政府之间建立关系资本。
命题假设 14：同化模式不利于跨国公司与东道国消费者（顾客）之间建立关系资本。
命题假设 15：同化模式不利于跨国公司与东道国合作者（竞争者）之间建立关系资本。
命题假设 16：同化模式有利于跨国公司内部员工之间建立关系资本。
命题假设 17：同化模式有利于跨国公司与内部员工之间建立关系资本。
命题假设 18：同化模式不利于跨国公司系统建立关系资本。
命题假设 19：移植模式不利于跨国公司与东道国政府之间建立关系资本。
命题假设 20：移植模式不利于跨国公司与东道国消费者（顾客）之间建立关系资本。
命题假设 21：移植模式不利于跨国公司与东道国合作者（竞争者）之间建立关系资本。
命题假设 22：移植模式不利于跨国公司内部员工之间建立关系资本。
命题假设 23：移植模式不利于跨国公司与内部员工之间建立关系资本。
命题假设 24：移植模式有利于跨国公司系统建立关系资本。

3.4 本章总结

本章通过论述在华跨国公司跨文化管理特征、跨国公司跨文化冲突表现,研究了在华跨国公司的冲突与管理问题。跨国公司跨文化管理特征表现为员工多元化、漫长的文化融合过程、行为方式的冲突性和经营环境的复杂性;跨国公司跨文化冲突具体体现为与不同利益主体之间的关系。跨国公司在东道国进行经营管理,面对不同文化间的差异,需要进行跨文化整合。研究认为,跨国公司在东道国进行跨文化整合存在四种模式,即融合、同化、隔离和移植。影响跨国公司选择跨文化整合模式的因素主要有外部性因素[东道国(中国)政府、消费者(顾客)、合作者(竞争者)]、内部性因素(企业内部员工人际关系、企业与员工价值观契合状况)、系统因素(跨国公司母、子公司之间的协同状况)以及企业自身文化价值取向和所属行业因素。跨国公司进行跨文化整合主要为了能够更好地适应东道国环境、在东道国顺利发展,妥善处理与以上六个关键影响因素的关系、形成有效的关系资本。

“关系资本”在中国文化情境下具有极为重要的价值,如何通过选择适宜的整合模式与利益相关者(以上提及的六个关键影响因素)建构有效的关系资本是跨国公司跨文化整合成败的关键。基于文献综述和基本理论分析,本研究针对4种整合模式对6个关键影响因素的关系资本建构状况提出了24个命题假设,认为:融合模式有助于与外部性的政府、消费者(顾客)、合作者(竞争者),内部性的员工之间、企业与员工之间,系统性的母、子公司之间建立有效的关系资本;隔离模式不利于与外部性的政府、消费者(顾客)、合作者(竞争者),内部性的员工之间,企业与员工之间,系统性的母、子公司之间建立有效的关系资本;同化模式不利于与外部性的政府、消费者(顾客)、合作者(竞争者),系统性的母、子公司之间建立有效的关系资本,有利于内部性的员工之间、企业与员工之间建立有效的关系资本;移植模式不利于与外部性的政府、消费者(顾客)、合作者(竞争者),内部性的员工之间、企业与员工之间建立有效的关系资本,有利于系统性的母、子公司之间建立有效的关系资本。

本章从理论和模型层面对跨国公司跨文化整合模式选择对关系资本的建构状况进行了探索性研究,以此为基础,分析了跨文化整合模式对关系资本的影响机理。

4　研究过程分析

4.1　理论抽样

4.1.1　抽样原则

4.1.1.1　案例研究抽样

“在华跨国公司”是一个具有极大范畴的概念，囊括了来自所有国家和地区、各种不同行业的在华跨国公司，这给本研究带来了一定的困难。为了使研究过程及研究结论科学有效，本研究在样本选择上进行了界定和筛选，将主要样本的国家来源限定在美国，将主要样本的行业来源限定在IT行业。之所以选择美国作为研究样本的来源国，主要在于美国在全球的政治经济地位、中国民众对美国跨国公司的认可度和中美之间较大的文化差异等因素使得本研究更具有典型性。行业是影响跨文化整合的一个重要因素，不同的行业具有不同的经营内容，因而会拥有不同的利益相关者；即便拥有相同的利益相关者，它们在行业关系网络中所处的地位和所发挥的作用也会有所不同。此外，行业本身也带有文化特征，不同行业因其经营内容和提供的产品或服务的差异，与文化、特别是地域文化具有不同的关联度，使其对异文化的敏感度、对异文化的处理方式及策略也会有所区别。本研究的主要样本来源于IT行业：一是因为IT是主要案例来源国美国的优势产业，在华投资所占比重较大（姚继东，2013）；二是因其行业文化的特殊性，与政府（信息安全）、消费者（个性化需求与文化特征）、合作者（战略联盟）、员工（本土化）、母公司（垂直管理）等利益相关者具有更为紧密的联系，它们之间建构的关系资本具有更大的价值。

4.1.1.2　访谈研究抽样

（1）企业样本选取。为了提升研究的外部效度，使研究结论更具代表性和普遍性，本研究在访谈案例的样本选择上进行了某种程度的拓展，一是可以进行对比性研究，二是增强研究结论的科学性和实用性。访谈研究的样本除了四家美国企业外，增加了一家日本企业。一是由于日本文化受到中美文化的双重影响（传统文化受中国文化影响较大，现代文化受美国文化影响较大），二是日本经济在中国以及全球的影响力。综合以上两个因素的考虑,选择了一家日本在华跨国公司作为研究样本。在行业方面,也将IT行业拓展到了建筑预算行业、会计行业、咨询行业以及特殊设备行业。行业与文化具有一定的关联,适用于一个行业的整合模式是否能被另一个行业所采用或借鉴,以进行关系资本的建构,也是本研究关注的一个问题。行业的广泛性拓展也便于提升研究的外部效度。

(2)访谈对象选取。笔者认为最佳访谈对象为企业管理者,因为他们对企业有着较为全面的了解。企业管理者特别是企业的中层及以上管理者,他们是企业信息的集散和收发中心,各种不同的信息在这里得到交换,使得他们对企业真正状况的了解甚至多于最高管理层。此外,对于在华跨国公司来讲,绝大部分企业的中层管理者来自于中国本土,是本研究较为容易获得的访谈对象,也更能够进行较为顺畅的语言沟通,避免了文化和语言差异在沟通中可能产生的麻烦。

4.1.2 抽样企业

抽样企业见表4-1。

表4-1 抽样企业的基本状况

	跨国公司名称	跨国公司来源国	跨国公司行业性质
案例研究企业	中国惠普	美国	IT行业
	谷歌(中国)	美国	IT行业
	摩托罗拉(中国)	美国	IT行业
	微软(中国)	美国	IT行业
访谈研究企业	某美资跨国公司	美国	IT行业
	某日资跨国公司	日本	建筑预算行业
	德勤华永会计师事务所	美国	会计行业
	某美资跨国公司	美国	咨询行业
	某美、法、挪威跨国公司	美国、法国、挪威	石油设备行业

4.2 数据收集

4.2.1 案例问题与访谈提纲设计

本研究主要关注基于关系资本建构的在华跨国公司跨文化整合模式选择机

理,具体体现在以下几个方面:在华跨国公司进行跨文化整合采取了哪种(或哪几种)模式,该种模式影响下异质性关系资本表现的维度,该种模式影响下异质性关系资本的建构状况。

根据研究关注的主要内容,案例研究主要从在华跨国公司基本概况、四种整合模式下跨国公司与政府之间、消费者(顾客)之间、合作者(竞争者)之间、内部员工之间、企业与员工之间、跨国公司母子公司之间等六个维度关系资本的建构状况、对整合模式与关系资本建构影响的综合评价进行了研究问题设计。

访谈研究以研究的核心问题为主线,结合文献综述中反映出的问题,制定了如下的访谈提纲:

(1)请您谈一下贵公司的基本情况。

(2)您觉得您所在的公司在中国采用了哪种整合模式?

(3)公司与中国政府、中国消费者、中国企业相处的关系怎样?

(4)公司内部员工之间的和谐程度、员工价值观和公司文化的一致性怎样?

(5)您觉得子公司与母公司之间的关系怎样?

(6)您对采用该种模式所建构的关系资本状况有何看法?

通过以上问题了解不同整合模式下在华跨国公司外部关系资本、内部关系资本、系统关系资本的建构状况,以及被访谈者对跨国公司跨文化整合模式的认知和理解、整合模式下的关系资本建构的整体状况评判。

案例问题与访谈提纲基本包含了研究样本在华的发展历史、年限、行业及整体经营发展状况;整合模式的内涵分析与现象描述;关系资本建构所体现的外在形式与标准。在具体的问题研究与访谈过程中,笔者会针对一些较为模糊的现象或问题进行澄清、解释甚至引导,以使得问题分析或访谈能够得以顺利地按照最初的研究设计进行。

4.2.2 数据收集程序

案例研究的信息与证据资料一般来自于文献(内部报告、年报、会议纪要、新闻等)、档案记录、访谈、调查问卷、研究人员亲临现场观察等(刘庆贤、肖洪钧,2010)。[①] 本研究主要通过三种渠道获取证据资料,访谈、文献(被访谈者提供的纸质文字文本资料、官方网站获取的电子文字文本资料)、通过第三方获取的资料以及其他文字资料。首先,通过各种渠道收集关于研究样本企业的纸质文字文本资

① 刘庆贤,肖洪钧.案例研究方法严谨性测度研究[J].管理评论,2010,22(5):112-120.

料或电子资料，建立研究样本的资料库；在大量阅读的基础上，形成关于公司发展历程、管理架构、业务经营、产品销售以及文化建设等整体状况的认知，以研究的主要问题为核心，对现有资料进行归纳、分类和归档；整个研究期间，经常性地浏览研究样本企业的官方网站，关注样本企业的最新发展状况；通过各种社会关系接触样本企业相关人员，更加真实、详尽地了解到必要的信息，作为文字材料的必要补充。

本研究的访谈调查基本按照以下程序进行：笔者或研究团队其他成员首先通过电话与被访谈者确定是否能进行现场访谈，并就访谈的基本内容进行简单沟通，说明访谈对于本研究的意义和用途，承诺对被访谈者的个人资料进行保密；之后，以电子邮件的形式将访谈提纲及主要问题发送给被访谈者，以便被访谈者收集相关资料，进行必要的访谈信息准备；按照约定的时间和地点同跨国公司管理人员进行访谈，主要了解不同整合模式下在华跨国公司关系资本的建构状况。在访谈过程中，在征得被访谈者同意的情况下，对整个访谈进行录音。访谈一般由笔者与研究团队中另一人合作完成，笔者负责访谈的提问及交流，另一人负责录音及记录。访谈结束后，笔者与记录人员即刻对关键信息和数据进行核对，保证访谈的客观性与准确性。访谈开始之前或之后，个别被访谈者会提供一些相关的纸质文字文本资料，笔者及研究团队也会通过网络下载一些关于被访谈企业的资料。笔者最后会将录下的访谈内容转换成文稿，连同访谈笔记、收集到的一些资料进行汇总、分类，整个访谈的数据收集工作基本结束。

4.2.3 研究的信度与效度

管理案例研究有三种类型，解释性（casual）案例研究、探究性（exploratory）案例研究和描述性（descriptive）案例研究。作为一种科学研究范式，无论哪种研究类型和研究方法，都有较高的严谨性和规范性。叶康涛（2006）指出："案例研究并非咨询报告或讲故事，应遵循比较严格的科学研究程序。"①

案例研究是一种规范化研究（rigorous research），其规范性评价分为研究设计、数据收集、研究分析、研究贡献和整体评价5个方面。Rin（2003）认为，保证规范性的信效度指标体系包括构念效度（construction validity）、外部效度（external validity）、内部效度（internal validity）和信度（reliability）。② 蒋诚潇（2014）将构念效度、

---

① 叶康涛. 案例研究：从案例的分析到拓展现有理论的解释：中国第二届管理案例学术研讨会综述[J]管理世界，2006(2)：139－143.

② Yin R K. Case Study Research: Design and Methods [M]. (3rd). Thousand Oaks: Sage Publication, 2003.

内部效度、外部效度和信度等要素的含义、研究策略及策略运用阶段进行了归纳，见表 4 -2。

表 4 -2　案例研究要素及策略

	含义	案例研究的策略	策略运用的阶段
构念效度 (construction validity)	构建有效的测量工具	多方来源的证据 证据链 信息提供者了解研究报告	资料收集 资料分析 写作
内部效度 (internal validity)	研究证据支持结论中阐述的现象或因果关系	类型匹配 解释建构 时间序列分析	资料收集 资料分析 资料分析
外部效度 (external validity)	研究结论的普适性	多案例研究	研究设计
信度 (reliability)	其他研究者进行重复性研究得到同样结果	设计研究计划 构建案例研究资料库	研究设计 资料收集

资料来源：蒋诚潇. 企业员工行为模式形成机理研究[D]. 北京：中国人民大学，2014，3：55.

构念效度指构造有效的测量工具，对所研究的概念或问题形成正确的、可操作性的测量，即“相关概念的操作化”（刘庆贤、肖洪钧，2010）。① 研究者可通过采用多证据来源、形成证据链（logic chain of evidence，通过研究问题—草案—证据来源—数据库—报告等系列环节，找出从最初的问题到最后的结论中每项证据的各种推论）、证据提供者对研究报告进行复核等策略提升研究建构效度。

内部效度是指变量和结论之间的因果关系，即特定的条件将会导致特定的结果，研究证据能支持研究结论中的现象，研究者可通过采用模式匹配（pattern - matching，建立在实证基础上的模式与预测基础上的模式的匹配度）、尝试进行某种解释（explanation - building，建构关于案例分析的文本性解释分析案例资料）、时序分析（time - series analysis，收集大量数据点，按照时间序列进行分析，分为简单时序、复杂时序和大事记年表三类）、使用逻辑模型（logic models，按照“原因—结果—原因”的自变量与因变量间的循环逻辑，分析事件之间的复杂关系）等策略提升内部效度。

外部效度指可归纳性和普适性，即建立一个范畴，将案例研究成果在某种程度

① 刘庆贤，肖洪钧. 案例研究方法严谨性测度研究[J]. 管理评论，2010，22(5)：112 -120.

上归纳成理论,并进行推广。研究者可通过采用理论指导单案例研究、多案例研究等策略提升外部效度。

信度指可复制性,即没有随机误差,案例研究的步骤和过程具有可重复性,其他研究人员可以通过进行同样的研究,预期相同的研究结果,其特征表现为透明和可复制。可通过采用构建案例研究数据库策略提升信度。

吕力(2014)将 Yin 所提出的信效度指标进行了细化研究,将信效度的评价标准划分为"描述的准确性、完整性和客观性、解释效度、理论效度、归纳的广度、归纳的深度、理论饱和度、适用性和启发性"①,并提出了提升信效度的具体建议。在数据收集过程中,采用录音笔和逐字记录的文本,保证记录的准确性;尽量采用深度访谈法,达到对研究对象全面、完整的了解;设计的问题具有灵活性和伸缩性,以便了解问题全貌;采用三角测量②,通过多种证据来源进行验证;将研究数据和结果反馈给研究对象,保证研究者对研究对象真实意图的把握;强化结论中因果关系的可靠性;采用建构性解释技术,对社会行为提出原创性研究命题,将案例研究结果与命题进行比较,修正命题,根据需要重复以上过程;从现有理论中抽取核心因素,通过缜密的演绎推理进行归纳,保证归纳推理的深度;选择差异化较大的因素,增加归纳推理的广度;从顺序访谈过程中获取数据,形成研究的"证据链";采用理论抽样,用后续的样本完善前期的阶段性结论;增强研究性结论的概括性和抽象性,拓展其应用范围;采用多案例和分析性概推策略,将一个研究背景的显著特点和另一个研究背景进行比较,判断其相似程度;增强普适性,将案例的特殊情境扩展到不同的情境。

本研究属于解释性(casual)案例研究,为了提升构念效度,通过阅读纸质文字文本资料、查阅网络资料、与相关人员聊天、访谈以及现场观察等多种渠道和形式采集数据,以期实现数据的完整性与准确性;采用了案例研究与访谈研究的对比研究形式,通过对不同样本材料的比较,保证材料能够支持研究结论,以此提升研究的内部效度;访谈研究中拓展了样本来源的国别范围与行业范围,以提高研究结论的普遍适用性,提升研究的外部效度;为了提高信度,本研究在研究前期制订了较

① 吕力. 管理案例的信效度分析:以 AMT 年度最佳论文为例[J]. 科学学与科学技术管理,2014(35)12:19 -29.

② 三角测量,也称为证据三角形,主要解决构念效度问题。Patton(1999)分析了四种证据三角形,数据三角形(不同的证据来源)、研究人员三角形(不同的研究者)、理论三角形(不同维度的相同资料组合)、方法论三角形(不同的研究方法)。证据来源的多样性能够保证研究结论更准确,更具有说服力,比单一证据来源的研究质量更高。

为详尽的研究计划。

4.3 本章总结

本研究的核心内容涉及“关系”和“关系资本”等中国本土文化,而案例研究是开展本土化研究所必需的重要研究方法之一(张霞、毛基业,2012)。[①]

本研究属于解释性(casual)案例研究,需要提出研究假设,阐述相关理论基础。为了保证研究的严谨性和规范性,研究进行了理论抽样(theory - based sampling)案例选择,对抽样企业的选择依据和原则进行了介绍。数据收集是案例研究的核心内容,本章进行了数据收集分析,交代了本研究的案例问题与访谈提纲设计、数据收集程序以及研究的信度与效度等方面内容。鉴于信度与效度对案例研究的重要性,本章对解释性(casual)案例研究的核心要素,即构念效度、外部效度、内部效度和信度进行了阐述,并结合研究的实际状况进行了应用性分析。

① 张霞,毛基业.国内企业管理案例研究的进展回顾与改进步骤:中国企业管理案例与理论构建研究论坛(2011)综述[J].管理世界,2012(2):105 - 111.

5 案例研究:命题假设检验

5.1 中美文化差异分析①

单宝(2006)认为,跨国公司海外经营面临两种类型的文化风险:民族文化差异和企业文化差异。前者表现为民族传统、宗教信仰、思维模式、政治体制等,后者表现为价值观念、经营理念、行为方式和管理策略等。②

中华民族长期以来的农耕生活形成了"集体主义、和谐求稳、中庸之道"的内陆型文化,而美国移民和西部开发的生活经历培育了"个人至上、理性竞争、创新进取"的海洋性文化。根据霍夫斯泰德所提出的国家文化理论,两者在国家文化层面上的区别主要体现在:①个人主义和集体主义。根据霍夫斯泰德的研究结果,在个人主义维度上,美国的得分为100,而中国仅为39。这一结果在管理实践中具体体现为,美国人喜欢争论和辩驳,敢于从个人角度发表与他人或大众不同甚至反对的意见;而中国人秉持"和气生财"的思想,好面子,具有很强的从众心理,认为维系和谐关系非常重要。这些差别在人力资源管理方面表现为,中国员工认为外籍员工"没有人情味",咄咄逼人;而外籍员工则认为中方员工"缺乏责任感",不敢承担责任。②权力距离。在权力距离维度上,美国的得分仅为30,而中国的得分为89。中国长期以来受"官本位"思想的影响,看重权力和地位,存在单向的行政职业发展渠道和强烈的等级观念,在企业组织决策上表现为金字塔式的自上而下的决策机制;美国文化强调所谓平等,认为职位高低只是分工不同的差别,与个人身份和能力无关;权力的行使受到严厉的监督和控制,在企业组织决策上表现为扁平化组织结构和民主化决策程序。文化差异给中美企业在组织设计和管理风格等方面带来了不便和冲突,如集权管理与授权管理的差别,使得外籍管理人员认为中方管理者不善于做决策,唯命是从,缺乏担当精神;而中方管理者则认为外籍管理人员独

---

① 本研究的四个跨国公司案例研究样本均来自于美国,五个跨国公司访谈案例中有四个来自于美国(另外一个来自于日本),因此,这里重点对中美文化之间的差异进行对比分析,为下面的案例研究做了铺垫。

② 单宝,中国企业跨国并购的文化风险与规避对策[J].未来与发展,2006(12).

断专行，滥用职权，不尊重他人。③不确定性规避。在不确定性规避维度上，美国得分为21，属于不确定性规避较弱的文化；中国得分为44分，属于不确定性规避居中的文化。中国人求稳，缺乏风险意识和冒险精神；美国人勇于冒险和创新，善于开拓新市场和进行新研发。在中美企业跨文化整合中，若能将“稳”与“变”两种文化融合，稳中求变，变中有稳，便可以形成两种文化的“协同互补”效应。④男性度/女性度。在男性度/女性度维度上，美国得分为74分，属于高男性度文化，中国得分为54分，属于男性度/女性度中等程度的文化。在男性度较高的文化中，工作的价值高于生活，财富和社会认可度是成功的标志；在女性度较高的文化中，重视家庭生活、人际关系、友好合作的氛围。在中国文化中，建立和谐的组织氛围和融洽的上下级关系被认为是管理效果良好的标志，而美国则更注重利润增长、挑战性工作等结果性或创新性因素。在中美企业文化整合实践中，若能将中国“和”文化更好地应用到中美差异的处理中，将会减少两者冲突产生的负面影响。⑤长期导向/短期导向。在长期导向/短期导向维度上，美国得分为35，属于短期导向文化，中国得分为100，属于长期导向文化。短期导向注重眼前利益和短期目标，多以竞争为手段，寻求经济的快速增长；长期导向则着眼未来，以宏观目标为重点，寻求稳健发展。两者之间的差异，给中美合作企业在计划制订和决策形成等方面带来了挑战。

除了在国家文化层面的差别，中美在企业文化方面也存在着差异，具体体现在以下几个方面[①]：①物质文化。物质文化指建筑、设施、产品、包装等器物层面的文化，中美两国在物质层面存在很大的差别，对跨国经营形成一定的影响。以产品设计为例，假如美国人负责产品的开发与设计，那么基于美国人的文化品位开发、设计、包装的产品未必适合中国消费者的心理需求，进而会导致产品在中国市场的滞销。在行政管理方面，公司办公室的设计也存在类似的问题，中国属于高权力距离文化，不同职务级别的管理者的办公室在空间大小、位置朝向以及室内布置格局方面存在很大区别，但美国属于低权力距离文化，公司所有人员，无论职务高低，全部在同一个开放的公共区域办公。美国的行政管理理念和办公模式对于具有高权力

---

① 张丽华、蔡宁伟在“企业文化与民族文化的交互研究”（发表在“经济学与经济管理”2012年第3期）一文中根据前人的研究成果，将企业文化归纳为精神层、制度层和物质层三个层次，并细化为精神文化、制度文化、行为文化和物质文化四种文化。当然，对于企业（组织）文化也存在不同的分类，埃德加·沙因（2004）将组织（企业）文化分为精神层、制度层、行为层和社会层四个层次。精神层是核心层，包括愿景、使命和价值观；制度层是中间层，包括组织结构、奖惩制度、决策方式和沟通方式各种规章制度；行为层是表象层，包括外观环境、员工行为、代表形象和内部故事；社会层是对外传播层，包括组织和社会的交往状况。

距离文化的中方管理者来讲无疑难以接受。②行为文化。行为文化指员工在日常的生产经营和交往中所表现出来的举止行为,属于显性文化。行为文化会对企业的经营管理风格、人际关系和企业精神状况产生影响。以沟通为例,中国文化背景下的沟通多属于私密性沟通,话语隐晦,表达含糊;而美国文化背景下的沟通多属于开放式沟通,意义明了,表达清晰。[①] 中国式沟通存在等级观念,而美国式沟通却较为平等。美国员工若完全以自己的沟通方式与中方员工沟通,特别是在不同级别的员工之间,必然会产生中国文化特有的"面子"问题,导致双方心理的失衡。中美在沟通行为层面的差异将对双方的和谐交往带来麻烦。③制度文化。制度是文化和习俗的规范性文字表述,在跨文化环境中,不同文化背景的人们在同一个环境中工作,很难适应同一种规范或标准,这些分歧将带来制度文化方面的冲突。美国属于"法、理、情"的契约文化,"法"排在第一位,人们非常注重规章制度,严格按照合同要求和制度条文行事;而中国属于"情、理、法"的人情文化,"情"排在第一位,人们办事靠关系,"人情"大于制度和合同。加上长期以来计划经济影响下形成的"单位文化",使得中国人将制度视为"摆设"。中美双方文化对制度的不同看法,严重影响了跨国公司管理制度执行的效率,束缚了企业的生产力。如何协调中美制度文化的差异,是在华跨国公司必须面对和解决的问题。④精神文化。精神文化是指企业进行生产经营活动的指导思想和价值观念,是企业生存和发展的"灵魂",包括深层次的道德规范、经营哲学、价值观念以及行为规范。精神文化是企业文化的核心部分,处于企业文化的深层。不同企业的精神文化差异将导致企业间

---

① Edward T. Hall 根据人际沟通的信息及其过程,提出了高情境—低内容和低情境—高内容的两种语言分析框架。情境是指与一个事件相关的子信息,内容是指沟通的信息本身。在高情境环境中,信息的传递与沟通依赖于身体语言、语言发生的环境和上下文的联系,所要表达的信息含蓄,人们也惯于对这种含蓄的语言进行各种猜疑或释义。高情境文化中的沟通属于过程导向型的间接沟通,其关键在于信息接受者对信息进行诠释的基础、过程和结果。这种沟通方式往往会导致决策缓慢;在低情境环境中,信息本身由清晰明了的语言符号来表示,信息内容也清楚明白。低情境文化中的沟通属于发送导向型的直接沟通,其关键在于信息发送者能够对信息进行清晰准确的编码,以便保证信息接受者能准确无误地对信息进行解码。直接沟通的优点在于省去了信息收集和分析的时间,能够迅速做出决策。中国"高情境—低内容"的语言特色体现为"模棱两可、含糊其辞"。不同文化领域的禁忌和特殊要求导致了语言交流的障碍,却无法消除语言交流的需要,在这种情境下,一些似是而非、含糊其辞的语言表达便应运而生。话语有公域和私域之分,在私人的交往之间,有时为了照顾到面子或感情,有些话大家可以不必说穿,点到为止,意在心领神会;但公域则不同,公域之中的陌生人具有不同的文化背景和思维模式,信息的传递需要编码者自身的诚实和编码过程与编码本身公开、准确和明晰。"模棱两可、含糊其辞"所具有的含义是"隐瞒和欺骗","话留三分、石中藏玉",在"高情境—低内容"的文化中,这或许是为了避免尴尬或不适而心存的一种默契,但在与异质文化的交流中,这无疑是造成交流障碍或导致交流失败的重要因素。

的冲突，特别是在跨文化企业中，这种冲突因其隐蔽性强很难被人发现，而且持续时间久，不易消失。以“时间价值观”为例，美国人的时间观念强，办事具有计划性，喜欢按照时间表来安排活动；而中国人时间观念淡薄，随意性较强，倾向于根据环境的变化随时行动，认为“计划没有变化快”。在跨国公司内部，往往会产生“美方员工认为中方员工随意懒散，中方员工认为美方员工刻板机械”的抱怨。此外，美国员工属于理性思维，注重量化指标的考核与程序化管理，而中方员工属于非理性思维，相信直觉和凭经验进行管理。这也造成了双方对工作任务处理方式的差异。

以上中、美在国家文化与企业文化之间的巨大差距，要求美国在华跨国公司在进行跨文化整合模式选择及应用过程中要格外谨慎，避开双方矛盾的焦点，充分利用中国文化中的有利因素，并努力内化为自身文化的一部分。

5.2 IT 行业分析[①]

至今为止，跨国公司在华投资发展经过了四个阶段，这四个阶段的投资特征、投资主体和投资领域都有所不同，目前投资领域集中于电子产品、新材料、集成电路、计算机和通信等高新技术行业，[②]由此可见，IT 行业是跨国公司在华投资的重点行业。

对于高科技产业，企业合作研发有助于保持企业的可持续竞争力。对于诸如计算机、电子等产品生命周期短、技术含量高的行业，产品的更新换代速度快，科技研发是企业的核心竞争力。尽管企业的研发实力存在于企业内部，但考虑到研发资金的巨大数额和研发时限，联合研发便具有了独特的优势。研发的主体性因素是“人”，高科技产业对人力资源管理有着特殊的需求，在中国文化背景下，通过关系介绍的员工，鉴于介绍人的面子或情义，不会轻易转换单位。考虑到人才市场不完善的现实状况，这样做法一方面会减少雇佣带来的不确定性因素，另一方面也会提高员工工作的努力程度。

IT 产业（information technology industry）就是信息产业，是关于信息的产生、发送、传输、接受、变换、识别、控制等应用技术产业的总称。美国商务部 1999 年 6 月发布了《新兴的数字经济 IT》报告，将 IT 产业进行了细分，IT 行业基本上由计算机

---

① 关于选择 IT 行业跨国公司作为研究样本的原因，在本论文的 1.4 部分已经进行了说明。

② 章文光. 跨国公司在华投资“研发中心”的现状与对策建议[M]. 北京：北京师范大学出版社，2011：21.

等相关领域的硬件工业、软件研发/服务业、电子通信设备工业和通信服务业四个部分组成。本案例研究所采用的样本企业均属于该领域。IT 产业具有如下特征:①涉及国家主权和安全等国家关键利益领域。IT 产业、特别是软件、网络、通信等领域的跨国公司所经营的内容对国家的机密、信息安全形成挑战,增加了跨国公司与政府之间交往的难度。②涉及面广。几乎所有国家的所有领域都会受到 IT 产业的影响,或者都会经历信息化过程,信息产业在影响人们生活的同时,它本身也在因社会的发展需求进行着发展演变。经济全球化的发展催生了信息产业,信息产业也在推动经济全球化的深入发展。③知识密集型和高科技含量。从 IT 产业的硬件生产环节来看,需要极其专业的知识、技能、资源配置以及各个部门的协调合作;从其软件的研发和生产来看,更需要高科技含量的研究和开发、不同领域的分工与协作。④生命周期短。技术变化快,产品的更新换代周期短。⑤用户与消费者具有隐性和多元性特征。

IT 作为一个新近发展起来的高科技产业,有着与工业制品、家电、服装等传统产业完全不同的特征。传统制造产业可以依靠品牌、技术、资金等硬件要素或有形资产在国外市场形成竞争优势,通过在全球推行统一的经营管理模式,进而占领全球市场;IT 行业在很大程度上属于服务行业,其生存和发展的核心是服务意识等软件要素,与当地的文化背景、商业环境、特色需求具有较高的关联度。在中国社会快速变革和发展的大背景下,能否紧紧把握本土消费理念的变化、调整商业模式、形成灵活的决策机制、保持持续的创新能力,是 IT 跨国公司在中国发展的关键因素。具体到 IT 跨国公司在中国的发展,既受到普遍模式的影响,又存在独特的路径。IT 跨国公司的经营发展特点可以归结为:①以快制胜。根据维农提出的产品生命周期理论,一般产品都会经历生成、发展、成熟、规模生产、衰退等几个过程。产品最初生成于科学技术领先的发达国家,在经过一段时间的发展之后,产品达到成熟阶段并形成标准化生产,开始转向低成本的发展中国家和地区。该理论适用于通过大规模生产以降低成本、技术更新速度慢的传统产业,但对于以“生命周期短”为特征的 IT 业,该理论存在很大的局限性。以互联网为例,一旦消息发布,全球所有互联网用户便可同时“对产品进行消费”,对关键技术和信息获取的速度是 IT 跨国公司发展的关键要素。②企业间的战略联盟。从美国商务部对 IT 产业的分类可以发现,IT 产业既有硬件的实物生产,又有应用程序、互联网虚拟等软件的非实物生产,既具有第二产业的制造业特点,又具有第三产业科研研发和服务业的特征。该产业产品的价值链特征决定了它在不同环节对不同生产要素的偏好,特别是对具有专门知识和特殊技能人才的需求。跨国公司针对价值链的不同环节会进行选择性投资安排。根据美国经济学家阿尔弗雷德·马歇尔(1920)提出的地区聚集效应理论,地区聚集优势主要体现在三个方面:共享的劳动力市场、低成本的中间投入以及信息共享和知识外溢。IT 产业园区的建设就是充分利用地区聚集的优势。此外,IT 产业专业化与一体化的特征要求该产业不同部门间的高效协调配合,战略联盟的组建有助于协调配合的实现。IT 产业市场快速变化的现实使得 IT 企业面临更加严峻的淘汰危机,通过组建联盟形成更加强大的力量,以增强对不可预测市场的反应和处理能力,是 IT 跨国公司发展的主要途径。此外,有效组建行业联盟可能形成 1+1>2 的协同效应。李永发(2007)认为,IT 在华跨国公司失败的最根本原因是没有了解中国市场和中国消费者,没能在中国成功地进行本土化运作,而与本土企业建立联盟是跨国公司本土化运作的重要策略之一。① ③文化因素影响大。IT 行业属于新兴产业,其发展迅速的特点使其在全球具有较大的影响力,每个国家都可能在相同的时间内受其影响,但却没有足够的时间来接受或消化其内在携带的发源国文化,这样就隐藏了该行业产品和服务内在的文化因素与接受该行业产品和服务的消费者之间的文化差距,潜伏了发生矛盾与冲突的可能性。④具有中国特色的中国社会制度和文化,使得该产业与代表国家利益的政府之间存在很大的相关性。

行业因其发展路径、产品与服务特点、对文化环境的要求程度等方面的不同,在跨地域进行生产经营管理与发展时,需要采用与其相匹配的整合模式。适宜的整合模式有助于跨国公司在东道国顺利地完成对本土文化适应,不匹配的整合模式将阻碍跨国公司在东道国的发展。

5.3 在华跨国公司跨文化整合模式及关系资本状况案例研究

5.3.1 融合模式——中国惠普有限公司案例分析

5.3.1.1 中国惠普有限公司发展建设历程

中国惠普有限公司由美国惠普公司、中国电子进出口总公司、中国长城计算机集团公司和北京计算机工业公司于 1985 年联合创办,是当时惠普在全球范围内唯一一家以合资经营方式运营的机构。这个由邓小平和基辛格两人牵线搭桥奠定合作基础、具有政府行为、颇具政治色彩的合资企业,具有其他合资企业发展所不能

① 李永发.在华 IT 跨国公司本土化生存的九大策略[J].经济与管理,2007(8).

匹敌的社会背景。中国惠普的业务涵盖 IT 基础设施、全球服务、计算机以及打印等领域,客户涉及多个行业,是中国信息产业中具有重要影响力的企业。中国惠普在中国国内设立了 9 大区域总部、37 个技术支持中心、200 多个服务网点以及惠普商学院、惠普 IT 管理学院和惠普软件工程学院等研发机构。中国惠普是惠普全球业务增长最为迅速的子公司之一。中国惠普在为国内提供就业、培养技能和管理人才、提供合格的产品方面做出了巨大贡献,也因此获得了各界的认同和褒奖。

中国惠普是中美在高科技领域的第一家合资企业,其发展经历了以下阶段:

合作筹备阶段,双方签署了一系列合作文件,确定了双方的合作关系、合作模式及发展路径;文化磨合阶段,双方在此阶段进行了实质性接触,成立了惠普公司在中国的第一个教育合作项目"北京大学惠普计算机中心",并开始了第一代产品的生产;企业文化本土化形成阶段,企业产品开始销往国际市场,企业着手进行本土化企业文化建设,大力推行"惠普之道",标志着具有中国特色的惠普企业文化开始形成;企业文化本土化发展阶段,中国成为惠普全球重要的生产基地,并通过成立惠普商学院、惠普 IT 管理学院和惠普软件工程学院等研发机构,将产品的本土化研发、生产和销售融为一体,深化本土化建设;企业文化创新阶段,通过与康柏公司在中国范围内的业务和文化整合,①实现了中国省(直辖市、自治区)的技术支持全覆盖,与海航集团建立了战略合作伙伴关系。

中国惠普的发展并非一帆风顺、坦荡无阻,作为一个合资性质的跨国公司,必然会经历中西文化差异的碰撞、冲突、磨合与最终的适应和融合。惠普公司前总裁约翰·杨认为,若公司的外部或内部经营环境发生了改变,公司文化的某些内容也需要进行相应的改变,以此来适应新的市场环境。

5.3.1.2 融合模式下关系资本分析

(1)政府关系资本。正如在公司发展历程介绍中所述,惠普中国公司是由邓小平和基辛格两位具有极强政治身份的人牵线搭桥促成,政治(政府)性人物的介入使之与其他合资企业相比具有了不能匹敌的社会背景。在中国惠普的发展历史中,一直是政府或具有政府背景的人员在关注公司的发展,1977 年,惠普公司创始人戴维·帕卡德应中国政府高级官员邀请首次访华;1980 年,国防科工委副主任

---

① 惠普与康柏两家美国在华跨国公司的结合是文化整合的一个成功范例。尽管两种企业文化反差巨大:前者强调严谨,后者强调自由;前者处事沉稳,后者富有激情。但两者之间也存在一些共性,坚持开放系统、开放的商业模式以及与商业伙伴之间密切的合作伙伴关系。惠普在吸收了康柏的机动灵活、注重速度等文化精华的基础上,建立了一种雄厚、强劲的新企业文化。

邹家华访美,与戴维·帕卡德签署备忘录;1983 年,惠普公司董事会成员应邀到中国会谈,国家领导人接见;1985 年,中国惠普有限公司(China Hewlett - Packard Co., Ltd.)成立,国家副主席王震出席开业仪式;1988 年,国务委员邹家华接见到京的惠普公司总裁约翰·扬;1995 年,戴维·帕卡德访问北京,受到国家主席江泽民的接见;1999 年,惠普公司董事长路·普拉特访华,受到国务委员吴仪的接见。中国惠普一路走来,一直在中国政府的光环下发展成长,必然能享受政府的优惠政策和特殊关照;当然,中国政府之所以引进惠普,是因为惠普良好的国际声誉和先进的生产技术;惠普进入中国之后,并没有依靠跨国公司强大的技术优势和品牌效应征服、垄断中国市场,而是在自我发展的同时,通过溢出效应惠及中国市场;在企业文化建设上,通过努力吸取中国的优秀文化,创新了"惠普之道"。此外,中国惠普也一直在通过积极履行企业公民的社会责任,赢得了中国社会普遍的认同。在与当地利益相关者的交往中,中国惠普妥善处理各种关系,特别是与政府建立了良好互动关系,形成了高价值的关系资本。

(2)消费者关系资本。中国惠普通过提供优质产品和服务来提高顾客满意度,进而提高市场份额。为了加强管理层或员工与顾客之间的沟通,惠普推出了"走动式"服务管理。惠普公司要求管理层或员工必须定期到客户所在地探访走动,以便和顾客更直接、更随意地进行沟通交流,能够迅速、真实地掌握有关顾客的需求及意见等方面的信息,拉近与顾客之间的距离,体现出对顾客的尊重,进而提升企业绩效。

"走动式"服务管理是一种中西文化融合的产物,既体现了西方的"顾客是上帝"、尊重顾客需求的一种市场经济理念,也体现了通过不断接触和沟通形成"人情"、产生信任的"关系"文化,将西方"质量就是生命"的硬性文化和中国"人文关怀"的软性文化融合在一起,使中国消费者既能体验异国风情的高质量产品,也能感受本土文化的亲切。中国惠普为顾客着想的企业文化赢得了顾客的认可。

(3)竞争者(合作者)关系资本。跨国战略联盟可以帮助跨国公司尽快适应中国环境、获取互补性资源、分担研发成本与风险、获得新的增长点。跨国公司在加大对华投资力度,提升国内产业技术的同时,也培育了合作企业的创新能力。中国惠普与中国本土企业建立战略联盟关系,以期整合在技术溢出、满足用户需求、团队建设以及区域经济效应等方面的优势,形成企业间的协同效应。惠普与中国的东软公司、红旗软件公司、中国电信、中国邮政、雅昌文化集团、恒宝智能识别技术有限公司等建立了战略联盟合作伙伴关系。战略联盟的建立,不仅有助于惠普在中国更好地发展,同时也在技术、管理、品牌等方面带动了中国企业的成长。这种既发展了自己、也帮助了别人的双赢模式,其核心思想便是双方的接受与融合。

(4)内部员工关系资本。中国惠普将尊重个体与团队精神相结合,实现了中国文化中的集体主义和美国文化中的个人主义的完美结合。"惠普之道"①不仅是母公司、也是中国惠普企业文化的精髓,其核心理念包含"尊重与信任"和"依靠团队精神达到目标",尊重员工个性和个人价值,鼓励员工的个性发挥和创新精神;强调团队合作,只有在团队精神的引领下才能实现企业的目标。中国惠普秉承"以人为本"的管理理念,采取为员工提供"弹性工作时间""野餐会"等人性化的举措,以便形成企业内部良好的关系资本。中国企业文化管理模式和美国企业文化管理模式存在很大差别,中国属于"高权力距离"文化,企业更强调对员工严格的监管和控制。在企业组织架构和管理职能还不完善的情况下,企业高层领导往往通过直接干预下属员工工作进行管理,并要求下属员工绝对服从。这使得普通员工对于权力中心具有很大的畏惧感与疏远感,企业领导层与普通员工之间的关系资本价值不高。而美国信奉自由文化,属于"低权力距离"文化,注重个人的自律和个人权力,并不看重职位级别,使得领导层与员工之间的距离较近,沟通顺畅,容易建构高价值的关系资本。鉴于此种理念,中国惠普引进惠普母公司的开放式管理模式,摆脱高权力距离下等级森严的金字塔式层级管理体制,取消经理独立的办公室;吸收西方的文化理念,实施敞开式管理,营造透明、宽松、和谐的企业文化氛围。通过采用简单明了的沟通和交流方式,拉近普通员工之间、员工与管理者之间的距离,增进双方的了解,调动员工的积极性与创造性。

(5)企业与员工关系资本。中国文化的不确定性规避程度要高于美国,是一种"求稳"文化;美国惠普文化的核心内容是"创新","惠普创造"是美国惠普员工的座右铭。为了鼓励中方员工的创新精神,更好、更快地接受并融入惠普企业文化,实现企业价值观契合,中国惠普给中方员工提供更多的岗位交流机会,以便在不断适应新环境中培养冒险精神。对于员工在创新中的失败,采取宽容和鼓励的政策,消除员工恐惧失败的心理。此外,为了培养员工对公司的忠诚度,适应中国员工的"求稳"心理,中国惠普秉持"非功利性雇佣员工"的理念,一经聘任,绝不轻易辞退员工。为了保证员工与时俱进,公司不惜工本,不断增加对员工的培训投资,除了进行专业技能的提升,还培养了员工的文化认知度和敏感性,增强了对异文化的适应能力,以此消除跨文化冲突所产生的负面影响,同时进行专业人才培养。公司向员工承诺实施"基于良好表现的永久性工作"措施,免除员工内心存在

① 信任和尊重员工,在经营中注重诚实和正直,热忱地对待客户,团队精神,专注有意义的创新。

的失业顾虑。"追求卓越与美好"是"惠普之道"的重要内容。"追求卓越"是男性度文化理念的反映,以追求利润与追求成就为目标;"追求美好"是女性度文化理念的反映,以追求高质量、美好生活为目标。中国惠普强调"工作生活两不误"的工作理念,兼顾公司发展和个人家庭生活,淡化美国文化中的竞争和功利色彩,增加中国特色的人情和谐因素。既不强制加班,以免给员工带来太大的工作压力,但也不容忍员工的懈怠和偷懒行为,努力实现中西结合、刚柔相济的融合管理。"信任"是惠普公司的一个核心理念,惠普公司相信员工的创造精神和事业心,对员工具有极高的信任度。此外,中国惠普非常注重员工的福利和日常生活,注重对员工的人文关怀。中国惠普凭借中西结合的"制度、环境、事业和感情"四种人力资源管理机制,以"目标、流程、业绩、尊重、交流、轮换、竞争、人性、参与"等为具体手段,积极引进、培育和提升本土人才,拉近员工与公司的距离,增强本土员工对公司的认同度,实现员工价值取向与公司文化的匹配和契合。

(6)系统关系资本。在物质文化和精神文化建设上,中国惠普采取中西相结合的原则,以实现与母公司的呼应。以薪酬体系为例,中国惠普的薪酬标准既参照美国惠普的全球标准,又考虑到中国的经济现状,其薪酬设定遵循三个原则:行业领先性原则、不可替换性原则和风险性原则。中国惠普的薪酬标准在行业中具有可比性,但绝不追求最高;公司进行薪酬设定时计算机会成本,如管理人员投入的时间、招聘时的费用、岗位空缺时的经济耗费以及员工的培训费用等,员工在公司的成长就是成本的累加,成本越高,被替换掉的可能性就越小,这就是不可替换性原则;决策风险与薪酬具有正相关关系,决策风险越大,面临承担的损失将会越高,薪酬则理应更高,这就是风险性原则。中国惠普取消了中国"单位"体制中的"分房""补贴"等福利制度,但建立了既符合中国传统文化又与现代公司制度接轨的奖励制度,如员工在公司工作每满 10 年,就会获得公司递增的股票。在精神文化层面,公司吸收了母公司的"创新"价值理念,同时结合中国传统文化的"诚信、奉献、友善"等人文精神,达到效益与和谐的统一。在行政管理上,将中国的"管人"文化和西方的"管事"文化相结合,使得"管人"与"管事"在高层、中层和基层的侧重形成适当的比例搭配。在具体的管理实践中,推行动力式管理,赋予员工更多动力以取代工作压力,通过引导的方式激励员工工作,同时秉承中国传统文化中"吃苦耐劳""乐于奉献"的精神。通过以上措施,达到既不偏离跨国公司的全球标准,又符合中国本土的现实状况。

通过成功的跨文化整合,中国惠普使"惠普之道"具有了更强的中国特色,成为合资企业文化建设的典范;在优秀企业文化的影响下,中国惠普发展成为惠普公司全球业务增长最迅速的子公司之一。鉴于在为中国提供就业、培养技能和管理人才、提供合格的产品等方面做出的杰出贡献,中国惠普荣获了“2004 年度中国最具影响的跨国企业”“2004 年度本土化商业创新奖”“20 年中国信息产业最具影响力企业”等中国政府授予的荣誉。

中国惠普在跨文化整合中采用融合模式,通过形成良好的外部关系资本、内部关系资本和系统关系资本,既降低了公司内部协调成本、外部谈判成本和系统的整体经营管理成本,也增加了公司内部、外部和系统的和谐性,提高了公司整体竞争力,实现了公司利益最大化目标。

5.3.2 隔离模式——谷歌中国案例分析

5.3.2.1 谷歌中国的发展建设历程

1996 年,美国斯坦福大学博士生塞吉・布林(Sergey Brin)和拉里・佩奇(Larry Page)合作推出名为 PageRank 的排名体系,1997 年正式注册域名为 google. com。

Google 在中国的发展,大致可以分为三个阶段:

团队创建与磨合阶段。2000 年 9 月,在 Google 还未进入中国之际,便在大洋彼岸推出了 google. com 简体中文和繁体中文的搜索服务,寓意谷歌将进入中国市场。2005 年 7 月,谷歌宣布在中国建立工程研究院,李开复离开微软,加盟出任 google. com 中国研究院院长及 Google 大中华区总裁。从此刻开始,Google 与微软之间的恩怨,便因“李开复事件”从美国国内延伸至中国大陆。2006 年 1 月,借用赶集网的 ICP 牌照,google. cn 中国网站上线,服务器迁入中国,Google 承诺遵守中国法规,对中国的网络发展做有意义的贡献;4 月,正式推出“谷歌”中文名称,谷歌中国公司开始运营。

迅猛发展阶段。2007 年以来,谷歌与中国移动、迅雷、中国网络通信集团公司、新浪、金山软件等多家中国企业建立战略合作关系;通过收购 265. com、尝试网吧推广等方式接近中国本土草根用户,同时推出谷歌中文输入法、g. cn 简域名、谷歌热榜和春运地图等本土化产品和服务,发展处于鼎盛时期。

衰败与退出阶段。谷歌的本土化策略并没有为它赢得最终的成功,针对中国市场推出谷歌中文输入法、网站导航、谷歌热榜等多款本土化产品,谷歌曾一度被指控存在大量抄袭;2009 年 3 月,YouTube 在中国境内被屏蔽;2009 年 6 月,中国官方指责谷歌中国存在淫秽色情信息和低俗链接;2009 年 9 月,李开复辞职离开谷歌。2010 年,谷歌宣布终止与中国政府在 google. cn 搜索结果审核上的合作,关闭 google. cn,将中文搜索转至中国香港特别行政区。

对于谷歌在中国市场的定位，其高管刘允表述为“我们不是 Google China（谷歌中国），而是 Google in China（在中国的谷歌）”。其意在强调谷歌跨国公司的整个系统价值链，而中国子公司仅是其中的一个环节，本土化并不是谷歌在中国的主要战略。谷歌中国一直生活在谷歌母公司（总部）和中国监管机构的矛盾夹缝之间，谷歌实质上采用了隔离模式进行跨文化整合。①

5.3.2.1 隔离模式下关系资本分析

（1）政府关系资本。很多跨国公司在海外可以采用与国内几乎一样经营模式，但 IT 行业却不同。IT 行业涉及文化和意识形态，东西方国家之间存在巨大差别，不同国家的法律和制度对跨国公司跨文化整合具有重要的影响。以互联网注册为例，在欧美，自由和开放无需讨论，但在某些国家却需要实名制。谷歌首先面对的是政府的政策，若在跨文化整合中采用移植模式，完全按照欧美的文化习俗和法律制度行事，将面临触犯东道国国家法律和政府规制的境况，谷歌有可能面临失去在东道国经营发展的机会，至少其发展会受到负面影响。在行业领域，百度占据中国的市场份额达 70% 以上，谷歌占据美国市场的份额也超过 70%，但谷歌因在美国市场所占份额过高而涉嫌垄断，受到了美国政府调查；而百度却没有因为市场份额引发制度方面的问题。微软在美国以“垄断”为武器攻击谷歌，但谷歌中国欲想用美国制度为武器攻击中国市场的百度，却很难成行，这便是不同国家或地区制度和市场环境的独特性所在。谷歌在美国总部和其他子公司所奉行的“不作恶”理念并没有赢得中国政府的理解和支持；谷歌将其网络经营内容和管理模式照搬到中国，在色情内容等方面与中国的法律制度发生了冲突。在美国，政府的职责就是做生意（The business of government is to do business），美国政府的主要功能之一

---

① 在跨文化整合过程中，Google 采取了“表面融合、实质隔离”，或者由融合转为隔离的整合策略。Google 于 2005 年 7 月 19 日宣布，将在中国设立研发中心；2006 年 4 月 12 日中文 Google 命名为“谷歌”，意即“丰收之歌”，用中国特有的表达方式寓意了内涵丰富的搜索体验。Google 的本土化（融合）模式开始。Google 将大量的服务器搬至中国，并将其本土工程师的优秀产品进行汉化后引入中国，开始与政府领导进行接触。在与合作者（竞争者）的关系方面，自 2007 年以来，谷歌实施了一系列的企业联盟行为：与赶集网成立合资的北京谷翔信息技术有限公司，获得 ICP，google. cn 正式运营；与中国移动联合建立战略联盟进入手机搜索领域，为用户提供移动搜索服务，同时实现共赢效应；与迅雷建立战略合作伙伴关系，为用户提供高质量的产品与服务；与中国网通宽带在线有限公司建立联盟，提供宽带搜索服务；与新浪建立战略合作伙伴关系，推出整合后的网络搜索与咨询服务。在与政府沟通方面，开始关注官方的力量。谷歌 CEO 埃里克曾拜会过北京市委书记刘淇；北京市领导赵凤桐曾参加“谷歌”这一中文名称揭晓典礼暨入住北京中关村科技园。在与消费者关系方面，谷歌针对中国市场推出了“来吧”“问答”等全球独特的产品和服务。但这些举措并没有使其在中国建立良好的关系资本。文中进行了具体分析。

便是协调大企业间的利益,美国政治是大企业间的利益平衡。因此,企业对政府具有强大的影响力,企业可以通过舆论力量或政治游说改变政府决策。而中国的政治体制和文化环境与此大相径庭,中国的企业一般会按照政府的意愿行事,不会出现与政府对话或对抗的行为。谷歌采用隔离模式进行跨文化整合,不认同中国文化,最终导致与政府关系破裂。2009 年 6 月,中国多家政府权威媒体对谷歌涉黄问题进行了严厉的谴责。2010 年 3 月 23 日,国务院新闻办公室网络局负责人发表谈话,对谷歌公司违背进入中国市场时"对搜索内容进行过滤"的书面承诺、将商业问题政治化、进而影射和指责中国对美国进行黑客攻击的行为表示愤慨。谷歌没有按照中国的法律制度要求对其经营管理模式进行调整性整合,最后只有退出中国市场。

由于中、美文化、特别是意识形态之间的差别,导致某些文化和政治背景多元的母公司"自由主义"员工对中国法律制度心存芥蒂,反对中国政府对网站内容审查和依法监管,限制技术人员在中国访问某些源代码;忽视中国文化和国家利益,在一些诸如"中国台湾和大陆"等敏感性政治问题上持有错误、至少是不严谨的态度和说法。这些问题使得 Google 与中国政府本就脆弱的信任关系更加低迷,而隔离模式置高权力距离文化下中国政府的权威和面子于不顾,公然将自己置于政府对立面①,导致与代表国家利益的中国政府之间关系恶化。

跨国公司在异国经营,不仅关注企业自身利益,还会涉及国家之间在政治、意识形态方面的利益。2010 年谷歌决定退出中国内地,并非仅仅是因为企业整合不利导致经营不善,还处在中国政府和美国政府政治矛盾冲突的风口浪尖。谷歌既要考虑自己的企业利益,在某种程度上希望与中国政府妥协;但又不能不顾美国政府的需求,即便在美国本土,同中国企业一样,美国企业也对美国政府存在一样的利益诉求,通过接近政府或政府官员,获得一些经营发展所需的资源,谷歌与白宫便保持着一种微妙的关系。在个体经济利益与国家政治利益的纠结中,谷歌最后只能打出"言论自由"的政治牌,来掩饰跨国公司在跨国经济与政治上所处的尴尬局面。

隔离模式不同于移植模式之处在于,隔离模式不认同东道国文化,但自己的文化又无法强大到让东道国认同自己的文化,自然无法生存。

---

① "面子(或脸面)"在中国"关系"文化中占有特殊地位,一旦"撕破了脸面",关系便发展到一种危险的地步,挽回的概率很小。因中国商业习惯和环境问题而退出中国市场的跨国公司还有服饰品牌李维斯、影视行业时代华纳影院等多家跨国公司,但都没有发展到与中国政府对立的局面,都还为对方保留着"面子",而谷歌显然与代表国家利益的中国政府"撕破了脸面"。

(2)消费者关系资本。在国家文化、企业文化均为强势文化的情况下,谷歌在中国的经营并没有像它的其他地区的子公司一样取得成功,其原因在于它忽略了中、美之间在政治环境、商业习俗和游戏规则等方面的差别,母公司拒绝实施真正意义上的本土化,没能够与政府建立良好的沟通关系、没有与当地消费者或消费市场建立良好的信任和互动关系。谷歌虽然享有全球品牌,但在本质上仍然是一个创业型企业,如何快速适应中国市场、开发出中国本土用户所需要的产品,是与消费者建立良好关系、形成有效关系资本的前提。在中国,百度优于谷歌的原因之一,在于百度更加清楚如何开发出适合中国人喜好、习惯使用的产品。当然,产品存在文化定位问题,文化定位不准确必将影响产品的销售。eBay 将它的消费群体定位于具有国际化视野的男性、高收入的白领阶层,他们熟悉技术,而且喜欢收藏和分享;而淘宝则不同,它将消费群体定位于时尚、年轻的女性,而且他们大多具有小商铺经营模式的自营业务。相比之下,淘宝的消费群体定位更加适合中国的国情。

中国互联网文化为草根文化,中国草根文化的特点之一便是"喜欢凑群看热闹",而互联网恰恰为中国网民提供了一种表达、宣泄、起哄、看热闹的平台。中国这种网络文化现象既非低俗所能解释,也非无聊所能释义,网络这一虚拟环境恰恰成为人们随意交流的场所。

就网络中草根文化来看,美国与中国存在很大不同,前者更倾向于个人主义,美国的 Youtube、Myspace 都是网络用户进行自我能力、兴趣或爱好的展示平台。中国网络用户喜欢在土豆网上免费下载影视视频,而美国人在 Youtube 上一定要付费下载。美国网站的内容、设计、风格与中国草根文化(也有人称其为"下里巴人"文化)并不匹配,对于中国草根文化来讲,美国网站更像是"阳春白雪",似乎对于那些受到过一定程度高等教育的中国人来讲还能接受。以谷歌和百度为例,前者提供的信息在学术性、权威性上要胜过百度一筹,从事研究的学者型人物更喜欢通过谷歌搜索信息。但在中国的互联网业,高端用户是少数,草根是用户的主体,而中国的草根自然会喜欢本土的东西,无论是本土的网站还是本土的文化和内容。

语言和文化是影响 IT 行业市场份额的重要因素,中国本土搜索引擎百度胜过谷歌中国的另一原因就是中文的搜索质量要略高一筹。谷歌主要从事搜索业务,语言的使用是一项重要内容。谷歌采用英语做母版,尽管聘请了大量的语言学专业人士进行文字的翻译解析,建立了关键词的搜索数据库,但中、英文之间、中文简体与繁体之间的巨大差异,使得谷歌无论如何在中文的搜索质量上都大打折扣。

既失去了英语母语的优势,又不能将中文娴熟地应用于服务中,与本土搜索网站相比较,消费者满意度自然会较低。此外,本土化文化也是一个不可忽视的因素。文化决定了网民搜索的内容,正如外国人不会关注中国网络上一些尽人皆知的中国网络人物一样,中国人也很少会被外国的一些文化现象所吸引。文化是产品的核心,表面相同的物品被注入不同的文化内核后,产品的实质将会发生变化。谷歌中文名称的正式出炉,不但没有得到消费者的认可,尽管 Google 费尽周折选出了这个极富有中国文化色彩、内含“以谷为歌,收获的喜悦”意义的名称,反而引发了强烈的反弹,认为这个名称太土,与中国和国际接轨、特别是年轻用户的国际化思维不一致,缺乏了跨国企业品牌的“洋味”。

谷歌在中国经营失利与其对中国的语言和文化缺乏了解不无关系,而在这种情况下,谷歌却处在了移植整合和同化整合的中间地带(隔离状况),一方面将其在美国的经营模式移植到中国,但又水土不服;另一方面想推行本土化,却又无法放弃原有的文化,结果造成企业文化内容上不伦不类、产品和服务方面不能对中国的消费群体进行准确定位的局面,市场占有率不能得到有效提升。

(3)合作者(竞争者)关系资本。谷歌进入中国之后,也曾努力与迅雷、中国网通、新浪等企业达成了合作协议,但这些企业都是中国 IT 行业的巨头,谷歌与他们合作意味着分享他们的客户和市场,这些中国本土企业自然不愿一个比他们更强大的国际 IT 巨头来争夺它们的市场和用户。此外,谷歌与一些本土企业、组织关系紧张,结果遭到了违规操作的指控。谷歌推出网站导航,有封杀竞争对手百度之嫌;推出谷歌热网,被指模仿百度风云榜;谷歌的拼音输入法被指盗用搜狐的搜狗拼音输入法词库,遭到搜狐总裁张朝阳公开谴责;谷歌的图书收录作品因涉及侵权而遭到中国文学著作权协会等一些行业组织的指责。

相关企业之间的关系仅有两种,竞争与合作。谷歌既不能传承母公司的创新文化,形成对中国本土企业的压倒性竞争实力;又不能屈尊就范,脚踏实地地与本土企业实行真正合作,导致了它被排挤、但又无力还击的隔离境况。

(4)内部员工关系资本。谷歌中国内部员工、特别是高管层,大都有着相近的教育背景和相似的工作经历。谷歌中国总裁李开复在美国完成了从学士到博士的求学历程,并在美国工作多年后加入 Google。负责销售和渠道业务的高管周绍宁也有近 20 年的美国留学、工作经历。亚太市场总监王怀男、谷歌中国总裁助理郭去疾、谷歌中国市场总监潘茜、产品和策略总监宓群都有在美国学习和工作的经历,从理论上讲,这些相似的教育和工作经历应该有助于他们形成相同的思维方式,在涉及公司重大决策方面能够较为顺利地达成一致。但这些高管的相继离职说明他们之间没有建立相互信任的人际关系,没有形成融洽的组织氛围。究其原因,可能与其内在的文化相关。多年的美国文化熏陶,使他们具有了个人主义的思维方式,在中国本土文化中,反而失去了在决策力和执行力上的优势。

此外,这些多年在美国生活的中国高管深受美国文化的影响,尽管身上还具有中国文化元素,但已远离中国主流文化,在某种程度上与中国社会脱节;高学历的教育背景和洋博士的社会身份使得他们远离了中国草根文化,对于中国"下里巴人的网络文化"没有深刻认识。这些问题形成了一堵无形的墙,不仅使他们隔离了本土企业和消费者,也使他们与公司内部一般海外归国员工和本土员工之间在思维方式、行事风格等方面存在较大差别,形成了一条隐形的"楚河汉界"。这种情况下,公司高管与普通员工之间不能形成有效的关系资本。

(5)企业与员工关系资本。谷歌的企业文化极具特色,具有很强的人情味、自由氛围和个人主义色彩,对于深受西方文化浸染或具有现代意识的年轻人很有吸引力。但这种企业文化被谷歌移植到中国,并被中国文化中和之后,是否还能保持原有的吸引力,很值得怀疑。多名具有西方教育背景和海外工作经历的中国高管相继离开谷歌中国,除了说明谷歌中国组织氛围不融洽之外,也证明了企业文化凝聚力不强,员工对于企业忠诚度不高,员工在内心深处并不认同谷歌中国的企业价值观。总之,员工与企业之间没有实现组织价值观上的契合。

(6)系统关系资本。在子公司的决策过程中,母公司的集权程度和信任关系发挥着中介变量的作用。母公司的集权程度越高,母、子公司之间的信任度越高,子公司的决策机制越简单,决策效率也就会越高。跨国公司采用隔离整合模式,因隔离中国文化而不能对母公司文化进行基于中国文化环境的调试,形成了"橘生淮南则为橘,橘生淮北则为枳"的变异效应,失去了母公司文化的内核,拉大了母、子公司之间的距离,导致子公司在与母公司进行多轮博弈之后才能形成公司的最终决策。加之母公司的决策未必适合于子公司,为了保证决策的推行,母公司强化了对子公司的监督,降低了两者间的信任度。谷歌属于大型跨国公司,组织严密,管理科学,但同时存在决策权在上层、管理过细、官僚作风浓重的大企业病,子公司没有决策权,仅是母公司的执行机构。对于 google. cn 撤离中国大陆,"即便谷歌中国高层管理者,也仅在前一天晚上才接到通知"①,这说明母公司集权程度极高、子公司没有关键决策权,母、子公司之间关系疏远和隔离的状况。

---

① 田泽,马海良. 国际企业管理——文化、战略与行为[M]. 北京:清华大学出版社,2012:298.

谷歌是一个具有创新精神的企业,但谷歌中国并没有将母公司的创新精神移植到中国子公司。谷歌表面上在中国实行本土化政策,但实际上在走中国企业的老路,并无创新可言,只是推出了一些没有任何技术含量的产品,反而涉嫌抄袭和盗用。网站导航是一种初级层次的搜索引擎,没有任何技术提升;中文输入法与目前搜索领域的输入法没有实质性区别,也谈不上突破性进展。谷歌采用隔离模式在中国进行跨文化整合,导致母公司文化与子公司文化处于隔离状态,谷歌中国“模仿”“抄袭”中国本土的经营模式,造成了母、子公司在核心价值观上两张皮、不能吸收母公司优秀文化。谷歌美国高层开始再次评估、审视中国市场,包括李开复、崔瑾等多名谷歌中国高管的辞职事件说明了子公司的文化和价值理念并没有得到母公司的认同,母、子公司之间关系并不融洽,没有形成有效的关系资本。正如在李开复的替代者刘允所言,“我们不是 Google China(谷歌中国),而是 Google in China(在中国的谷歌)”。[①] 谷歌采用隔离模式,子公司意想按照本土化模式经营,[②]但母公司在类似版权、涉黄等某些经营政策和谷歌中国要忠实于英文版等经营内容问题上,却依然采取美国模式,造成了母、子公司之间不和谐。

在“涉黄”事件后,李开复找到美国商务部长骆家辉,想通过美国商务部等官方渠道与中国监管机构协调,这似乎完全是一种“中国式”的矛盾协调和处理方式。但这种高权力距离文化影响下的“关系”倾向并不符合美国文化价值取向,没有赢得总部(母公司)的赞许,这也证明了母、子公司间企业文化模式的差异。

隔离模式造成了谷歌不伦不类的“四不像”状态,在政府政策上,不能承袭在美国本土市场上对市场份额问题的做法,面对无法逃避中国政府对网络涉黄内容的严打局面,还摆出美国文化中惯有的强势姿态;在自身经济利益与国际政治博弈的纠葛中,骑虎难下。在消费者需求上,既要做出通过产品创新满足消费者的姿态,又不能真正发挥母公司所具有的创新精神和优势。在与相关企业关系处理上,既不能通过产品和服务创新形成压倒性竞争实力,也不能屈尊就范与本土企业进行真正意义上的合作。在员工关系和企业与员工关系上,美国文化培育起来的个人主义种子在中国文化的土壤中不能生根发芽,原有的中国文化根基又失去了发展动力。在母、子公司关系上,子公司想实施本土化策略,但又被母公司牢牢掌控,很难动弹手脚。在与合作者的关系处理上,既想吸收中国文化中的“和谐”因素,又不能放弃强势竞争者的姿态。正如吴寸木(2010)所言,谷歌采用隔离模式,既使

① 吴寸木.谷歌不听话——互联网背后的大国角力[M].北京:电子工业出版社,2010:193.

② 实际上,谷歌中国的经营模式并非真正意义上的本土化,因为谷歌中国一直在效仿本土企业,却不能实现企业的本土化创新。

它失去了美国本土版本中简单、自由、散发着全球化信息时代的美利坚风格,又没有获得中国文化谦虚、含蓄、古朴、尚礼的风韵,“本应该清新脱俗的谷歌,却穿红戴绿,披上大马褂,以隔壁邻居赵富贵的面貌出现在你面前,结果还是个倒卖火车票的黄牛党”。①

5.3.3 同化模式——摩托罗拉(中国)电子有限公司案例分析

5.3.3.1 摩托罗拉(中国)电子有限公司的发展建设历程

美国摩托罗拉公司是IT行业世界知名的跨国公司,于1987年进入中国,在北京设立办事处,1992年在天津成立摩托罗拉(中国)电子有限公司,2004年成立摩托罗拉(中国)技术有限公司。摩托罗拉在中国大陆有50家公司,包括控股、独资、合资、研发中心以及分公司等不同性质和类型的各种企业,和移动终端事业部、政府及企业通信事业部、宽带网络事业部三大业务集团,业务涉及无线电设备、手机、对讲机等。此外,摩托罗拉响应中国政府的“科教兴国”政策,于1993年设立跨国公司在华第一家研发中心——摩托罗拉全球软件集团中国中心。1999年在北京成立了中国研究院,培养IT行业的尖端人才。摩托罗拉中国研究院已经成为在华跨国公司中最大的研究机构之一。摩托罗拉在中国的北京、天津、上海、苏州、杭州等地建立了18个研究中心,还与南京大学、北京大学、清华大学、深圳大学、复旦大学等中国著名高校合作,为高校捐款建立联合实验室,主要进行“立足中国、面向全球”的产品研发。

摩托罗拉采用同化模式进行跨文化整合,通过实施“人才本土化”“管理本土化”“研发本土化”“配套产品本土化”“合作本土化”等战略,与中国同呼吸共命运,建设成了一个地地道道的中国公司。

5.3.3.2 同化模式下关系资本分析

(1)政府关系资本。“权力营销”是摩托罗拉的一个重要战略,摩托罗拉妥善建立与中央政府和地方政府的良好关系,努力建立高效的关系资本。

摩托罗拉还充分发挥西方跨国公司所内含的功能,积极推动中美贸易关系。为了促进“对中国永久性正常贸易关系法案”在国会的通过,公司高层人员在国会议员内进行了大量的公关游说工作;斥巨资通过不同媒体做广告对中国进行正面宣传;邀请国会代表团访问摩托罗拉中国公司总部,加深对中国市场环境的了解,消除对中国的偏见。

---

① 吴寸木.谷歌不听话——互联网背后的大国角力[M].北京:电子工业出版社,2010:11.

摩托罗拉在中国的战略是建设成“摩托罗拉世界级的生产和研发基地”①。在这种战略指导下,摩托罗拉加大了在华投资和对华技术转移,实施本土人才培养计划,提高本土制造和研发能力。摩托罗拉最初进入中国时,中国的无线电通信市场还很不成熟。摩托罗拉便通过各种渠道获取政府关于发展无线电通信业的计划,努力争取政府支持。摩托罗拉将产品品牌定位于“高质量”“最领先的产品”,并通过资金、技术和管理模式等各种方式扶持和帮助本土企业,带动了中国无线通信产业的发展,使中国无线通信产业在一定程度上实现了与国际水平接轨,顺应并促进了中国政府的发展规划,获得了政府信任。

摩托罗拉首先向中国政府示好,向中国政府表明自己致力于打造一个“以中国为家”②、地地道道的中国公司的意愿,并以巨额投资表明自己的决心。2000 年,摩托罗拉投资 34 亿元在天津进行生产基地建设,一举成为当时中国最大的外资企业;2001 年,摩托罗拉提出了未来 5 年的“三个 100 亿美元”战略规划,将中国建成产品“制造、研发、供应”的世界中心。摩托罗拉除了自己在华企业中雇用了大批的中国本土员工外,还通过采购的方式间接为中国员工提供了大量就业岗位。“生产当地化”策略增加了地方产业的附加值,促进了当地经济的发展。摩托罗拉承诺与天津市政府一起竭力推动天津的经济和科技发展,与天津市政府建立了“不可动摇的战略伙伴关系”。

此外,摩托罗拉积极履行跨国公司的企业社会责任,致力于做优秀的企业公民,支持中国的教育事业。摩托罗拉主动参与中国的“希望工程”事业,资助建立了多所希望小学,并对教师进行培训。为了配合政府关于《中华人民共和国固体废物污染环境防治法》的开展,摩托罗拉积极支持环保事业,致力于绿色制造,严格按照中国法律和国际公约标准进行产品生产,提高能源利用率,实施污染源头控制;坚持对废旧手机和零部件进行回收。此外,摩托罗拉还组织志愿者协会,鼓励员工参加,服务于公益事业。

摩托罗拉获得了中国政府和社会的高度赞赏,曾获得“中国最大的外商投资企业”“中国最具影响力的跨国企业”“中国优秀企业公民示范单位”等荣誉,“社会好公民”的良好形象为其赢得了高效的关系资本。

(2)消费者关系资本。“消费者至上”是摩托罗拉的核心价值观。摩托罗拉投入大量人力、物力和财力用于本土化产品的研发,将中国元素融入产品设计和生产之中,以适应中国本土市场和消费者。摩托罗拉将自己的消费群体定位于年轻人

① 张喜民. 跨国公司在华子公司营销战略研究[M]. 济南:山东人民出版社,2011:222.

② 张喜民. 跨国公司在华子公司营销战略研究[M]. 济南:山东人民出版社,2011:235.

市场,采取“以品牌的概念塑造产品”的策略,但摩托罗拉本身却又存在品牌老化的问题,实际上并没有找到准确的品牌定位。根据年轻人的消费心理,只有摩托罗拉拥有“时尚、个性、前卫、娱乐”的特质才会得到消费者的认可。打破人们对摩托罗拉品牌老化的“刻板印象”并非易事,但为了赢得消费者市场,摩托罗拉精心打造了“MOTO 策略”。相比起拗口“摩托罗拉”这一名称①,“MOTO”则显得更加简洁、流畅、活力、人性化,而且还“洋味十足”,表达了“生活更简单、充满乐趣”的内涵,增加了品牌的亲和力。此外,摩托罗拉通过产品、销售(包括广告设计)、网络和服务四个方面的系统创新策略,全新演绎和诠释了“全新为你”的理念与形象,整体提升了消费者的认可度。在产品款式设计上,更加注重年轻化和时尚理念。为了迎合中国年轻消费群体时尚化的需求,摩托罗拉从“过于强调科技含量”转向“时尚和个性”。V70 以独特的视觉效应,印证了“世界因我而不同”的口号。C289 以前卫的铃声和背景灯成了“炫酷一族”的身份标志。E360 以漫画的效果,将消费者锁定在富有活力的彩屏上。在营销策略上,根据中国消费者的心理,通过电视、网络、报刊、路牌、宣传车等各种渠道进行广告宣传。摩托罗拉标识“M”所代表的“飞跃无限”的形象赋予了消费者无限遐想的空间,是对中国“意合”文化的完美诠释。随着“MOTO 策略”的推出,摩托罗拉为了响应年轻消费者“个性化”的需求,每推出一款新产品都会有与其相配的广告词,以体现产品的独特与个性。此外,以“革命”为主题的发布活动也是在对中国年轻消费者的心理认真研究之后的成果;在网络方面,更新网站设计,为消费者提供全方位的交流平台。网站不仅为消费者提供信息服务,还为公司会员提供进行交流与反馈的互动平台。此外,会员还可以参加公司组织的活动,进一步拉近与消费者接触的距离。为了践行“全新为你”的服务理念,针对消费者推行个性化的解决方案。摩托罗拉打破传统的“售后维修”服务观念,建立了“销售前、销售中、销售后”的一体化、针对个体消费者的全新服务理念。基于消费者的信任文化,摩托罗拉建立了“摩托罗拉城”这一集“销售前、销售中、销售后”于一体的综合服务基地,不仅给消费者提供现场服务的真实感觉,还让消费者获得关于摩托罗拉“过去、现在和将来”的全面了解,实现商家与用户全方位接触和沟通。针对中国大客户的特殊需求,组织专门的服务团队,提供个性化、全方位服务。完善的服务网络、全方位的服务理念以及高质量的物流支持,提升了消费者满意度。

同化模式拉近了摩托罗拉与中国市场、中国消费者的距离,使其对于市场具有

① “摩托罗拉”其实并不是一个中国大陆化的名称,最初来自于中国台湾地区,是当地消费者间流传的名称。

更加迅速、更加准确的反应。

(3)合作者(竞争者)关系资本。开展与本土企业的合资合作项目是摩托罗拉在中国的战略之一。通过与本土企业的合作,在共同获取利益、实现市场战略上的双赢目标外,摩托罗拉还推动中国整个手机行业的技术发展和品质提升,培育了民族品牌,提高了中国在国际信息产业的地位和知名度。摩托罗拉重视与本土企业建立合作伙伴关系,促进合作项目的开发,建立了完善的合作机制。摩托罗拉一方面与大运营商、政府机构部门合作,推动产品销售;另一方面与零售商合作,进入零售市场。摩托罗拉在中国本土企业的采购数量和种类逐年增加,极大带动了国内本土企业的建设和发展。为了充分了解市场,摩托罗拉还与研究机构、市场调查、咨询公司、广告公司合作,以便更好地进行市场细分工作。摩托罗拉努力与本土供应商建立稳定的合作伙伴关系,既可以保证所提供的原材料和零部件的质量,还可以提升配套产品的本土化程度。随着本土合作企业的增加,摩托罗拉产品的本土化程度也得到了极大提高。摩托罗拉大力发展本土供应商,推行配套产品国产化,不仅帮助本土供应商进行设备、生产工艺、管理技术升级,还为他们搭建与海外企业合作的桥梁,帮助他们寻找海外市场。摩托罗拉在单片机方面的领先技术,使得中国手机、家电行业的企业通过与它合作来提高自己的性能。摩托罗拉对合作伙伴提供免费无偿培训,使它们走上国际化发展道路,成为摩托罗拉或其他跨国企业的全球供应商。

摩托罗拉在中国设立了 18 个研发中心,研发成果在国内也实现了技术外溢效应,促进了产业关联。1999 年,摩托罗拉与无锡小天鹅集团合作,为提高小天鹅产品性能,在小天鹅集团建立单片机研发中心;2004 年,摩托罗拉与中国大唐移动合作,共同致力于 TD - SCDMA 产品在中国市场的发展;2006 年,摩托罗拉与华为合作建立上海 UMTS 联合研发中心。这些成功的合作行为,使摩托罗拉与本土企业建立了高价值的关系资本。

(4)企业内部员工关系资本。摩托罗拉注重内部团队建设,有严谨的组织和高效的管理,团队充满活力和激情。摩托罗拉认识到跨文化整合中文化差异容易导致冲突,便极力实施本土化人才战略,近 84% 的管理人员是中国员工,90% 以上的普通员工是中国本土人员,①这使得管理者与被管理者不存在因文化距离所形成的矛盾。文化的同一性有助于管理层就公司的决议达成共识,也有助于员工对决策的理解、接受和执行。摩托罗拉同时也意识到异质性文化有助于公

① 王志乐.跨国公司中国报告 2006[M].北京:中国经济出版社,2006:211.

司形成创新能力,在公司内推动多元文化建设,创建员工之间求同存异的和谐氛围。

(5)企业与员工关系资本。摩托罗拉将企业的核心竞争力归结于“人才”,非常注重对员工的培养和培训。摩托罗拉建立了摩托罗拉大学,每年都对员工进行不少于40小时的培训,支出费用相当于员工工资总额的3%。通过这种培训,员工不但提高了专业技能,还加深了对企业文化、价值观的了解,拉近了员工与企业间的关系,增加了企业的和谐程度。

摩托罗拉采取与中国社会文化相融合的策略,管理者尽量采用中国的沟通方式与行事方法与员工相处,消除员工与企业之间的差异。

(6)系统关系资本。摩托罗拉通过与子公司建立全方位的系统合作关系,稳定在中国及全球的销售市场。充分考虑到中国“圈内人”的关系文化,摩托罗拉母公司在子公司及其代理商之中推行“融入”策略,深入到子公司与代理商内部,帮助其完善管理制度,建立正规的管理体系,并对其进行技术、财务、市场等全方位培训,整体提升公司的综合实力,形成母、子公司协同发展,以此提升子公司的忠诚度。此外,鉴于本土企业对用户具有深厚了解的优势,母公司协助子公司与本土企业联合研发新产品,以更好地满足本土市场需求。

5.3.4 移植模式——微软(中国)公司案例分析

5.3.4.1 微软(中国)公司发展建设历程

微软在中国的发展并非一帆风顺,在中国经营发展的软件跨国公司中,微软的发展最为曲折,最初因采用移植模式进行整合,导致微软在中国发展受阻。但经历过多次文化整合模式变换与磨合之后,成为与中国 IT 产业联系最为紧密、对中国 IT 产业发展推动最大的跨国公司。

微软文化是美国文化的典型代表,具有强烈的个人主义色彩,与中国的集体主义观念形成了鲜明的对比。企业创始人比尔·盖茨是个人英雄主义的象征,企业文化中充满了个人的智慧。企业文化中的“创新”“变革”因素,也是低不确定性规避文化的具体体现。

微软于1989年首次进入中国市场,在台湾地区成立分公司。1992年,来自台湾的田本和在中国大陆建立了第一家微软北京办事处,进行行情了解和市场调查。1993年成立了北京测试中心,主要任务是打开中国大陆市场,寻求代理商和合作伙伴。因受到“与政府关系不融洽”等负面效应的影响,尽管其产品 Windows 95 和 Windows 98 具有还不错的销售业绩,但其他产品的销售及整体发展状况并不理想。

微软采用移植整合模式在中国大陆进行企业文化的跨文化整合,使其“狂妄”“强权”“垄断”等形象随之进入中国大陆,与中国传统的“谦逊”“柔和”“礼仪”文化形成鲜明的对抗,使得中国本土同行业企业避而远之,消费者也很难接受和认同。曾就任于惠普公司,兼具中西商业文化的杜家浜在出任微软公司北京代表处经理后,发现惠普与微软存在区别,惠普具有规范的企业文化,而微软则相对鲁莽、冲动。杜家浜致力于与各方面沟通,打通了与中国政府、其他企业的沟通渠道,但并未能提升企业销售业绩;继任者吴士宏采用本土化策略,希望打造“中国微软”,全面提升微软形象,但与微软的移植模式不能匹配,加上北约轰炸中国驻南斯拉夫大使馆、微软控告亚都、“维纳斯计划”夭折等事件的影响,微软在中国发展状况依然惨淡;在北京市政府软件采购中出局之后,唐骏着手树立微软全新形象,推动与中国各方面的战略合作。鉴于微软在中国多头管理所造成的混乱,颇具中国市场人脉网络的新任主管陈永正开始调整微软以前所采用的移植整合模式,尝试推行融合模式和适度本土化策略,使微软在中国的发展开始走上正轨①。

5.3.4.2 移植整合模式下关系资本分析

(1)政府关系资本。微软进入中国大陆后,采用移植模式进行整合,还完全按照美国或中国台湾的经营模式,将产品和市场视为企业的第一要务,首先寻找中国大陆的代理商和商业合作伙伴,企图与相关行业企业建立商业合作方面的关系资本,而没有意识到政府的地位和价值,在中国大陆文化情境下,只有首先与政府接触,寻求政府的接纳与支持,与政府一起创建生存环境,才能为微软在中国大陆生存发展奠定基础。在美国具有强势企业文化的微软,在全球推行母公司文化,不曾为任何一个美国本土以外的市场做出经营策略和管理模式方面的改变,也因此认为中国市场具有全球同一性,于是将业务重点放在技术宣传上,对政府显示出一幅

① 自2005年陈永正就任微软中国总裁后,微软开始采用融合整合模式和适度本土化策略。首先完善和整合了微软在中国的四大组织架构,微软(中国)公司负责市场和销售、微软研发中心负责本土化产品的研发、微软亚洲研究院负责基础研究、微软全球技术中心负责服务支持,成为除美国本土外微软最大的基础研究、产品开发、市场销售和售后服务的综合性基地。为了实施融合模式和本土化策略,微软将其发展目标调整为“参与并融入中国软件经济,帮助中国实现软件大国的发展规划”,并采取了一系列合作举措,将合作的目标首先定位于政府,其次是具有影响力的大企业。陈永正就任以来,积极履行企业责任,参与了教育、人才培养等多个公共事业领域的项目合作。2006年4月,时任中国国家主席胡锦涛出访美国,参观了微软总部,并与比尔·盖茨共用晚餐,引起了世界关注,不仅提高了微软在全球、特别是在中国的声誉,也使其获得了来自于中国政府的、极具价值的关系资本。同时,微软与北大方正、清华同方、TCL以及联想等企业达成合作协议,建立了与本土企业间的关系资本。面对多年来困扰微软的“盗版”问题,微软打破全球统一的价格体系,采用薄利多销的策略,最终赢得了消费者的认可。

生硬、冷淡、不屑一顾的神态。而在颇为看重“面子”、讲究“礼仪”的中国,对此种态度难以接受。微软既忘记了中国“高权力距离”文化与美国“低权力距离”文化对政府地位的不同影响,仍然以在美国的态度和行为,甚至要挟政府,来处理与中国政府的关系;也低估了中国政府为维护国家利益而采取的坚决态度和果断行为。这使得微软在与政府关系上不可能建立关系资本。

中国政府鼓励跨国公司以合资企业的形式进入中国投资,意在引进国外先进的管理理念和发达的科学技术,但微软执意以独资形式在中国大陆发展,而且只销售产品,不进行技术转让;中国当时的法制还不健全,对知识产权的保护还不到位(其实在中国不能顺利推广微软正版软件,与微软软件僵化的全球统一售价体系及其简单粗暴的打假方式存在关联),与美国在法律环境方面存在很大差距。采用移植整合模式导致其与中国政府政策产生分歧,很难被中国政府认可和接受。此外,微软产品 Windows 系统存在泄密现象,影响到政府的信息安全。移植整合模式产生的问题使微软失去了中国政府的信任。杨忠智(2010)认为,IT 属于高科技产业,对知识产权保护具有很高要求,获得政府、特别是地方政府的支持极为关键。中央政府对知识产权有着很强的保护意识,措施也更有效,但需要各级政府的支持和有效配合。①

2001 年底,北京市政府举行软件采购招标,微软出乎意料地出局,与它采用移植整合模式、奉行“垄断”“强硬”“命令”甚至“欺骗”的营销策略具有很大相关性。正如一位专家愤言:“中国的软件发展,完全取决于我们的需要,不需要微软来说三道四。”②

(2)消费者(顾客)关系资本。微软之所以采用移植整合模式,因为微软相信,自己认为好的产品,在其他地方能够成功实行的经营策略,在中国甚至全球都能轻而易举地推行,它忽略了当地政策、当地市场和当地消费者的消费能力等实际状况。当微软的 Windows 和 Offices 等产品开始风行中国大陆时,微软产生了一种错觉,认为微软已经占领了中国市场,征服了中国大陆消费者,并与之建立了有效的关系资本,但实际情况并非如此。产品与服务在某种程度上拉近了微软与消费者的距离,但采用移植整合模式使得微软将其“强权”“垄断”的形象印刻在了中国消费者脑海,使得中国消费者很难完全接受微软,微软与消费者之间也便难以建立高质量的关系资本。

微软在中国推出“维纳斯”计划的时候,是以全球、特别是美国 55% 的家庭电

---

① 杨忠智. 企业海外并购海外子公司内部控制研究[M]. 厦门:厦门大学出版社,2010:134.

② 王超华. 微软内幕[M]. 北京:中华工商联合出版社,2011:112.

脑普及率标准来衡量中国用户的消费水平,而当时中国家庭电脑的普及率仅为2.45%。① 相对于微软,戴尔公司在产品和价格定位上采用了同化整合模式,没有将自己的产品定位在高端客户上,而是定位于普通的家用电脑市场,其售价低于同类品牌,还随赠杀毒软件,一来实施绑定的销售策略,二来满足中国消费者"贪便宜"的心理。除去价格因素外(微软在中国仍然采用全球统一的销售价格,忽略了中国人口众多、潜在消费能力巨大、信息化程度较高、但人均 GDP 和支付能力较低的现实因素),操作的复杂程度也超出了中国大众的实际技术水平。此外,微软在消费者中采用"先怂恿用户使用盗版产品来推销自己,打出自己的牌子,当拥有了足够的盈利后再开始打击盗版"的策略,让广大消费者感到反感,失去了消费者的信任。②

(3)合作者(竞争者)关系资本。微软将其强势与狂妄移植到中国,使得中国国内企业对其生畏,不愿与其建立联系或关系,将其视为"圈外"的野蛮人,担心它的进入会与国内企业形成恶性竞争,争夺国内市场。当时中国大陆流行和畅销 WPS、DOS 等中文操作系统,微软的进入,无疑会冲击这些产品的销售市场,无论从政府保护国家安全信息、还是民族企业的自我成长角度,都不愿与微软形成某种合作关系,因此,与国内企业建立战略联盟、形成关系资本的可能性也便很小。

微软极为强势与几近垄断的营销策略使得它与中国本土企业处于一种对立状态。微软推出"维纳斯"计划被中科院凯思集团认为是对他们研发已久的"女娲计划"成果的窃取,随之便夭折了;因盗版问题,微软曾经与方正、华为、金山、亚都等国内多家企业产生矛盾,轻者私下达成解决方案,重者对簿公堂。特别是微软诉讼亚都一案,致使亚都与金山联手,结果导致微软在中国的竞争对手金山成了赢家。中国中易公司控告微软事件,使得微软在中国商界的形象大跌。微软不光彩的"打假"营销行为,绑架、挟持合作伙伴的商业模式引起了国内企业强烈不满,使它丧失了与国内企业合作的可能性。微软在华设立研发中心,并非为了提升中国的软件

① 王超华. 微软内幕[M]. 北京:中华工商联合出版社,2011:102.

② 这里需要澄清一种观念,产品质量与消费者认可。产品质量是获得消费者认可的一个因素,但并不是消费者认可的全部。微软对产品质量有着严格的要求,如采取"自食其果"的措施,要求员工首先使用自己研发的产品,并将产品的质量问题进行细分之后公布于众,探讨问题的关键原因及解决策略,以保证产品的质量。但质量再好的产品也有其适用的范围和被接纳的条件,微软强调质量这一硬性因素,却忽略了中国市场的特殊环境这一软性因素。但随着微软整合策略的调整,开始注重消费者的整体反应,如售后服务方式、价格、满意度跟踪调查等。

研发能力,而是为了抢占中国软件研发领域。微软在中国的研发策略,造成了国内软件产业在技术上对它的严重依赖,使得微软在行业内处于绝对优势的垄断地位,阻碍了中国软件企业创新能力的形成和发展。

(4)企业内部员工关系资本。微软采用移植整合策略,并没有将美国母公司的管理人员投放到中国,大部分高层管理者和基层员工都具有中国文化背景,虽然企业员工(包括高层管理者)与跨国公司之间存在冲突,但子公司内部并不存在太大分歧,基本处于和谐状态。微软公司在全球推行的政策中,有些政策本身有助于协调员工间的关系,如微软在招聘员工时,非常注重员工的沟通能力、冲突协商能力和人际关系处理能力。在员工面试过程中,“会涉及一些为人处世、待人接物等具体考查员工处理人际冲突能力的问题”。[①] 为了更好地适应全球文化,微软废除了具有美国文化情境特征的员工排名考核机制,[②]该机制使得员工之间相互视为竞争对手,多恶性竞争而少良性协作,既容易导致员工间互扯后腿,也容易形成内斗文化,也与一家中国员工占多数的在华跨国公司企业文化不相适宜。微软(中国)倡导员工间高水准的互信合作与简单的人际关系,微软简单的人际关系使得员工“不用担心别人会在背后算计你,可以全身心地专注于工作”[③],而简单的人际关系来自于信任,信任才会激发与别人的合作,团队合作是高科技产业的核心要素。

尽管微软通过采用移植模式在微软(中国)子公司推行母公司文化,但由于母公司文化中的一些人性化政策和中国本土员工占主体等状况,减少了导致员工之间发生人际冲突的因素,有利于企业内部员工之间和谐关系的形成和关系资本的建立。

(5)企业与员工关系资本。移植模式完全将跨国公司母公司的企业文化和管理模式移植至东道国子公司,必然会造成东道国本土人员的思维模式和管理理念与母公司之间的差异、矛盾、甚至冲突。微软公司北京代表处经理杜家浜所实施的打通与政府和其他企业联系通道的“沟通策略”,并不为微软文化所接受;微软中国总裁吴士宏打造“中国微软”“为中国做贡献”的本土化策略,并不为微软文化所认同。微软所体现的“短期导向”文化与中国本土文化中的“长期导向”产生了冲突,微软所要求的仅是实现“销售业绩提升”这一短期目标,而中国本土员工受“长

---

① 张相林.微软公司人才甄选策略及启示[J].中国人才,2009(8):67-69.

② http://www.lieyunwang.com/archives/25626.

③ 微软:“简单”的人际关系让工作“全心全意”[EB/OL].http://news.sohu.com/20070124/n247813944.shtml.

期导向”文化的影响,希望通过“全面提升”实现微软在中国长期发展的目标。此外,母公司的企业行为文化也让本土员工难以接受。企业文化与员工价值观之间的巨大差异,加之因实施移植模式导致强势企业文化带给本土员工的“压迫感”,很难实现员工对组织文化的真正认同,也便难以达到组织价值观契合,不能在企业与员工之间建立有效的关系资本。

(6)系统关系资本。微软采用移植模式在中国进行跨文化整合,完全按照母公司的意愿、想法和模式在中国经营,的确在某种程度上满足了母公司的要求,如推行全球化标准等,这似乎在母、子公司之间形成了关系资本,但这种关系资本并未让微软中国子公司获得收益。当微软公司北京代表处经理杜家浜试图通过以“沟通策略”改善与中国大陆各方面关系、加大中国投资力度时,“上报一个文件要经过层层关口”,很难将意见或看法直接反映到微软决策层,“大企业病”的弊端凸显。跨国公司母、子公司之间并非是完全的命令和服从关系,而是存在某种程度上的博弈。“母公司出于整体战略会对子公司进行直接或间接控制,而子公司具有强烈的自制欲望和冲动,期望拥有更大的自主权进行自我成长”①(张喜民,2011),移植整合模式恰恰限制了子公司的自主性发展。

同样,微软中国总经理吴士宏的辞职,更验证了母公司战略目标与子公司目标脱节,母公司对子公司控制程度高、子公司自主权小,母、子公司不协调的状况。微软特别强调总部文化,觉得非总部或者非微软本土员工不懂得微软文化,对中国本土管理人员持不信任态度。以曾经担任微软中国总经理的吴士宏②为例,吴士宏表面上对中国市场事务负全面责任,但却因没有足够的决策权而备受困扰,每一项决策都要通过当时的大中华区总裁、亚太区总裁、主管市场和销售的微软副总裁等层层官僚体系,这种缺乏自主性的状况往往会造成决策上的时机延误。此外,微软在中国复杂的机构设置使得吴士宏不得不面对多个窗口,微软中国公司、微软中国产品研发中心、微软法律事务部和微软中国研究院,而后三者的级别排位又高于前者,使得微软中国总经理处于一种“该管但又不能管的尴尬境况”③。曾负责微软中国市场事务的其他高管高群耀、李开复等也有同样的感触。

采用移植模式导致母、子公司之间矛盾加剧,不利于建立真正意义上的、有价值的系统关系资本。

---

① 张喜民.跨国公司在华子公司营销战略研究[M].济南:山东人民出版社,2011:63.

② 从一位未曾接受过西式教育的普通护士起家,一直奋斗到微软中国区总裁,被称为“打工皇后”。

③ 唐骏,沈威风.唐骏日记[M].合肥:安徽教育出版社,2009.

前述四个跨国公司的关系资本状况见表5-1。

表5-1　案例中的关系资本状况

	政府	消费者（顾客）	竞争者（合作者）	内部员工	企业与员工	母、子公司
中国惠普（融合模式）	国家领导人的介入奠定了政、企合作的基础；企业积极履行企业社会责任回应政府的支持	通过"走动式"管理实现了"顾客是上帝"的西方市场理念和中国"人情"销售的融合，拉近与消费者之间的距离	与东软公司、红旗软件公司、中国电信、中国邮政、雅昌文化集团、恒宝智能识别技术有限公司建立了战略联盟关系	推行"惠普之道"的"尊重与信任"和"依靠团队精神达到目标"，尊重员工个性和价值，强调团队合作	以中西结合的"制度、环境、事业和感情"管理机制，以"目标、流程、业绩、尊重、交流、轮换、竞争、人性、参与"等具体手段，拉近员工与公司的距离	在物质文化和精神文化建设上，中国惠普采取中、西相结合的原则，以实现与母公司的呼应
谷歌（中国）（隔离模式）	经营内容和管理模式方面与中国的法律制度发生冲突，与中国政府形成对峙	没有准确定位消费群体，没有进行真正意义上的创新，没有开发出消费者所需要的产品	没有与其他企业建立战略联盟关系，还与一些本土企业、组织关系紧张，结果遭到了违规操作的指控	高管的相继离职说明他们之间没有建立相互信任的人际关系，没有形成融洽的组织氛围	高管的离职说明员工与企业之间没有在组织价值观上实现契合	母、子公司之间的距离，导致子公司在与母公司进行多轮博弈之后才能形成公司的最终决策，两者之间信任度极低
摩托罗拉（中国）（同化模式）	积极推动中美贸易关系；顺应并促进了中国政府的发展规划；积极履行跨国公司社会责任	将中国元素融入产品设计和生产之中，以适应中国本土市场和消费者	大力发展本土供应商，与无锡小天鹅集团、中国大唐移动、华为等企业建立战略合作伙伴关系	极高的本土化人才战略，使得管理者与被管理者不存在因文化距离所导致的问题	高效的培训机制和中国本土化的沟通方式与行事方法，提升了员工与企业之间的和谐程度	与子公司建立全方位的系统合作关系，形成了与子公司的协同发展，以此提升子公司的忠诚度

续表

	政府	消费者（顾客）	竞争者（合作者）	内部员工	企业与员工	母、子公司
微软(中国)（移植模式）	坚持“垄断”“强势”的文化普适理论，推行全球标准，对中国政府显示出一幅生硬、冷淡、不屑一顾的神态	忽略了当地市场和本土消费者的实际状况，采用了不适宜的销售策略，失去了消费者的信任	强势与几近垄断的营销策略使得它与中国本土企业处于了一种对立的状态，不光彩的“打假”营销行为、绑架、挟持合作伙伴的商业模式引起了国内企业的强烈不满	大部分高层管理者和基层员工都具有中国文化背景，使得子公司内部并不存在太大分歧，基本处于和谐状态	母公司的企业文化和管理模式移植至东道国子公司，必然会造成东道国本土人员的思维模式和管理理念与母公司之间的差异、矛盾、甚至冲突	母公司对子公司采取高程度控制，子公司自主权小，甚至不具有基本的人事权，导致母、子公司之间的矛盾增加，不利于建立系统关系资本

资料来源:作者整理。

5.4 案例检验及分析

通过对以上四个案例的分析,验证了本研究所提出的“基于关系资本构建的在华跨国公司跨文化整合模式选择”的24个命题假设(见表5-2),下面对这些验证结果进行分析。

表5-2 命题假设检验结果总汇表

命题假设	验证结果
命题假设1:融合模式有助于跨国公司与东道国政府之间建立关系资本	成立
命题假设2:融合模式有助于跨国公司与东道国消费者(顾客)之间建立关系资本	成立
命题假设3:融合模式有助于跨国公司与东道国合作者(竞争者)之间建立关系资本	成立
命题假设4:融合模式有助于跨国公司内部员工之间建立关系资本	成立
命题假设5:融合模式有助于跨国公司与内部员工之间建立关系资本	成立
命题假设6:融合模式有助于跨国公司系统建立关系资本	成立
命题假设7:隔离模式不利于跨国公司与东道国政府之间建立关系资本	成立
命题假设8:隔离模式不利于跨国公司与东道国消费者(顾客)之间建立关系资本	成立

续表

命 题 假 设	验证结果
命题假设 9:隔离模式不利于跨国公司与东道国合作者(竞争者)之间建立关系资本	成立
命题假设 10:隔离模式不利于跨国公司内部员工之间建立关系资本	成立
命题假设 11:隔离模式不利于跨国公司与内部员工之间建立关系资本	成立
命题假设 12:隔离模式不利于跨国公司系统建立关系资本	成立
命题假设 13:同化模式不利于跨国公司与东道国政府之间建立关系资本	不成立
命题假设 14:同化模式不利于跨国公司与东道国消费者(顾客)之间建立关系资本	不成立
命题假设 15:同化模式不利于跨国公司与东道国合作者(竞争者)之间建立关系资本	不成立
命题假设 16:同化模式有利于跨国公司内部员工之间建立关系资本	成立
命题假设 17:同化模式有利于跨国公司与内部员工之间建立关系资本	成立
命题假设 18:同化模式不利于跨国公司系统建立关系资本	不成立
命题假设 19:移植模式不利于跨国公司与东道国政府之间建立关系资本	成立
命题假设 20:移植模式不利于跨国公司与东道国消费者(顾客)之间建立关系资本	成立
命题假设 21:移植模式不利于跨国公司与东道国合作者(竞争者)之间建立关系资本	成立
命题假设 22:移植模式不利于跨国公司内部员工之间建立关系资本	不成立
命题假设 23:移植模式不利于跨国公司与内部员工之间建立关系资本	成立
命题假设 24:移植模式有利于跨国公司系统建立关系资本	不成立

案例验证结果表明:

(1)采用融合模式,在华跨国公司均能够与外部性的政府、消费者(顾客)、合作者(竞争者)、内部性的员工之间、企业与员工之间、系统性的母子公司之间建立有效的关系资本,验证了整合模式下 6 种命题假设成立。

(2)采用隔离模式,在华跨国公司均未能够与外部性的政府、消费者(顾客)、合作者(竞争者)、内部性的员工之间、企业与员工之间、系统性的母子公司之间建立有效的关系资本,验证了隔离模式下 6 种命题假设成立。

以上两种模式下(融合模式和隔离模式)的全部命题假设均得到了验证,但以下两种模式下(同化模式和移植模式)的部分命题假设未得到验证,本研究将对其中的原因予以分析。

(3)采用同化模式,在华跨国公司均能与外部性的政府、消费者(顾客)、合作者(竞争者)、内部性的员工之间、企业与员工之间、系统性的母子公司之间建立有效的关系资本,这与命题假设“不能够与东道国政府之间、东道国消费者(顾客)之间、东道国合作者(竞争者)之间以及跨国公司系统建立关系资本”出现不一致状况。

对于这种不一致,本研究认为,同化模式是一种极端本土化模式,跨国公司采用极端本土化策略进行跨文化整合,可能会使跨国公司遭受本土文化中负面因素的侵袭,因为持有相对主义文化价值取向的跨国公司具有采用同化模式的偏好,跨国公司可能会放弃自己的原有文化而完全沉浸在本土文化之中。但事实上文化中的核心因素“价值观”很难改变,跨国公司采用同化整合模式,并没有完全放弃自己从母公司因袭的“价值观”,跨国公司价值观是形成跨国公司强势企业文化的根本性因素,也是跨国公司能够在不同文化背景下顺利发展和成长的关键性保障。

在与东道国政府关系资本的建构中,命题假设认为同化模式会使跨国公司沾染中国关系文化中的负面因素,陷入“贿赂”“腐败”的道德陷阱。跨国公司具有强大的文化辨别力,采用同化模式进行跨文化整合,在将自己的文化融于中国本土优秀文化的同时,其核心价值观抵御住了本土文化中负面因素的影响,没有失去跨国公司自身文化的优秀品质。它们与中国政府之间建立了良好的关系,但不一定必须通过非正常或非法的手段和方式,只要符合中国国家和政府的要求,跨国公司还是比较容易与中国政府建立有效的关系资本,因为在某种程度上,跨国公司处于买方市场,把握着关系资本建构的主动权。但相对于其他整合模式,同化模式导致形成“贿赂”“腐败”现象的概率要高,在跨文化整合过程中,必须进行有效的防范。①

在与消费者的关系资本建构中,命题假设认为同化模式会因丧失跨国公司本身的“洋味文化”而失去对消费者的吸引力。这里可能存在对“洋味”和“本土”的不同理解,从企业品牌名称来看,“可口可乐”一般会被认为是极具本土化特色的

---

① 在中国情境下,关系资本的生成基于两种关系,“寻求情感型(favor - seeking)”关系和“寻求租金型(rent - seeking)”关系(Su & Littlefield,2001),“寻求情感型”关系是集体文化社会中人们相互联系和互相依赖的重要途径,人们通过关系进行资源聚拢与交流,更好地服务于生存目的,是关系资本构建的基础,具有道德正导向性;而“寻求租金型”关系则与资源分配、权力使用、利益获取相关,是关系资本的投资回报。因“寻求租金型”关系在某种程度上可能会导致贿赂等问题的发生,也因此具有道德负导向性,在华外资企业必须分清这两种关系,才能规范地构建可延续发展的关系资本。当然,对于外族文化人员来讲,将中国“关系”所内含的“兄弟之义”或“互利之举”区分清楚,并非易事,因为中国文化既强调“五湖四海皆兄弟”的关系情感,又注重“礼尚往来”“来而无往非礼也”的关系实用;通过赠送礼品以示礼貌和用贿赂来疏通情感之间的模糊界限,使在华外资经营者感到颇为困惑。根据中国传统文化的“义利观”,中国文化倾向于“先义后利”的价值取向。在华跨国公司进行关系资本建构,“寻求情感型”关系资本建构和“寻求租金型”关系资本建构并非发生在同一个阶段,“寻求情感型”关系资本建构是“寻求租金型”关系资本建构的基础。而考虑到跨国公司“追求利益”的本质属性,“寻求租金型”关系资本建构又是“寻求情感型”关系资本建构的必然,防止这种必然性发生或将“寻求租金型”关系资本的价值降低到最小影响力,需要通过“契约治理”途径进行规范性约束。

品牌,但消费者仍然非常认可其内涵中的“洋味”成分;“Google”本来就“洋味”十足,但为了增加与本土消费者的亲近感,将其本土化为“谷歌”,却被认为“太土”而广为诟病;[①]“摩托罗拉”本来就是本土化之后的品牌名称,为了迎合年轻一族,被“洋化”为“MOTO”。同化是一种极端本土化,但本土化有其具体的时代背景和载体,20 世纪 80 年背景下的中国本土化不同于 21 世纪背景下的中国本土化;21 世纪年轻人概念中的中国本土化不同于 21 世纪老年人思维中的本土化。产品有其具体消费群体定位,同化模式是否会使其丧失自身原有的魅力,取决于消费群体的态度。

在与东道国合作者(竞争者)的关系中,命题假设认为跨国公司采用同化整合模式将使其失去自身区别于本土企业的异质性、形成互补的优势,与本土企业之间不能形成协同合作效应,反而会因为具有同质性与本土企业争夺市场,增加本土企业的竞争压力。但现实状况却是,无论从资金、技术、经营管理模式还是企业发展历史来看,在华跨国公司与本土企业并非处于一种完全平行对等状态,而是具有相对优势。在华跨国公司采用同化整合模式,即便与本土企业具有同质性因素,也不会失去其在其他方面的诸多优势,而本土企业也依然处于一种学习、吸收和配合的地位。叶庆祥(2008)认为,目前本土企业对跨国公司还基本上处于不平等的单向依赖状态。[②] 在华跨国公司采用同化整合模式,仍然保持着与本土企业建立联盟合作伙伴关系的需求,跨国公司需要借助本土企业寻求打入本地市场的路径,本土企业可以从跨国公司获取自身发展所需要的诸如技术、管理模式等先进要素,这种相互需要的互补性并没有因为跨国公司的同化整合而消失。在经济全球一体化时代,竞争是不可避免的,惧怕、躲避甚至用敌意的眼光看待竞争是不可取的,应该努力争取将竞争转化为竞合或合作,形成良好的关系。

在系统关系资本建构方面,命题假设认为同化模式会导致子公司文化与母公司文化隔离或背道而驰,不利于系统关系资本建构。本研究选取的案例样本主要来源于与文化具有很大相关性的 IT 行业,不同于传统的制造业,可以采取全球标准化的生产和运营模式,IT 行业因其深厚的文化因素而要求其生产和运营模式更要具有地方性特征。企业的本质是追求利润,假如采用同化整合模式比其他整合模式带给跨国公司的利润更大,跨国公司没有必要为了追求形式上的全球统一标准而丧失利益。此外,目前 IT 行业跨国公司多采用本土化研发、生产、配套、销售

---

① 吴寸木在其著作《谷歌不听话——互联网背后的大国角力》中指出,“有调查发现,80% 以上的中国用户不喜欢这个名字,土得掉渣,不像一个高科技企业的名字”。

② 叶庆祥. 跨国公司本地嵌入[M]. 杭州:浙江大学出版社,2008:105.

的营销策略,形成“国内市场国际化,国际市场国内化”的格局①,使得跨国公司母子公司之间的联系相对松散,子公司倾向于独立化运作,而母公司不会受到更大影响。子公司在其他方面建立的良好关系资本,也有助于系统关系资本建构。柳明鑫(2002)认为,子公司与当地政府的关系可以使母公司更加依赖子公司,帮助提升子公司在跨国公司系统中的地位。②

(4)采用移植模式,不利于在华跨国公司与政府、消费者(顾客)、合作者(竞争者)、企业与员工之间、母子公司之间建立有效的关系资本,而仅有利于企业内部员工之间建立关系资本,这与命题假设“采用移植模式不利于在华跨国公司与政府、消费者(顾客)、合作者(竞争者)、企业内部员工之间、企业与员工之间建立有效的关系资本、有利于跨国公司系统间建立关系资本”在“企业内部员工关系资本”和“跨国公司系统关系资本”两个维度上存在不一致。

对于企业内部员工关系资本,研究认为,命题假设中对移植模式的理解是母公司更多员工、特别是管理层将会到子公司任职,这样必然会存在因管理层和被管理层之间不同的文化背景而导致冲突发生的可能性。但实际上跨国公司对于这种潜在的冲突已有所意识,一般会选取具有双文化、甚至多文化背景的母公司员工到子公司承担管理岗位的工作。因这些人具有东道国本土文化背景,不会与本土员工存在太大文化隔阂,有助于建立关系资本。另外,目前跨国公司在人力资源方面倾向于普适的人性化管理理念,特别是来自于西方发达国家的跨国公司,积极创造优越、舒适、宽松的人文环境,良好的环境对于紧张的氛围和压抑的心情将产生有益的缓解,有助于缓解人际关系的紧张状况。

对于跨国公司系统关系资本,命题假设认为移植模式将母公司的文化移植到子公司,有利于母公司对子公司进行直接管理,有利于跨国公司在全球价值链的统一协调。但由于大多数到子公司任职的母公司人员都会具有东道国本土文化背景,他们更希望母公司放松对子公司的管控,进行更高层次的本土化经营。移植模式仅是将母公司的表象和表层文化移植到子公司,其核心理念和价值观并没有被子公司所接受、吸收,这样必然造成母公司与子公司在决策方面的博弈,不利于跨国公司系统关系资本的建立。杨忠智(2010)认为,在不确定性和动荡成分增加的形势下,跨国公司母、子公司管理和沟通模式面临着调整和协调。基于等级制度的命令管理转向基于尊重个人价值的人性管理,基于职位的权力管理转向基于知识

① 王志乐.跨国公司在中国[M].北京:中国经济出版社,2006:149.

② 柳明鑫.以网络观点和关系观点探讨多国籍企业海外子公司主动行为及其绩效之关系[D].台北:铭传大学,2002.

能力的威信管理，纵向沟通管理转向横向沟通管理，单向服从管理转向双向依赖管理。①

采用移植模式，跨国公司文化的“普适性”战略会在东道国遭遇诸如语言、习俗差异等文化距离、政府法律、审查差异等行政距离、基础设施、物流状况差异等经济距离以及实际的地理距离等因素制约，使得跨国公司文化很难在东道国子公司内全面传播。

5.5 本章总结

本章通过四个典型的案例，分析了四种跨文化整合模式下的关系资本状况。

在跨国公司跨文化整合模式选择中，文化和与文化相关的行业是具有重要影响力的因素，因为它们决定着是否能够通过采用适宜的跨文化整合进行有效的关系资本建构。鉴于目前 IT 产业对世界经济发展的影响、中国 IT 产业的快速发展及 IT 行业及其产品和服务本身所携带的文化因素，本研究将关注点放在了 IT 行业跨国公司跨文化整合模式选择对关系资本建构的影响。而目前美国的 IT 行业在世界上占有领先地位，因此本研究选取了美国四家在相关领域具有巨大影响力、但在中国又采用了不同跨文化整合策略的跨国公司在华子公司——中国惠普有限公司（IT 基础设施和计算机硬件）、谷歌中国（互联网）、摩托罗拉（中国）电子有限公司（手机和无线通信设备）、微软（中国）公司（计算机软件）作为案例分析样本，以验证不同跨文化整合模式下的关系资本状况。

文化差异是进行跨文化整合的前提条件，跨文化整合是跨国公司为了避免文化差异造成的矛盾和冲突、对其进行跨文化管理、进而建立高效而有价值的关系资本的一种方式。本章首先依据国家文化五维度和企业文化四维度对中美之间的文化差异进行了分析，认为中美在国家文化与企业文化之间存在巨大差距，美国在华跨国公司进行跨文化整合模式选择及应用需格外谨慎。IT 属于高科技行业，有着生命周期短、与本土企业合作需求大、潜伏着文化冲突等特征，不同跨文化整合模式的选择和应用对关系资本的建构有着重要影响。

通过对中国惠普有限公司的跨文化整合分析发现，中国惠普有限公司采用融合整合模式，在与政府、消费者（顾客）、竞争者（合作者）、内部员工、企业与员工、跨国公司系统等六个方面均建立了良好的关系资本；谷歌中国采用隔离整合模式，

① 杨忠智. 企业海外并购海外子公司内部控制研究[M]. 厦门：厦门大学出版社，2010：3.

在与政府、消费者(顾客)、竞争者(合作者)、内部员工、企业与员工、跨国公司系统等六个方面均未能建立良好的关系资本;摩托罗拉(中国)电子有限公司采用同化整合模式,在与政府、消费者(顾客)、竞争者(合作者)、内部员工、企业与员工、跨国公司系统等六个方面均建立了良好的关系资本;微软(中国)公司采用移植整合模式,在与政府、消费者(顾客)、竞争者(合作者)、企业与员工、跨国公司系统等五个方面均未能建立了良好的关系资本,仅在内部员工间建立了良好的关系资本。

案例研究对第三章所提出的24个命题假设进行了验证,并对验证结果没有得到支持的六个命题假设[同化模式不利于跨国公司与东道国政府、消费者(顾客)和合作者(竞争者)、母、子公司之间建立关系资本;移植模式不利于跨国公司内部员工之间、有利于母、子公司之间建立关系资本]进行了原因分析。

6 访谈研究:命题假设的进一步检验

6.1 访谈检验与分析

6.1.1 访谈的基本状况

为了更为准确地验证本研究提出的 24 个命题假设,特别是针对案例研究中未被证明的命题假设,本研究选取了 5 家不同行业的在华跨国公司①,通过访谈形式,进行进一步验证。被访谈跨国公司及被访谈人员的基本情况见表 6 - 1。

表 6 - 1 访谈的基本状况

跨国公司名称	跨国公司来源国	跨国公司行业性质	被访谈人员	访谈时长	辅助资料	验证模式
某美资跨国公司	美国	IT 行业	法务部经理	1 小时 28 分	纸质文字文本资料	融合模式
某日资跨国公司	日本	建筑预算行业	业务部经理(现离职)	1 小时 49 分	无	隔离模式
德勤华永会计师事务所	美国	会计行业	审计部负责人	1 小时 14 分	网络文字文本资料	融合模式、同化模式
某美资跨国公司	美国	咨询行业	总经理助理	53 分钟	网络文字文本资料	融合模式、移植模式
某美、法、挪威跨国公司	美国、法国、挪威	石油设备行业	人力资源部经理	1 小时 17 分	无	同化模式、移植模式

资料来源:个人整理。

注:考虑到被访谈人的要求,被访谈人及公司的一些细节没有列出;个别访谈在与被访谈人共同就餐的过程中完成。

---

① 本研究在案例研究中选取了四家美国的 IT 在华跨国公司,为了从不同行业来证明命题假设,此次访谈选取了五家分别属于不同行业的跨国公司,以证明命题假设所具有的广泛代表性。

6.1.2 得到检验支持的命题假设

6.1.2.1 融合模式(美资跨国公司)访谈

进一步验证以下命题假设:

命题假设1:融合模式有助于跨国公司与东道国政府之间建立关系资本。

命题假设2:融合模式有助于跨国公司与东道国消费者(顾客)之间建立关系资本。

命题假设3:融合模式有助于跨国公司与东道国合作者(竞争者)之间建立关系资本。

命题假设4:融合模式有助于跨国公司内部员工之间建立关系资本。

命题假设5:融合模式有助于跨国公司与内部员工之间建立关系资本。

命题假设6:融合模式有助于跨国公司系统建立关系资本。

问:请您谈一下贵公司的基本情况。

答:我们公司是从HP(惠普)公司分离出来的一家公司,主要从事生命科学、通信与电子领域的探测和测量分析仪器的研发生产,包括光线网络、传播网络、微波网络等,在中国已有近20余年的发展历史,目前我们北京分公司拥有200余名员工。

问:您觉得您所在的公司在中国采用了哪种整合模式?

答:您可能更熟悉惠普公司的情况,在您所提供的材料中涉及了惠普公司的案例,我们公司是从惠普分离出来的,与惠普具有一样的文化,采用的文化整合模式应该也是一样的,我认为我们公司整合采用的是融合模式。

问:公司与中国政府、中国消费者、中国企业相处的关系怎样?

答:我们公司非常重视与政府的关系,成立了专门处理政府部门和新闻媒体事务的公关部。此外,因为我们公司的主要产品销售给政府部门或事业单位,政府部门也是我们公司的主要客户,公司对于政府业务给予了特殊关照。如我们北京分公司坐落于望京科技园区、成都分公司坐落于高新科技园区,每逢公司举行诸如年会等活动时,我们总要邀请园区领导参加;每逢我们母公司高层管理人员来到中国,总要拜访所在区域的领导。当然,这种关系并不是人们所认为的后门或贿赂,而是表示重视和尊重。美国国内或公司总部有着严格的法律监管,我们公司还成立了合规管理部门,针对类似存在贿赂等腐败现象的非正常交往做出处理或进行回应。我之所以认为公司采用了融合模式,是因为我们公司既保持了美国母公司文化中先进性的一面,又适应了中国特殊的“关系”交往文化,使得公司与政府之间的关系极为恰当,这样有利于公司的正常发展。

在客户(消费者)方面,我们公司在中国并不生产产品,而主要负责市场销售和售后服务,但设有实验室和研发中心负责产品研发。由于我们的产品属于非本土化生产的产品,公司采用了精细化的售前、售中和售后服务,考虑到中国快速的生活方式和较高的消费水准,特别是在北京,我们公司非常注重速度和质量,以速度为特征,以质量为保证,以消费者满意度为标准,建立了消费者评价追踪、管理追究和奖惩严明的一体化消费者服务考核标准,真正将消费者视为"上帝",所以消费者对我们的品牌也非常认可,有很多多年形成的老客户。

对于国内(中国)企业,特别是具有竞争性质的企业,我们公司基本采用合作、协同的态度与它们建立关系,如我们公司与上海分析仪器厂、成都先锋电子电器集团进行了合资,与中石油建立了战略合作伙伴关系。对于竞争性强、不易合作的企业,采取"人不犯我、我不犯人"的中国式策略,强调通过建立对话沟通机制解决问题。

问:公司内部员工之间的和谐程度、员工价值观和公司文化的一致性怎样?

答:我们公司的员工绝大部分是中国本土人员,小部分员工来自美国,员工之间相处较为和谐,即便出现一些小的摩擦和冲突,也能较为平和地进行化解。您研究企业文化可能更清楚:中、美之间文化差距较大,美国员工做事严谨,责任意识强;而中国员工较为随便,一般事情"差不多""凑合"即可。例如:对于产品或设备的年检,中国员工认为产品质量没有问题,要不要真正进行年检并无大碍,老板签字即可,这样能够节省时间;而美国员工却执意认为必须进行年检后方能签字,如果不检就签字便是造假,违犯企业伦理道德。在检与不检这个问题上,公司还是执行了美国员工的做法,进行了年检,但在年检的程序上,省略了一些不重要的环节,这种融合性质的处理方式达到了双方满意。此外,公司采用母公司的管理模式,员工与老板在完全相同的"大开间"式的办公环境和办公场所,两者可以没有任何障碍地进行交流和对话,这使得管理层与普通员工之间处于一种平等关系;而在进行决策和执行中,老板又不乏中国式领导权威。我个人觉得这种中西融合方式在很大程度上减少了员工之间的摩擦,是跨国公司成功经营的关键要素。

下面我再谈一下您说的价值观吧,我们公司非常注重员工与企业价值观契合,在招聘、选拔、培训等各个环节都强调员工与企业价值观的契合和匹配。我们公司的核心价值观是"信任",公司对我们员工充分信任。我们公司文化中融入了中国文化的"良心规则"和"人情意识",公司与员工之间相互信任。我们公司实施打卡制,但实际上并没有人监督,员工若晚来半个小时,便会自觉地晚下班半个小时。公司会针对每一位员工的特点为其设计职业发展路径。对于员工的考核,实际上是一种诊断式的发展规划设计,员工首先进行个人陈述,老板进行评价和点拨,员工进行反思,企业对员工进行有针对性的培训。这种方式有利员工个人成长和发展,使得员工目标和企业目标达成了一致,我认为我们公司的价值观契合度还是很高的。

问:您觉得子公司与母公司之间的关系怎样?

答:我觉得我们公司的母、子公司之间具有典型的垂直管理特征,但在具体操作环节,又充分考虑到了子公司的特殊性。如去年母公司做出了拆分我们子公司的决定,我们公司严格按照母公司的要求执行,成立了专门的项目组,在不到8个月的时间内将子公司拆分成在异地的两个公司。但在具体操作过程中,充分考虑了子公司对于选址、员工的整体状况、业务部门的设立等要求。在公司内部,可以用两种语言进行书面或口头交流,在与美国员工或母公司进行交流时,一般情况使用英语;在与中国本土员工进行交流时,则可以使用汉语,母公司对于子公司的文化很包容,而且子公司自主权也很大,总体上讲,母、子公司之间的关系很融洽。

问:您对采用融合模式所建构的关系资本状况有何看法?

答:我们公司继承了HP(惠普)公司的企业文化,在中国采用融合模式进行跨文化整合,我认为有利于在各个方面建立关系资本,而我们公司能够在中国发展20余年也证明了融合模式在关系资本建构方面的作用。

6.1.2.2 隔离模式(日资跨国公司)访谈①

进一步验证以下命题假设:

命题假设7:隔离模式不利于跨国公司与东道国政府之间建立关系资本。

命题假设8:隔离模式不利于跨国公司与东道国消费者(顾客)之间建立关系资本。

命题假设9:隔离模式不利于跨国公司与东道国合作者(竞争者)之间建立关系资本。

命题假设10:隔离模式不利于跨国公司内部员工之间建立关系资本。

命题假设11:隔离模式不利于跨国公司与内部员工之间建立关系资本。

命题假设12:隔离模式不利于跨国公司系统建立关系资本。

① 被访谈者在接受访谈之际已经离开本跨国公司将近3个月,在离开该跨国公司时,该公司经营惨淡,面临破产的边缘。

问:请您谈一下贵公司的基本情况。

答:我们是一家日资企业,主要从事建筑预算业务,公司配套齐全,在行业内处于世界领先地位,在日本国内居首位。公司总部在名古屋,下面有三个分公司。公司曾经在中国招纳过两批员工,第一批来自大连的在职技术员工,第二批直接从高校招纳的毕业生。随着日本国内竞争的加剧,公司开始开拓海外市场,并于2011年在北京建立了分公司。为了避免跨国公司在华经营需要办理的一系列烦琐手续,我们公司通过建筑行业的内部关系,组建了这家名义上中方注册、实质上是日方投资、控制的跨国企业。

问:您觉得您所在的公司在中国采用了哪种整合模式?

答:根据您所提供的四种整合模式的解释,从我们公司的最后结果来看,我觉得我们公司的整合模式更倾向于隔离模式,当然这不是我们公司所希望的,但最后的结果就是这样,既不像日本的公司(业务上的一些具体操作环节由中方控制),也不像中国的公司(资金和管理理念又由日本公司掌控),特别是在员工管理和业务经营方面。

问:公司与中国政府、中国消费者、中国企业相处的关系怎样?

答:我们和政府的接触并不多,主要的接触是在刚刚进入中国时要办理注册手续、申请营业执照以及帮助员工获取必需的资格证书等事情的处理上,要按照政府规定的程序或要求办理。主要是因为语言和对文化环境不熟悉的原因,我们公司不理解、也不太认同在中国进行经营发展必须经过的各种审核程序与手续,为了避免与政府机构等官方部门之间的牵扯,便借助、依托因行业交往而结识的中国关系,使得我们公司在最初阶段便跨越了与政府直接接触这一环节,在后来的发展中便没有太多机会与政府方面接触,也就没有形成非常亲密的关系。也可能是因为业务的关系,政府对于我们的发展来讲,并不是一个重要的影响因素。

至于客户(消费者),我们刚进入中国市场时,因在中国的本土市场没有打开,便将日本的业务拿到中国来做。而我们公司(子公司)的中方管理者对公司的整体业务情况又不是特别了解,而是按照他们自己的经营管理思路和模式进行经营;母公司不了解中国本地市场,也就无法把握中国市场状况,导致我们公司一直不能对中国客户(消费者)进行准确与适宜地定位,造成了我们的产品和销售业务(消费者)脱节,阻碍了与中国客户(本土消费者)建立良好关系的进程。

在与中国企业合作方面,因限于业务量问题,我们没有太多的合作单位,真正形成竞争地企业也不多。在最初进入中国时,因受到企业规模、行业性和公司业务等方面地限制,我们公司迫切需要利用当地资源为发展铺平道路,于是便利用了以前结识的、具有合作关系的这家中国企业,作为我们公司发展所依托的“壳”。我们公司在这个“壳”内运营地并不顺利,因为这家公司对我们的经营管理方式并不完全了解,使得我们母公司的经营管理理念与中国企业的经营管理理念产生分歧,加上语言和文化方面的差异,这些分歧得不到有效的沟通和解决,逐渐引发了公司和中国企业间的冲突。

问:公司内部员工之间的和谐程度、员工价值观和公司文化的一致性怎样?

答:我们的员工构成比较特殊,除合作企业的管理者外,无论是普通员工还是管理人员,都是由日本本土员工和曾经在日本生活过的中国员工构成。日本本土员工在中国工作生活,承受着因环境改变带来的文化冲击压力,而我们这些“曾经在日本生活过的中国员工”在回到中国以后,重新体会、感受中国环境下的人际关系、工作待遇、生活方式等方面产生的差异,失去了在日本环境下与日本本土员工建立和谐关系的基础,仅以语言交流为例,即便在公司内部,我们也不愿用日语与日本本土员工进行交流,感到说日语很别扭(但在日本的时候并不是这种状况)。在日常生活方面,中国环境使我们这些曾经在日本生活过的中国员工重新恢复了自己以前的生活方式或关系网络,这样就减少了与日本员工的交往时间,我们之间的关系也不再像在日本一样亲密了。日本员工比较认同自己的文化,在环境改变的情况下还坚持母公司原有模式,而我们中国员工却在非常熟悉的“新环境”下很快进行了行为调整,这种“变”与“不变”的矛盾导致了我们和日本员工关系开始产生裂痕。

在企业文化和价值观方面也有一些问题,日本严格的企业管理文化与日本的环境及其国家文化相适应,在日本工作的中国员工、特别是像我们这样直接从高校毕业的学生,因受到日本公司高强度培训及公司文化的熏陶,也便很快地适应了他们的文化。但在中国环境下,我们这些已经回归中国文化的中方员工接触的更多是我们中国文化环境下的人或物,我们以中国传统或目前的管理机制,如人事管理、薪酬管理、日常规范甚至请假制度,与原来的日本公司进行对比,发现自己不能再接受原本在日本环境下已经适应的企业文化和管理方式,于是在内心便产生了不平衡感,便要求或影响中国公司(子公司)对企业文化和管理制度进行变革。但公司倾向于我们采用日本总部(母公司)的模式,如老板想了解我们工作情况时,仍然要求我们采用日式的汇报方式,而我们对这种在中国非大众化的汇报方式有些抵触,这样造成我们和老板之间不能实现有效的沟通和对话。日方管理者缺乏在中国工作的经验和对中国环境的了解，而个别中方管理者因在日本生活也对中国环境感到陌生，他们不能及时发现中国公司（子公司）在文化建设上的问题，也不能消除员工价值理念与企业文化之间的差异，导致部分员工、甚至企业骨干的离职。

问：您觉得子公司与母公司之间的关系怎样？

答：我在前面说过，我们是“借巢下蛋”，我们的合作者（中国法人）所代表的具有“壳”性质的子公司拥有关系、信息等优势资源，但不一定是一个最佳管理者，因不熟悉、不了解日方管理模式，与日方的管理战略和建设思路存在很大差距。此外，由于中国子公司不懂技术，需要母公司进行技术方面的支持，而母公司在进行技术支持的同时，必然会携带母公司的管理模式和文化因素。这种境况下，中国子公司与日本母公司在发生联系的同时也便产生了冲突的可能。一旦出现问题，中方往往将矛盾指向日方或日方管理人员，或者两者之间互相推诿。

问：您对采用隔离模式所建构的关系资本状况有何看法？

答：我认为采用隔离模式进行跨文化整合不利于建构关系资本，其中一个关键性因素在于，就我们公司来讲，日方具有技术优势，但缺乏中国背景下的管理经验；中方人员具有中国的管理背景，却又缺乏核心技术。但这两者又不能实现优势互补，可能关键问题还在于沟通吧。日本总部发现隔离模式存在的问题之后，也曾试图将一些中国本土或地方性因素考虑进去，但由于日方的某些管理者在骨子里仍然是“日本的管理方式”，并没有发生实质性改变；但企业内的员工、特别是中方员工已经发生变化，也使得企业文化发生了某些改变。您在发给我的资料中也谈到，企业内部的关系资本具有重要的价值，关系对人的依附性，中国“情义”文化环境影响下的关系具有一定的特殊性，也具有很强大的破坏作用。企业高层管理人员或企业内部关键人员的离职，将会产生连锁反应，一批与他们亲近的员工也会随他们而去。而对于“长期雇佣制”的日本文化或日资企业来讲，哪怕是个别员工的离职，都会对企业产生一定的不良影响。

6.1.2.3 融合模式、同化模式（德勤华永）访谈

进一步验证以下命题假设：

命题假设2：融合模式有助于跨国公司与东道国消费者（顾客）之间建立关系资本。

命题假设3：融合模式有助于跨国公司与东道国合作者（竞争者）之间建立关系资本。

命题假设16：同化模式有利于跨国公司内部员工之间建立关系资本。

命题假设17:同化模式有利于跨国公司与内部员工之间建立关系资本。

问:请您谈一下贵公司的基本情况

答:德勤是国际著名的四大注册会计师事务所之一,最早在1917年便进入咱们中国,此后断断续续在中国已有多年发展历史,最后成立中国德勤华永分公司,实行合伙人制度。德勤华永主要有三大业务:财务审计、税务筹划和咨询并购。

问:您觉得您所在的公司在中国采用了哪种整合模式?

答:我感觉很难用一种模式去说明整个公司的情况,可能更具体一点还好说一些,因为针对的关系主体不同,我们可能会采取不同的整合模式。融合、同化这两种整合模式在我们公司中都有体现,但似乎同化的成分更多一些,融合的内容也有,比如公司名字本身中的"华"和"永"就是中国成分的融入。

问:那这样来说,公司针对中国政府、中国消费者、中国企业都采取了哪些整合模式,和他们相处得关系怎样?①

答:在与客户(消费者)的关系方面,我觉得公司采用的是融合整合模式,德勤在全球具有较高的知名度,属于高端品牌。德勤华永在中国经营,采用"全球化的标准,地方化的行动"策略,与国内的会计师事务所相比,具有更规范和高规格的标准,但考虑到中国的实际国情和传统文化因素的影响,在具体操作环节,又充分考虑、照顾本土客户的实际状况和现实要求,因此能在消费者中获得较高的声誉。

我认为在与合作者的关系方面,也应该是融合模式。德勤对在华合作企业的选择很严格,它们一般都具有较高的市场地位和丰富的客户资源,合伙人也具有较高的社会地位和从业资历,这就不但保证了在与他们在交往过程中,在经营标准和规范方面具有一致性,也有助于我们公司和他们之间形成信任和稳定关系,还有助于获得更多的本土资源。

问:那么针对公司内部员工之间和企业与员工之间采取的是那种整合模式?公司内部员工之间的和谐程度、员工价值观和公司文化的一致性怎样?

答:我觉得公司内部员工之间应该是同化模式,我们企业大部分员工都是中国员工,来自总部(母公司)或其他国家的员工很少,这样(员工)文化之间的差异性就小了很多,大家相处起来也比较融洽。我想有一个方面更能说明问题,那就是工资待遇方面。西方跨国公司内部员工的薪酬差距较大,企业一般根据员工的贡献率确定各自的待遇。但我们公司在工资待遇上,借鉴了咱们中国的中庸思想,员工

① 与政府建构的关系资本属于没有得到支持的命题假设验证,在下一部分进行分析。

薪酬差距不大,较为平均,因此员工之间的矛盾也不大,当然,(薪酬之间)差别还是有的。

在企业与员工关系方面,也是同化的成分要多一些。德勤华永对员工采用本土化的人性化管理,吸纳咱们中国文化中"用人不疑"的理念,对员工充分信任。公司采用"项目制"的目标管理,不实行上下班打卡制,没有森严的管理规定,领导与员工之间没有外在分明的界限,员工较为自由,工作氛围轻松。在服装衣着上,员工不必像其他西方的跨国公司一样西装革履,衣着可以较为随便。其实我认为这种"信任"管理更符合中国的"人性"文化。

问:您觉得子公司与母公司之间采用哪种整合模式,关系怎样?① 您认为哪种整合模式更有利于在华跨国公司关系资本的建构?

答:这一点很难说,首先我认为德勤华永在中国经营还是很成功的,这说明它采用的经营整合模式在整体上是合适的。但这里并没有一个适用于所有相关利益者关系建构的模式。我觉得您这个研究选题很好,"关系"是中国的文化,跨国公司在中国经营,一定要建立关系资本,我这里并不是指"送礼受贿"。德勤华永关系网络平台的搭建,既利用了非正式规则(关系治理),也借助了正式规则(契约治理),这与德勤的行业性质具有一定的关系。会计师事务所是解决不信任机制问题的产物,本身就带有强烈的公正性质,体现规范和公正的契约文化,而具有较高影响力的德勤的企业治理较为成熟,而且在严格的管理和监督之下运行,保证了关系资本的有效性;但在中国经济转型和关系文化的影响下,在某些环节也不得不适当借助于"非正式"规则下的关系资本的帮助。总体上讲,"本土化"应该是跨国公司的一个大原则。

6.1.2.4 融合模式、移植模式(某美国在华咨询公司)访谈

进一步验证以下命题假设:

命题假设 19:移植模式不利于跨国公司与东道国政府之间建立关系资本。

命题假设 20:移植模式不利于跨国公司与东道国消费者(顾客)之间建立关系资本。

命题假设 21:移植模式不利于跨国公司与东道国合作者(竞争者)之间建立关系资本。

问:请您谈一下贵公司的基本情况

答:我们公司主要从事专业性咨询服务,在全球拥有 50 多个 Office(Office 也

① 与母公司建构的关系资本属于没有得到支持的命题假设验证,在下一部分进行分析。

就是分公司),在中国已有13年的发展历史,拥有120余名员工。

问:您觉得您所在的公司在中国采用了哪种整合模式?

答:融合模式吧,但应该也有移植模式。

问:公司与中国政府、中国消费者、中国企业相处地关系怎样?

答:我们公司从事金融领域的咨询服务,在处理业务中,涉及国家的金融政策,规则性比较强,我们完全遵守中国的政策法规,依法依规地开展业务。与政府的实质性交往不多,即便有一些象征性往来,也主要按照公司的规定办事,与政府保持着正常关系。政府对我们也很照顾,可能还是考虑到我们是跨国公司,能够给本地区带来一些好处吧。

问:您刚才提到政府对公司"照顾",具体指什么?

答:据我所了解,在税收、一些合作项目审批上,应该有一些优惠政策。

问:贵公司的母公司在美国,美国的金融政策与中国肯定存在一些差别,那(公司)在中国经营,是采用美国金融政策体制下的模式,还是根据中国金融政策重新确定模式和一些具体的制度或执行方式?

答:(两者)不一致时我们会偏向一点中国本土政策,毕竟在中国经营,针对中国客户,我们会在母公司模式基础上做出调整,也就是您说的融合模式吧。若完全采用母公司模式,肯定会与中国政策产生矛盾,我们自然也就不会受到什么特殊"照顾"了。中国政府很强势,正如您给我的材料中所提到的微软的例子,没有哪一家政府会欢迎一个以征服者姿态出现的外来企业。当然,跨国公司一般也不会完全按照中国政府的意向(行事),毕竟我们有自己的利益诉求。

问:那消费者和合作者这边呢?

答:我们公司的服务对象(消费者)主要是在华跨国公司和少数大的国企,如中国银行、中国人寿保险公司等,它们办事非常规矩,有着与我们相似的经营管理模式和理念,规则意识都比较强,我们主要依据合同和协议进行业务往来,相处的关系相对简单,也很融洽。但在具体的业务洽谈、业务处理中,还是存在一些差别,这可能是中、西文化之间的差别造成的,如国企中的官僚主义还是很明显,我们为了业务有时候也只好顺着他们,否则我们不仅会消耗很多时间跟他们"打嘴架",效率也会很低,甚至丢掉已经谈好的业务,这点与我们在欧洲的Office有很大不同。但中国有其特殊性,我们不能采用一个标准。

至于合作企业,刚才我已经提到,我们的合作者既有在华跨国公司,也有一些大型国企,这些大型的中国国企很多也是跨国公司,它们在不同国家也有自己的业务,(它们)做事情非常规范,有着严格的程序和标准,我们之间相处得都很愉快。

但国企毕竟是国企,它们有它们的一些内在文化,为了和它们保持良好的关系,我们之间有时也会有礼节性的往来,当然非常透明,我们公司有着严格的规定,对于贿赂的惩罚力度很大,但我们 Office 与总部(母公司)的做法还是有些不同,我在总部呆过好几年,明显感觉到在不同地方,与合作者的相处也不同,“入乡随俗”嘛,与其他在华跨国公司相处也一样,多少还是多了些中国文化味道。

问:公司内部员工之间的和谐程度、员工价值观和公司文化的一致性怎样?① 您觉得子公司与母公司之间的关系怎样?② 您对融合模式和移植模式在关系资本建构中的影响有何看法?

答:我认为跨国公司的优势就在于统一管理和规模效应,移植模式能够使我们保持更高的标准和更先进的文化。但绝对的移植也有问题,相对于中国的企业文化来讲,我们公司文化毕竟是外来文化,移植多少有些“强迫”和“征服”的味道,还是融合更好一些,更适合中国的文化。但移植因素也有存在的道理,刚才我讲了,跨国公司具有全球性质,肯定会带有母公司的痕迹,在企业文化和员工管理方面还是具有优势的。

6.1.3 没有得到检验支持的命题假设

6.1.3.1 同化模式(德勤华永会计师事务所③)访谈

进一步验证以下命题假设:

命题假设 13:同化模式不利于跨国公司与东道国政府之间建立关系资本。

命题假设 18:同化模式不利于跨国公司系统建立关系资本。

问:那这样来说,公司针对中国政府、中国消费者、中国企业都采取了哪些整合模式,和他们相处的关系怎样?

答:我认为我们公司在与政府关系方面采用的是同化整合模式,我们承诺,德勤在华事务所(即德勤华永)按照中国当地法律、法规、惯例等情况而设定,严格遵守当地的法律、法规,为特定的区域提供服务。我们公司在中国也采用合伙人性质的企业经营形式,但其合伙人大多具有政府官员、行业协会专家或业界权威的身份背景,这些具有特殊身份的人员为我们公司顺畅地与政府部门进行交往、办理行政审批业务等打开了通道。例如,德勤华永在中国并购的规模较大的事务所“天

---

① 内部员工之间、企业与员工间建构的关系资本属于没有得到支持的命题假设验证,在下一部分进行分析。

② 母子公司之间建构的关系资本属于没有得到支持的命题假设验证,在下一部分进行分析。

③ 公司基本情况介绍同上。

健”,其合伙人之一便曾是财政部的领导,而且还是中国人民大学博士,在行业领域也具有较高的权威。在一些重要的场合和召开一些具有重大意义的会议时,公司也会邀请政府相关部门的领导人参与出席。采用同化整合模式使我们公司和当地政府建立了良好的关系,便利了我们业务的开展,但其中并不存在什么违法、违规的行为。

问:您觉得子公司与母公司之间采用哪种整合模式,关系怎样?

答:这个我感觉有点不太好说,从理论上讲,德勤实施全球标准化的“交叉复合管理”,总部(母公司)以信任文化为基础,实施“内部相互信任、相互制衡和相互调动”的一体化机制,在全球子公司之间实施相互协调的管理模式,应该是有点移植模式的味道;但大家都知道,中国公司有自己的特色和特殊情况,都是上市公司,美国的上市公司不同于中国的上市公司,在统计数据的准确度、信息公开状况等方面还是存在一定差别,针对中国公司的一些具体业务,我们也可以自行进行处理,按照中国的实际情况和公司的要求操作,否则我们就拿不到项目。母公司对于我们这种状况也非常了解,只要不违反公司的大原则,不突破道德红线,(母公司)一般还是支持的。

问:这么来看,更大程度上应该属于同化模式,那母公司还是比较认可的,对吧?

答:是的。

6.1.3.2 移植模式(某美国在华咨询公司[①])访谈

进一步验证以下命题假设:

命题假设22:移植模式不利于跨国公司内部员工之间建立关系资本。

命题假设23:移植模式不利于跨国公司与内部员工之间建立关系资本。

命题假设24:移植模式有利于跨国公司系统建立关系资本。

问:公司内部员工之间的和谐程度、员工价值观和公司文化的一致性怎样?

答:在员工选拔上,我们公司采用全球统一的标准和模式。我们公司的员工由中国本土员工和外国员工组成,尽管文化存在一定的差异,但因为都属于精英员工,能够顺利地通过沟通和交流解决出现的矛盾。我们员工的入职选拔比例非常低,千分之几左右,而且是总部的老板直接过来面试,所以对员工的整体素质和各方面的能力都有极高的要求,其中包括对人际关系处理方面的素质和能力的要求,员工之间的关系较为融洽。

---

① 公司基本情况介绍同上。

由于我们公司将员工定位于“精英型”，因此在招聘环节经过严格把关，完全按照公司的全球标准，层层筛选，保证了员工价值观与企业价值观的高度契合，我们公司也非常注重培训，包括技能培训和公司文化培训。公司实施高度的全球标准化，我们员工不仅可以在中国的不同分公司之间自由流动，也可在全球所有的分公司之间自由流动，这样也保证了员工能够适应不同环境，并在其中生存和发展。

问：您觉得子公司与母公司之间的关系怎样？

答：我们的业务有些是全球性的，有些其他地方的业务也会拿到中国来做，所以我们公司要完全按照母公司的意愿和要求行事，同母公司在决策的制定、执行方面具有较高程度的一致性，这样才能保证效率。

6.1.3.3 同化、移植模式（某美国、法国、挪威石油设备跨国公司）访谈

进一步验证以下命题假设：

命题假设13：同化模式不利于跨国公司与东道国政府之间建立关系资本。

命题假设14：同化模式不利于跨国公司与东道国消费者（顾客）之间建立关系资本。

命题假设15：同化模式不利于跨国公司与东道国合作者（竞争者）之间建立关系资本。

命题假设22：移植模式不利于跨国公司内部员工之间建立关系资本。

命题假设23：移植模式不利于跨国公司与内部员工之间建立关系资本。

命题假设24：移植模式有利于跨国公司系统建立关系资本。

问：请您谈一下贵公司的基本情况。

答：我们公司主要从事石油钻井设备的生产和销售，在某种程度上属于垄断企业。石油是一个敏感性行业，出于国际政治角度的考虑，我们公司具有多重身份，在美国、法国、挪威均设有总部，针对不同的国家和市场，可以以不同的公司总部身份出现，避免因国家间国际政治和意识形态方面的差异或矛盾对公司业务产生不良影响。

问：您觉得您所在的公司在中国采用了哪种整合模式？

答：主要是移植模式吧，我们采用的主要是母公司的模式，但在个别方面也考虑到中国特殊文化的现实，比如针对政府部门或者主要客户实行特殊沟通，在员工选拔、任用等人事安排上会考虑到来自于合作伙伴的关系，在岗位和职位上给予一些特殊关照等（本研究认为这种做法带有中国式“关系寻租”的味道，在某种程度上可以被视为同化模式，而不是被访谈者认为的移植模式）。

问:公司与中国政府、中国消费者、中国企业相处的关系怎样?

答:都还好,我们的业务与石油相关,石油行业具有较强的国家政策性,石油的开采要涉及选址、竞标、征税等竞争性环节和利益分割问题,为了争取最大利益,必须疏通政府环节,要"接地气"。此外,石油行业属于国家控制的垄断性资源行业,政府对此具有很高程度地把控。因此,与政府之间建立良好的关系对于我们公司具有重要意义。例如,在选聘中国本土员工问题上,除了对技术这一专业背景要求外,员工私人的政府关系或大客户关系背景也是一个重量级因素,这样便于我们和政府或主要客户之间的来往,建立良好的关系。(被访谈者没有明确指出采用的具体模式,但本研究认为其中同化模式的因素较强)

问:不好意思,我下面的问题可能有点尖锐,您觉得这种"非正常"关系是否含有贿赂或腐败的味道?

答:应该不算吧,真正具有贿赂或腐败意味的关系户就不会到我们这里来了,他们去的单位可能会更好。当然,即便不算贿赂或腐败,这种情况在我们母公司应该也不会发生,这就是文化差异,在中国文化背景下,或多或少都会有些"非正常"关系因素,但只要不出格就行,我们公司对贿赂和腐败的提法和行为还是非常慎重和谨慎。

问:那与消费者和合作单位之间的关系怎样?

答:我们公司的客户(消费者)主要是石油行业的大型跨国公司或中国主要的国企或央企,如中石油、中石化等,客户资源比较固定。我们公司的产品——石油钻井的关键性设备具有一定的技术垄断性,无论哪一家公司开采石油,特别是复杂油井开发,一般都会购买我们公司的设备,我们公司处于具有稀缺资源的卖方市场地位,加上我刚才提到的,在经营上充分考虑到本土客户的一些特殊要求,与消费者(客户)之间建立了较好的关系资本。(从公司的垄断性质和对客户的态度来看,本研究认为这个方面的同化模式因素较强)

我们企业在中国没有太多合作单位,相关联的企业大多是竞争关系。为了保护民族企业,(中国)政府对石油开采单位做出了特殊要求,石油开采单位在购买开采设备时必须购买一定份额的国有企业生产的设备,我们公司与某些同行国企存在一定程度的竞争。但由于石油圈子比较小,活动范围有限,这些国企对我们公司也构不成太大竞争威胁,而且考虑到(我们公司所处)地域劣势等情况,我们(公司)尽量避开和他们正面竞争,有时还主动接近他们,把一些对我们意义不大的项目承让给他们,尽量和本土竞争企业保持良好关系。咱们中国文化讲究"和","和为贵""和气生财"嘛。(在这方面,从公司的具体行为来看,同化模式

因素较强）

问：公司内部员工之间的和谐程度、员工价值观和公司文化的一致性怎样？

答：我们公司本身具有多元文化特征，而且相对于中国的国企或民企来讲，薪酬比较高，应该说还是具有一定的吸引力。我们公司将欧美总部的管理模式移植到中国公司，也就是您说的移植整合模式吧，在文化活动、员工晋升考核机制与机会方面，完全按照欧美模式执行。如员工进入公司前3年要参加公司安排的培训，公司会聘请世界知名人士进行培训授课，旨在通过培训使员工适应欧美文化或国际化。通过高强度的培训，我们公司的员工不仅具有了同质化的特征，还吸收了欧美文化之中的优秀文化，员工素质得到极大提高，员工之间的相处能力和和谐度也得到了提高。

在价值观方面，匹配度应该比较高，如果你的价值观和公司不一致，首先你也不会进来，即便进来了，也留不住。我们公司注重对员工培训，在对员工进行培训之后，公司还会对员工进行考核，不合格的员工将会被辞退。而通过考核的员工已经深刻感觉到自己已经被欧美文化所同化，具有与跨国公司相同的文化和价值观。以工作语言为例，我们在公司主要使用的工作语言是英语，感觉到用英语比用汉语更能清楚地表达我们的意思，沟通也比较顺畅。走出公司和其他人交往时，有时候都感觉和周围的环境不太融合。

问：您觉得子公司与母公司之间的关系怎样？

答：我们公司总部（母公司）和大部分子公司都在欧美，这样使得整个跨国公司系统以欧美总部的文化和思维方式为主，子公司完全承袭并采用母公司的文化和要求，母、子公司之间具有较高程度的一致性。

问：根据您刚才所谈的，贵公司所采用的整合模式不仅有移植模式，其实还有同化模式，比如对于政府、客户和竞争企业。您觉得呢？

答：应该是吧。我们的确也有些本土化的做法。

问：您对采用移植模式、同化模式所建构的关系资本状况有何看法？

答：对于其他跨国公司我说不好，对于我们公司来讲还行。一般来说，大的跨国公司都比较强势，都会将自己的一套管理模式在全球推行，但针对不同的文化也应该有一些变通，应该看具体情况而定吧。

访谈核心因素的提取见表6-2。

表 6－2 访谈核心因素的提取

整合模式	示例性证据	建构维度	建构状况	示 例 性 证 据
融合模式	A:“既保持了美国母公司文化中的先进性一面,又适应了中国特殊的‘关系’交往文化”“省略了一些不重要的环节”“融入了中国文化的良心规则和人情意识”“在具体的操作环节,又充分考虑到了子公司的特殊性”“可以用两种语言进行书面或口头交流” C:“公司名字本身中的‘华’和‘永’就是中国成分的融入”	政府	成功建构	A:“成立了专门处理政府部门和新闻媒体事务的公关部”“主要客户,公司对于政府业务给予了特殊的关照”“邀请园区领导”“拜访所在区域的领导”“不是人们所认为的后门或贿赂,而是表示重视和尊重”
		消费者	成功建构	A:“考虑到中国快速的生活方式和较高的消费水准,特别是在北京,我们公司非常注重速度和质量,以速度为特征,以质量为保证” C:“全球化的标准,地方化的行动”
		合作者	成功建构	A:“与上海分析仪器厂、成都先锋电子电器集团进行了合资,与中石油建立了战略合作伙伴关系”“具有竞争性质的企业,我们公司基本采用合作、协同的态度与它们建立关系”“强调通过建立对话沟通机制解决问题” C:“经营标准和规范方面具有一致性”“信任和稳定关系”“获得更多的本土资源”
		内部员工	成功建构	A:“员工之间相处较为和谐”“融合性质的处理方式达到了双方的满意”
		企业与员工	成功建构	A:“在招聘、选拔、培训等各个环节都强调员工与企业价值观的契合和匹配”“对我们员工充分的信任”“公司与员工之间相互信任”“员工目标和企业目标达成了一致”
		母子公司	成功建构	A:“充分考虑了子公司对于选址、员工的整体状况、业务部门的设立等要求”“母公司对于子公司的文化很包容,而且子公司自主权也很大,总体上讲,母、子公司之间的关系很融洽”

续表

整合模式	示例性证据	建构维度	建构状况	示例性证据
隔离模式	B:“既不像日本的公司,也不像中国的公司,特别是在员工管理和业务经营方面”“两者又不能实现优势互补”“日方的某些管理者在骨子里仍然是日本的管理方式”	政府	不能建构	B:“和政府的接触并不多”“不理解、也不太认同在中国进行经营发展必须经过的各种审核程序与手续,为了避免与政府机构等官方部门之间的牵扯”“没有形成非常亲密的关系”“政府对于我们的发展来讲,并不是一个重要的影响因素”
		消费者	不能建构	B:“中国的本土市场没有打开”“母公司不了解中国的本地市场”“不能对中国客户(消费者)进行准确与适宜的定位”“阻碍了与中国客户(本土消费者)建立良好关系”
		合作者	不能建构	B:“没有太多的合作单位”“在这个‘壳’内运营地并不顺利”“引发了我们公司和中国企业间的冲突”
		内部员工	不能建构	B:“减少了与日本员工的交往时间,我们之间的关系也不再像在日本一样亲密了”“矛盾导致了我们和日本员工关系开始产生裂痕”
		企业与员工	不能建构	B:“自己不能再接受原本在日本环境下已经适应的企业文化和管理方式”“对这种在中国非大众化的汇报方式有些抵触”“不能实现有效的沟通和对话”“能消除员工价值理念与企业文化之间差异,导致部分员工、甚至企业骨干的离职”
		母子公司	不能建构	B:“母公司在进行技术支持的同时,必然会携带母公司的管理模式和文化因素”“将矛盾指向日方或日方管理人员”“互相推诿”

续表

整合模式	示例性证据	建构维度	建构状况	示例性证据
同化模式	C："合伙人大多具有政府官员、行业协会专家或业界权威的身份背景""与政府部门进行交往、办理行政审批业务等打开了通道""大部分员工都是中国员工""某些环节也适当借助于'非正式'规则下的关系资本的帮助""人性文化" E："考虑到中国特殊文化的现实""特殊沟通""非正常关系的因素"	政府	成功建构	C："邀请政府相关部门的领导人参与出席""便利了我们业务的开展""严格遵守当地的地律、法规""不存在什么违法、违规的行为" E："疏通政府环节，要接地气""与政府之间建立良好的关系对于我们公司具有重要的意义""员工私人的政府关系或大客户关系背景"
		消费者	成功建构	E："在经营上充分考虑到本土客户的一些特殊要求，与消费者（客户）之间建立了较好的关系资本"
		合作者	成功建构	E："尽量避开和他们的正面竞争，有时还主动接近他们，把一些对我们来说价值不大的项目承让给他们，尽量和本土竞争企业保持良好的关系""和为贵、和气生财"
		内部员工	成功建构	C："文化之间的差异性就小了很多，大家相处起来也比较融洽""在工资待遇上，借鉴了中国的中庸思想，员工薪酬差距不大，较为平均，因此员工之间的矛盾不大"
		企业与员工	成功建构	C："对员工采用本土化的人性化管理，吸纳咱们中国文化中'用人不疑'的理念，对员工充分信任""没有森严的管理规定""氛围轻松"
		母子公司	成功建构	C："针对中国公司的一些具体业务，我们也可以自行进行处理""母公司对于我们这种状况也非常了解，只要不违反公司大的原则，不突破道德红线，（母公司）一般还是支持的"

续表

整合模式	示例性证据	建构维度	建构状况	示例性证据
移植模式	D:“相对于中国的企业文化来讲,我们的文化更先进一些”“总部的老板直接过来面试”“按照公司的全球标准”“与母公司保持着绝对的一致”	政府	不能建构	D:“若完全采用母公司的模式,肯定会与中国政府产生矛盾,我们自然也不会受到什么特殊‘照顾’了”“没有哪一家政府会欢迎一个以征服者姿态出现的外来企业”(反面证明)
		消费者	不能建构	D:“为了业务有时候也只好顺着他们,否则我们不仅会消耗很多时间跟他们‘打嘴架’,效率也会很低,甚至丢掉已经谈好的业务”“但中国有其特殊性,我们不能采用一个标准”(反面证明)
		合作者	不能建构	D:“我们 Office 与总部(母公司)的做法还是有些不同,我在总部呆过好几年,明显感觉到在不同地方与合作者的相处也不同”“入乡随俗”(反面证明)
		内部员工	成功建构	D:“精英员工,能够顺利地通过沟通和交流解决出现的矛盾”“员工之间的关系较为融洽” E:“员工不仅具有了同质化的特征,还吸收了欧美文化之中的优秀文化,员工素质得到极大提高,员工之间的相处能力和和谐度也得到了提高”
		企业与员工	成功建构	D:“保证了员工价值观与企业价值观的高度契合”“公司文化培训” E:“注重对员工的培训”“考核不合格的员工将会被辞退”“具有与跨国公司相同的文化和价值观”
		母子公司	成功建构	D:“同母公司在决策的制定、执行方面具有较高程度的一致性,这样才能保证效率” E:“承袭并采用母公司的文化和要求,母、子公司之间具有较高程度的一致性”

资料来源:个人整理。

注:为了研究的便利,本表格对被访谈公司进行了字母标识,A 代表“某美资跨国公司(IT 行业)”、B 代表“某日资跨国公司”、C 代表“德勤华永会计师事务所”、D 代表“某美资跨国公司(咨询行业)”、E 代表“某美、法、挪威跨国公司”。

6.2　访谈对研究结果的修正与分析

6.2.1　研究结果的修正

基于五家在华跨国公司的访谈,对通过案例研究得出的命题假设的验证结果进行修正,见表6-3。

表6-3　命题假设验证结果修正

命　题　假　设	验证结果
命题假设1:融合模式有助于跨国公司与东道国政府之间建立关系资本	成立
命题假设2:融合模式有助于跨国公司与东道国消费者(顾客)之间建立关系资本	成立
命题假设3:融合模式有助于跨国公司与东道国合作者(竞争者)之间建立关系资本	成立
命题假设4:融合模式有助于跨国公司内部员工之间建立关系资本	成立
命题假设5:融合模式有助于跨国公司与内部员工之间建立关系资本	成立
命题假设6:融合模式有助于跨国公司系统建立关系资本	成立
命题假设7:隔离模式不利于跨国公司与东道国政府之间建立关系资本	成立
命题假设8:隔离模式不利于跨国公司与东道国消费者(顾客)之间建立关系资本	成立
命题假设9:隔离模式不利于跨国公司与东道国合作者(竞争者)之间建立关系资本	成立
命题假设10:隔离模式不利于跨国公司内部员工之间建立关系资本	成立
命题假设11:隔离模式不利于跨国公司与内部员工之间建立关系资本	成立
命题假设12:隔离模式不利于跨国公司系统建立关系资本	成立
命题假设13:同化模式不利于跨国公司与东道国政府之间建立关系资本	不成立
命题假设14:同化模式不利于跨国公司与东道国消费者(顾客)之间建立关系资本	不成立
命题假设15:同化模式不利于跨国公司与东道国合作者(竞争者)之间建立关系资本	不成立
命题假设16:同化模式有利于跨国公司内部员工之间建立关系资本	成立
命题假设17:同化模式有利于跨国公司与内部员工之间建立关系资本	成立
命题假设18:同化模式不利于跨国公司系统建立关系资本	不成立
命题假设19:移植模式不利于跨国公司与东道国政府之间建立关系资本	成立
命题假设20:移植模式不利于跨国公司与东道国消费者(顾客)之间建立关系资本	成立

续表

命　题　假　设	验证结果
命题假设 21:移植模式不利于跨国公司与东道国合作者(竞争者)之间建立关系资本	成立
命题假设 22:移植模式不利于跨国公司内部员工之间建立关系资本	不成立
命题假设 23:移植模式不利于跨国公司与内部员工之间建立关系资本	不能验证
命题假设 24:移植模式有利于跨国公司系统建立关系资本	不能验证

6.2.2 修正原因分析

通过对五家跨国公司的访谈,再次验证了融合模式、隔离模式、同化模式以及移植模式的大部分因素[东道国政府、消费者、合作者(竞争者)、公司内部员工]影响下的关系资本建构的命题假设,但移植模式的其他部分因素(公司与员工,母、子公司系统)影响下的关系资本建构命题假设没有得到明确的验证,现对可能存在的原因进行分析。

对于“移植模式不利于跨国公司与内部员工之间建立关系资本”这个命题假设,该命题假设提出的基础是将“内部员工”视为中国本土普通员工这个整体概念,并没有对“内部员工”这个概念进行细分和区分,内部员工既包括普通员工,也包括高层管理者,既包括本土员工,也包括来自母公司或其他国家或地区的员工,两个不同概念的员工在价值观上应该存在着差别。对于本土员工来讲,跨国公司体现着一种“高、大、上”,无论他们情愿与否,他们都会尽量与公司价值观保持一致;而高层或非本土员工则不同,他们或有着自己独特的价值观,或代表着子公司的某种理想,会或多或少地与公司价值观存在一定的冲突。

对于“移植模式有利于跨国公司系统建立关系资本”这一命题假设,与上面的分析存在一定的关联,子公司的价值观在某种程度上就是子公司负责人的价值观,当子公司负责人的价值观与母公司价值观不一致时,母、子公司便会出现矛盾。按照常规的界定,移植模式下子公司的管理者一般来自于母公司,这样不但能够保证母、子公司价值观的一致,也能保证母公司决策和标准执行的有效性。但若子公司负责高层管理员工来自于中国本土,或者来自于母公司、但具有浓厚的中国本土文化元素,情况便会有所不同。来自于中国本土的跨国公司管理者,尽管他们在母公司所在国生活多年,但一旦回到中国本土,仍然具有实施“本土化”策略的强烈意愿,而当这种想法与母公司的价值取向不一致时,便会导致推行移植模式的母公司文化和子公司文化之间的矛盾。

6.3 命题假设不成立原因分析

关于个别命题假设不成立的原因,本研究在5.4和6.2.2中已经进行过分析,本研究中不成立的命题假设均出现在同化模式和移植模式中,而这两种模式是"普适主义"和"相对主义"的极端发展,在理论上似乎符合逻辑,但却很难与现实状况完全匹配。特别是在"中庸"文化盛行的中国文化环境中,任何极端的理论思潮和行为模式都很难有生存的空间,而这也恰恰是无论在理论上还是实践中,融合模式都能被采用的原因所在。

无论是同化模式还是移植模式,都是在"在华跨国公司"这一主体主导下、以赢利为终极目标的整合行为模式,与一般意义上的"同化"和"移植"存在一定的区别。[①] 在华跨国公司并不是被动接受"同化"或"移植"的对象,而是主动进行"同化"或"移植"的主体,其主动性体现了利益诉求的本质。就同化模式而言,具有强势文化的跨国公司主动就范于弱势文化,必然会有其利益诉求的考虑,这是由企业"赢利"本质所决定的;而"外溢性"是跨国公司的客观属性,高科技企业的产品技术和管理经验的外溢对于东道国利益相关者来讲无疑是一种巨大的收益。当然,竞争是不可避免的,但任何事情都具有两面性,竞争除了对东道国利益相关者产生压力之外,也会产生动力刺激,或者经验借鉴。李钧(2008)认为,技术研发方面的竞争效应、示范效应、联系效应是在华跨国公司对"华为"和"中兴"两家国内公司技术创新影响的主要途径。[②] 就移植模式来讲,尽管没有任何组织和个人会欢迎一个带有强权心理、以征服者姿态出现的外来者,但这并不说明这个外来者就一无是处,也并不说明没有任何人认同他,从访谈调研来看,移植模式颇受跨国公司青睐。首先,跨国公司之所以能跨出国界进行生产经营,必然有着强大的优势和生命力,东道国必须接受这一点才有可能从其获取自己希望得到的东西,如跨国公司的企业文化,微软对员工创新能力的尊重、员工间团队合作开发精神等,这种文化对于受过现代教育、特别是西方教育的中国年轻人也极具感召力;其次,受到本土化

---

① 《现代汉语词典》(第六版)对"同化"的界定"不相同的事物逐渐变得相近或相同",Longman Dictionary of Contemporary English(New Edition)对"assimilation"的界定为"the process of becoming an accepted part of a country or group(被另外一个国家或群体所接受的过程)";《现代汉语词典》(第六版)对"移植"的界定"把播种在床苗中的幼苗连土掘起种在田地里",Longman Dictionary of Contemporary English(New Edition)对"transplant"的界定为"to move a plant from one place and plant it in another place(将植物从一处移至另一处种植)"。

② 李钧,跨国公司在华研发影响效应研究[J].北京:经济科学出版社,2008:173-174.

理论的影响,目前跨国公司的移植整合也在发生变化,在更大程度上跨国公司移植的是母公司文化,而不是母公司员工,员工更多的是来自于东道国本土,这种状况使得员工多元化所产生的矛盾减少,内部员工人际关系变得相对简单。在个人——组织价值观契合方面,跨国公司逐渐淡化员工国籍和民族中心文化的负面影响,致力于培养"对公司忠诚优于对国家忠诚"的公司公民(田泽、马海良,2012)①,使得员工更容易接受跨国公司价值观。

理论源自于实践,并用来指导实践。但实践的地域性和时代性特征使得理论在某种程度上必须进行适度的调试和修订,特别是对于一些基于研究便利进行的假设,必须建立在大量的客观事实和现象分析基础之上,因为随着经济全球化的发展,在相似性增加、经济和管理理论似乎更具有普适意义的同时,民族性的东西非但没有消失,有时反而发挥着更加强大的作用,相对主义理论还具有一定的生存空间和市场。

6.4 本章总结

为了确保案例研究对命题假设检验的科学性和有效性,本研究进行了访谈调研。针对所提出的24个命题假设,本研究对五家在华跨国公司进行了访谈,以便对命题假设、特别是不成立命题假设进行基于案例研究基础之上的补充性论证。在对五家在华跨国公司的访谈中发现,"移植模式不利于跨国公司与内部员工之间建立关系资本"和"移植模式有利于跨国公司系统建立关系资本"不能得到完全的验证,于是在此基础上对命题假设检验结果进行了重新修正,并对不能检验的原因进行了分析。

① 田泽,马海良.国际企业管理——文化、战略与行为[M].北京:清华大学出版社,北京交通大学出版社,2012:10.

7 研究结论、管理启示和研究展望

7.1 研究结论

本研究以对现实问题的思考为起点，通过对国内外相关研究成果的回顾与梳理，形成了本研究的理论基础，提出了研究的命题假设和理论模型，经过案例研究和访谈研究两个环节的检验，得出了以下研究结论。

（1）跨国公司在华经营，为了克服不同文化间的差异与冲突，需要进行跨文化整合，以便更好地适应中国的特殊文化环境。企业的跨文化整合理论研究源于"移民文化适应"理论，该理论模型仍然是目前跨文化整合模型的基础。本研究综合考虑移民作为个体的人为因素和跨国公司作为组织的系统因素在来源国系统控制、移入者的文化势力强弱、移入国（东道国）对移入者的反应、移入国（东道国）的特殊文化元素及对移入者进行异文化适应的影响状况等方面的因素，提出在华跨国公司进行跨文化整合的四种模式，融合、同化、隔离和移植。

（2）跨国公司跨文化整合模式选择受到多种因素的影响，包括跨国公司与政府的关系、与消费者（顾客）的关系、与合作者（竞争者）的关系、企业内部员工之间的关系、跨国公司母子公司之间的关系以及企业文化价值取向、所属行业等因素，其中跨国公司与各种利益相关者的关系状况影响明显。

（3）"关系"和"关系资本"的文献研究表明，"关系"是中国文化的特殊元素，即便在中国大量引进跨国公司、中国企业走向世界、中国参与全球经济愈发深刻的时代，"关系"仍然发挥着不可替代的作用；"关系资本"对于在华跨国公司具有极其重要的价值，它不但可以帮助跨国公司跨越在中国经营发展过程中遇到的各种障碍，还可以通过获取各种资源创造价值。"关系资本"理论认为，"关系资本"的主要价值在于异质性，本研究发现，在华跨国公司异质性关系资本的维度体现为中国政府、消费者（顾客）、合作者（竞争者）、企业员工、企业与员工、母、子公司等方面。是否能在以上六个维度建构关系资本，便成为在华跨国公司跨文化整合模式选择的标准和依据。

（4）通过对四家美国在华跨国公司的案例分析和五家在华跨国公司的访谈调

研,本研究发现融合模式、同化模式有利于在华跨国公司与外部性的政府、消费者(顾客)、合作者(竞争者)、内部性的员工之间、企业与员工之间、系统性的母子公司之间建构关系资本;隔离模式不利于在华跨国公司与外部性的政府、消费者(顾客)、合作者(竞争者)、内部性的员工之间、企业与员工之间、系统性的母子公司之间建构关系资本;移植模式有利于在华跨国公司与外部性的政府、消费者(顾客)、合作者(竞争者)、内部性的员工之间建构关系资本,但是否有利于内部性的企业与员工之间、系统性的母子公司之间建构关系资本,本研究没有得出明确的结论。这一研究结论为在华跨国公司进行跨文化整合模式选择提供了参照和依据。

(5)本研究最初基于这样一种假设,在华跨国公司在跨文化整合中,只能选择单一的整合模式。但访谈研究发现,基于关系资本建构目的的跨文化整合模式选择并非具有单一性,跨国公司可以根据不同的关系建构客体采用不同的整合模式,也就是说,在华跨国公司在跨文化整合中,可以针对不同维度的关系资本建构选择不同的整合模式。

(6)“关系”和“关系资本”是一把双刃剑,一味地依赖极具中国本土文化特色的“关系”和“关系资本”、特别是依赖具有“寻租”性质的先天性关系资本,虽然会给跨国公司在华经营发展带来短期的利益,但也会损害其长期发展利益,跨国公司应该在“关系资本”的关系治理和契约治理形成结构上寻求平衡,以保证在华跨国公司通过建构“关系资本”所形成的竞争优势的可持续性。

为便于直观展示,上述研究结论,可参见图 7 - 1。

7.2 管理启示

本研究结论对在华跨国公司以及中国跨国公司的管理实践具有两方面的启示:

7.2.1 在华跨国公司以建构延续性关系资本为目标,进行动态的跨文化整合模式选择

任何一种跨文化整合模式都会形成某种关系,但这种关系是否能形成关系资本、形成的关系资本价值大小、周期长短与跨国公司选择的整合模式的适宜性存在关联。同化模式和隔离模式能够在短期内形成关系资本,移植模式和融合模式需要在长期内形成关系资本,但短期内形成的关系资本是否能够延续、长期内形成的关系资本是否与投入的成本相匹配,是跨国公司进行跨文化整合模式选择应考虑的问题。从研究结果可以看出,同化模式在短期内形成的关系资本可以延续,但隔

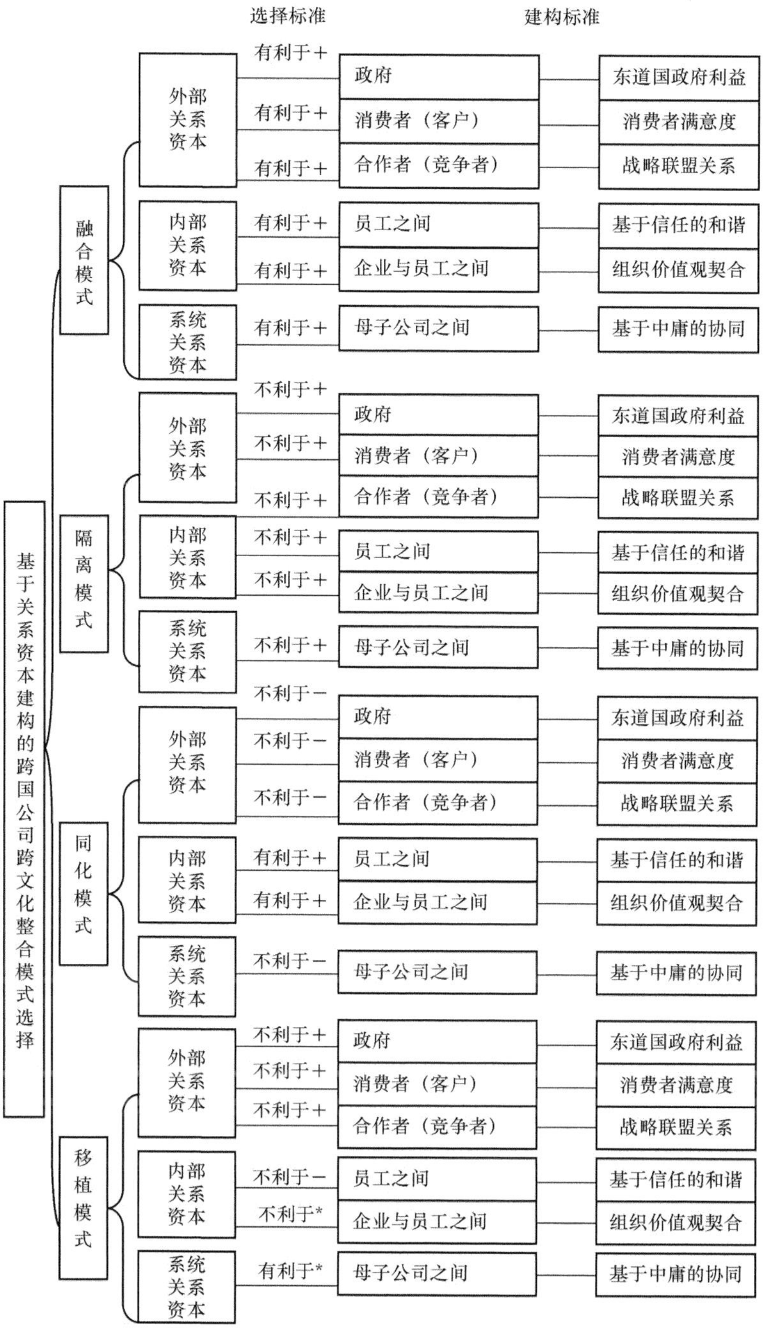

图 7－1　研究结论

注：图中得到支持的命题假设用“＋”表示，没有得到支持的命题假设用“－”，不能确定的命题假设用“＊”表示。

离模式即便能够在短期内形成,也很难延续,最终不能形成有价值的关系资本;融合模式能够在长期内形成关系资本,而且产出效益大于投入成本,但移植模式在一些维度还存在不确定性。中国是一个具有长期导向文化的国家,在华跨国公司进行跨文化整合,必须基于中国文化现状,放眼于长远目标和利益,建构长期的、延续性关系资本。

通过跨文化整合建构的关系资本有助于跨国公司尽快适应中国文化,形成独特的竞争优势,但同时也会面临另一种挑战。中国传统社会文化的独特性决定了"关系"及"关系资本"的特殊性,"差序格局"的文化基础强调家庭和血缘因素,而中国企业的关系资本与家庭和血缘因素有着千丝万缕的联系,这使得基于人际关系、具有强关系性质的企业关系资本不但具有可继承性,而且范围有限,相对封闭,本质上具有"圈子"特征,难以形成国际社会普遍意义上的关系规范,不利于最大程度上的相互认同和接纳。此外,过于关注人际关系因素的传统和政治权力在个人关系资本建构中的涉入,使得人际关系和政治权力成为资源配置的核心,导致管理制度软化,阻碍了社会的规范性发展。特别是在中国经济的转轨时期,关系资本的这种负面影响会造成更多的问题。

跨国公司在华经营发展的跨文化整合中,应在有效地利用关系资本优势的同时,尽量摆脱中国情境下"关系"文化和关系资本劣势的负面影响,破解中国"关系"文化阻碍中国经济走向世界的魔咒。

7.2.1.1 在华跨国公司跨文化整合模式的选择,以有利于实现关系资本从"先天拥有"到"后天建构"的转换,促进企业的可持续发展

在华跨国公司进行跨文化整合模式选择,要考虑中国文化情境下关系资本的建构问题,首先要明确关系建构的主体,即谁进行关系资本的建构。社会资本理论认为,经理人(企业管理者)的后天关系建构能力是形成关系资本的一个主要因素,西方跨国公司更强调关系资本的后天建构;而在中国文化情境下,经理人(企业管理者)的先天关系资源更具有现实意义,中国文化情境更强调关系资本的先天拥有。中国文化情境强调关系拥有者的先天的身份特征,即出生家庭的社会关系背景、成长的社会环境(包括成长经历与教育环境)等。在华跨国公司采用同化模式进行整合,必然会在理念上进行从"关系的后天建构"到"关系的先天拥有"的转变,进而实现从"后天嵌入"的关系资本转向"先天拥有"的关系资本。例如,在员工以及管理人员的招聘与雇用环节,更强调"身份特征",而非"能力特征",以此减少关系资本的形成环节,缩短关系资本的建构时间。但"先天拥有"的关系资本往往会导致企业后天发展乏力,企业过于重视和依赖先天关系资源,将会造成企业失

去创新能力的不良结果。依靠“先天拥有”的政府关系形成的资源性关系资本，在提高企业市场经营绩效方面作用显著，但若想改善企业的产品质量和综合实力，还得依靠自身的专有性关系资本①。随着跨国公司与东道国利益相关者关系密切程度的加深，本土企业的影响、企业无限谋求利润的本质，将驱使跨国公司在更大范围和更深程度上寻求并借助“先天拥有”关系资本，以期缩短赢利的时间，以最小的成本攫取最大的利益。但为此进行的寻租行为导致稀缺资源过于集中到非生产性领域，必然会造成对研发等生产性活动的“挤出”效应（Murphy et al.，1993）。② 杜兴强等（2013）认为，在中国经济转轨过程中，一些企业不追求研发和技术等生产性经营因素的提升，而是一味地青睐于寻求垄断或特权等非生产性寻租活动，以期获得短期租金，但最终却失去了长远发展的机会和动力。③ 在这种情况下，跨国公司应坚守关系资本形成的“契约治理”途径，保证关系资本的合法运作。依靠“先天拥有”的关系资本只能提升企业经营的数量性效益，是一种粗放式发展模式；依靠“后天建构”的关系资本能够取得质量性效益，是一种可持续发展模式（见表7－1）。

表7－1　西方跨国公司与在华跨国公司关系资本建构特征

	建构主体	建构模式	模式特征	绩效影响
西方跨国公司	管理者	后天建构	可持续	长期绩效
在华跨国公司	关系拥有者	先天拥有	粗放式	短期绩效

资料来源：作者整理。

7.2.1.2　在华跨国公司跨文化整合模式的选择，以有利于实现从人为关系资本建构到制度关系资本建构的转换，形成企业的持续竞争优势

按照选择适宜的整合模式—建立关系资本—形成企业竞争力—提升企业绩效这一逻辑，关系资本是形成企业竞争力、提升企业绩效的关键因素。“关系”往往具有私人产权性质，它不能独立存在，只能依附于关系主体，随着关系主体的变化而变化，因此便具有了可移动性特征。一旦关系的建构者（拥有者）离开企业，关

① 专有性关系资本，指通过企业自身的技术、创新能力形成的内在性关系资本；而“先天拥有”关系资本多指外在性关系资本，具有关系寻租的内涵特征。

② Murphy K M, A Shleifer, R Vishny. Why is Rent－Seeking Costly to Growth?［J］. American Economic Review, 1993, 83(2):409－414.

③ 杜兴强，杜颖洁，曾权.“关系”与中国上市公司会计行为研究［M］. 大连：东北财经大学出版社，2013:78.

系便会随着关系的建构者(拥有者)离开企业,依靠关系形成的企业竞争力便会消失,因而将导致企业绩效下降(此种例子并不少见,很多销售经理的离职致使企业遭受损失,是因为销售经理与客户建构了关系网络,形成了关系资本。销售经理的离开,同时带走了销售系统的关系网络,一方面使企业遭受立竿见影的损失,另一方面因销售经理加盟竞争企业或另立公司,将增加公司的竞争压力)。Seligman(1999)认为,"将短期竞争优势变为持续竞争优势要求自身资源具有异质性、不完全流动性"①。为了维护企业延续性竞争力,关系的建构者应从具有流动性的个人转向具有稳定性的组织机制或制度,最终将个人关系资本转化为组织关系资本,形成关系资本的固化。

跨国公司在进入中国之初,为了尽快适应中国的特殊环境,提高跨国公司绩效,更倾向于选择关系的先天拥有者作为客体建构关系资本。但通过关系先天拥着者所建构的关系资本的痼疾很快就会显现,如后期发展动力不足、存在商业贿赂隐患等。② 在这种情况下,跨国公司须将关系资本的建构转向跨国公司管理者。但根据代理理论,跨国公司管理者(关系建构者)与跨国公司存在信息不对称、利益不一致的状况,管理者便会更多地从自身利益考虑关系客体的选择与关系资本的建构,而忽略企业利益。③ 为了避免人为因素对企业利益的损害,从公司的长远目标着眼,在华跨国公司应从以私人为主体的关系资本建构转向以机制或制度为主体的关系资本建构,通过增加关系资本的客观、稳定来保持企业的可持续竞争优势。

7.2.1.3 **在华跨国公司跨文化整合模式选择,应有利于实现关系资本的一次性建构到最大化建构的转换,提升跨国公司的综合实力**

跨文化关系资本构建的阶段和环节并非呈线性关系,而是一个与利益相关者反复交互和多重博弈的过程。若仅存在一次博弈,机会主义行为问题难以避免,但

① Seligman, Scott D. Guanxi: Crease for the Wheels of China[M]. The China Business Review, 1999, 26(6):34-38.

② 安邦集团对跨国公司在华行贿情况的调查研究结果显示,中国在最近10年内至少存在50万件腐败事件,其中64%与国际贸易和外商有关(李好好、孔令锋,2007),而且这一状况呈上升趋势。2004年,朗讯科技公司中国区的经营行为因违反美国的《反海外腐败法》,四名高管被解雇;2008年底,德国西门子公司同意支付大约13亿美元的罚金了结了一桩困扰公司达两年之余的商业贿赂案,创下了商业贿赂罚款的历史之最。家乐福、IBM、德普、朗讯、沃尔玛、艾利丹尼森、UT斯达康等跨国公司均登上过中国商业贿赂的榜单。

③ 微软中国工程研究院院长李开复在位期间,以公司招聘的名义花费大量业务时间到各地高校进行演讲,在宣传公司之际推销自己,但在某种程度上却忽略或影响了企业关系资本的建构。

经过重复或多次博弈之后便会加以解决。随着机会主义行为的减少，关系资本也就日渐形成。

关系资本的构建有两种途径，契约治理和关系治理。所谓契约治理，就是通过制定法律意义上的契约条款来规范合作双方的权、责、利以及行为目标，契约理论认为，契约是市场交易、价格机制和资源配置等有效运行的基本保障，契约可以通过制定相应的规则激励合作、惩罚机会主义行为、提供能够对行为进行预测的标准、保证企业间产品和服务的交易；所谓关系治理，就是存在关联的企业间通过建立互相信任、尊重的关系，并以此来维持企业间的合作，其实质就是利用“关系”来影响关联企业各自的行为，在没有外力作用的情况下推动企业间的发展与合作。两种途径形成及应用的文化背景不同，在本质上也各有优劣，不同的跨国公司也会存在不同的选择偏好。在现实的关系资本建构中，这两种途径并非截然分开，而往往是以一种途径为主体、两种途径混合使用。

从整合模式上看，跨国公司采用移植模式，意味着关系建构者采用“契约治理”进行关系资本建构，理论上利于跨国公司的长期发展，但公司的短期发展可能会受到影响，若跨国公司不能成功突破短期发展受阻的瓶颈，终将阻碍长期发展目标的实现；若采用同化模式，意味着关系拥有者利用“关系治理”进行关系资本建构，有利于跨国公司短期发展目标的实现，但受传统文化、特别是“关系”文化负面因素的浸染，跨国公司将形成“寻租型”关系资本的偏好，不利于跨国公司长远的发展；若采用隔离模式，意味着跨国公司没有明确的关系建构主体和建构途径，很难形成高价值的关系资本；若采用融合模式，意味着以“契约治理”为主、“关系治理”为辅的关系资本建构，这种模式更有利于在华跨国公司进行跨文化整合，但因融合必将涉及到两种文化的交融，文化冲突不可避免，也并非是一种完美无缺的整合模式。

从关系资本建构来讲，以上四种模式都有其存在的道理，尽管隔离模式不能建构高价值的关系资本，也很难保证所有跨国公司都能摆脱这种模式的困扰；尽管融合模式较为理想，近乎完美，但如何把握融合的尺度，却是一个难度极大的问题。跨文化整合不是一个单向、线性的路径，也不是一个捆绑在一起、不可分割的整体，跨国公司既可以在不同模式之间转换，也可以针对不同的关系客体选择不同的模式，跨文化整合模式的选择应该是一个不断完善、趋向完美的螺旋式动态过程。跨国公司整合形成的新企业文化被跨国公司接受后，将融入跨国公司整体文化，成为跨国公司全球文化的一部分。

7.2.2 在华跨国公司以建构基于信任的异质性关系资本为内容，进行差异化的跨文化整合模式选择

不同于以往时代，跨国公司可以完全依靠品牌、技术、资金等硬件要素在国外市场形成竞争优势，通过在全球推行统一的经营管理模式，进而占领国外市场；现代国际商业应充分考虑到不同文化影响下的市场所具有的特殊性，跨国公司的生存和发展与当地的文化背景、商业环境、特色需求等特殊性具有很高的关联度。中国文化基因中包含着强烈的民族个性，“关系”是一个重要的元素和符号。搭建以“信任”为基础的关系网络，建立有效的关系资本，是跨国公司跨文化整合模式选择的标准。

信任是中国传统文化的核心内容和中国文化价值观的精髓，也是在华跨国公司企业文化建设的重要方面。中国传统文化价值观的核心内容之一是“赏识和信任”，所谓“士为知己者死”，精神层面的信任是提高员工、特别是中方员工对跨国公司忠诚度、保证公司协调与稳定的重要因素。跨国公司员工多元化打破了人际间类同性、相似的经历和背景而产生的吸引力以及共同工作的愿望，在这种境况下，人际信任便为人际合作与共事提供了一种更为有效的机制。信任是取得正向心态的有效要素之一，信任决定着中外员工互动关系的频率、深度和顺畅状况。只有在信任的前提下建立的关系资本才是真正有价值的关系资本。

异质性的本质在于多元性和恒定性，异质性关系资本的功能性和价值表现为对跨国公司关系大厦的整体建构和多方支撑，避免单一投资所潜在的危险。在华跨国公司进行异质性关系资本建构，应该从外部、内部和系统三个层面入手，形成三者共同支撑的关系网络，以建构多维度、立体化的关系资本体系。

关系客体的选择对于跨国公司在华经营的成败具有重要的意义，而进行关系客体选择的依据，取决于它在跨国公司关系网络中的地位与作用。在华跨国公司进行关系金字塔的构建，基于利益相关者对资源掌控体系的分析，把握重要和关键连节点，政府、消费者（顾客）、合作者（竞争者）、企业员工、跨国公司母公司正在这些节点之上，它们以跨国公司为中心，搭建了跨国公司外部、内部和系统的整体网络，形成跨国公司稳态的关系资本网络结构，从不同方面支撑着跨国公司的发展，以保证跨国公司在某方面发展不利的情况下不会受太大影响和冲击，仍然能够保持正常的运转。

7.2.2.1 外部性关系资本建构

（1）建构与政府的关系资本——符合东道国政府利益。中国传统文化中的等

级制权威，使得人们对政府这一公权具有严重的敬畏、依附心理；而当前中国的政治和经济体制，使得政府通过行政管理控制了制度网络、通过资源配置和产权安排控制了经济网络、通过意识形态控制了人际网络，从而使得政府成为社会结构的中心。随着中国政治经济体制改革的深入、特别是在加入了世界贸易组织之后，这一局面有所改变，但由于制度惯性的影响，在经济管理、资源调配、信息服务等职能方面，政府依然处于主导地位，等级制影响下形成的纵向权威是企业关系网络中的主要权威模式。在这种环境下，无论是国内企业还是在华跨国公司，都会千方百计地邀请"政府"这一公权载体参与或介入企业事务，以此证明公司行为取得了政治资源，从而提高其活动的公信力，获取政府关系租金。

与政府的关系，主要是指与包括中央政府、地方政府的行政监管部门和资源配置部门，特别是与这些部门的主要权力掌管者之间建立某种关联或者关系。这些"关系"既能帮助公司获取商业机会或政府政策等信息资源，有利于公司市场扩张，也有利于造就公司竞争地位；还可以帮助公司获得人力资本或资源，以提高公司的办事效率。但这种关系必须以双方共同的利益为基础，关系资本无论源于人与人（跨国公司管理者与政府官员），还是人与组织（跨国公司管理者与政府、跨国公司与政府官员），抑或组织与组织（跨国公司与政府），但最终的关系资本应通过契约治理的途径进行建构，以组织与组织（跨国公司与政府）的形式得以呈现，这样才能确保关系资本的有效性和社会正导向。

由于跨国公司子公司的生产经营和管理活动都发生在东道国境内，东道国的文化将在政治、经济、文化、语言、宗教信仰、教育环境等诸多方面对跨国公司子公司文化产生影响。想要与政府建立有效的关系资本，获取政府关系租金，跨国公司应该首先遵守东道国法律法规，尊重东道国政府对资源的控制权和实体活动的管理权；通过正常渠道获取中央政府在宏观决策上的支持和地方政府在微观操作上的帮助；不卷入不正当的政治或政府间关系；致力于长远利益进行经济投资和利润追求，努力与东道国当地的社会、经济、文化以及人才的发展目标相一致①；保护当地环境；积极履行企业社会道德责任，保证与政府利益的趋同。

为了实现以上目标，建构与政府间的关系资本，跨国公司应该选择融合模式或

① 跨国公司的发展目标往往与东道国当地的发展目标存在差异，比如跨国公司来华发展的原因之一在于本土的低廉劳动力资源，跨国公司在利用本土廉价劳动力的同时，也给当地培养了高素质的人才，表现出较高的溢出效应。但跨国公司员工未必一直能够为它服务，当员工流向本土企业时，相当于耗费了跨国公司的培训费用和机会成本，影响了跨国公司绩效，造成两者之间发展目标的冲突（叶庆祥，2008）。在这种情况下，跨国公司需要有一种包容、开放的企业文化，从企业社会责任和企业伦理视角看待这种冲突。

同化模式进行跨文化整合。

(2)建构与消费者(顾客)关系资本——提高消费者满意度。跨国公司在东道国的经营发展状况,与其产品和服务在市场上的畅销程度相关,而畅销程度取决于消费者的满意度。消费者对跨国公司产品的满意度越高,两者之间建立关系资本的可能性越大;满意度越低,两者之间建立关系资本的可能性越小。获得并提升东道国消费者对产品和服务的满意度,是跨国公司跨文化整合、关系资本构建的途径和目标之一。消费者满意度的相关因素包括消费文化、消费水平等外在因素、消费者层次、消费者需求、消费者感情等内在因素。

消费者不是一个虚指的代名词,而是一个具体的客观存在。跨国公司不能将母公司所在国的消费文化、消费水平、消费理念移植到东道国消费者身上,更不能套用在全球消费者身上。消费者消费的不仅是商品和服务,在很大程度上更是文化。文化的不同决定了消费者消费需求的不同,跨国公司应该基于具体的消费者选择和确定适宜的整合模式,提高消费者满意度,建构与消费者之间的关系资本。

在华跨国公司提高当地消费者满意度,应该在遵守与消费者相关的国际和当地标准与规则的大框架下,根据消费者所在地区的消费文化、消费水平和消费理念,以具体的消费者和消费者需求为本,进行产品和服务定位,提供本土化的产品和服务。

为了实现以上目标,建构与消费者(顾客)间的关系资本,跨国公司应该选择融合模式或同化模式进行跨文化整合。

(3)与合作者(竞争者)建构关系资本——建立战略联盟。战略联盟是指由两个或更多的公司所组成的伙伴关系,通过对在金融、管理、技术以及其他方面独特的优势资源进行整合,更好地实现共同的目标。战略联盟一般具有三种合作形式:合资、股权战略联盟、非股权战略联盟。战略联盟可以为参与联盟的企业提供获得新资源、新市场的机会,提供价值和合力作用,创造规模经济效益、减少成本、分担风险、提高灵活性。跨国战略联盟是战略联盟的一种特殊形式,指在两个或更多的跨国境、跨行业的公司之间或公司与组织之间建立的合作伙伴关系,该模式已经成为跨国公司竞争战略的主要组成部分。跨国战略联盟除具有一般战略联盟的优势外,还可以避免在进口壁垒、许可证审批以及其他地方保护主义方面的麻烦;也能在分担新产品的研发成本与风险、获得最惠国待遇、减少政治风险方面享受利益。

跨国战略联盟是跨国公司进入东道国市场的一种有效渠道。中外风俗不同,语言不通,中外商之间因缺乏有效交流而信任基础薄弱,加上中国商业市场混杂,商情各异,各地规则不一,利用本土关系与中国政府、社会和商界建立良好的关系是在华跨国公司经营发展的必要条件。战略联盟的优势在高端技术领域和行业更加明显。由于市场经济的高速发展和复杂多变,单独一个机构或部门可以支配任何技术和业务的时代已经结束,技术的开发需要不同行业的合作,以便获取各自缺乏的专业知识或技能,尽快进入新市场。欲达到对中国关系网络的控制与利用,从个体层面来讲,在华跨国公司应更多地雇佣中国员工,以契约的方式确定其权利与义务;从业务层面来讲,通过拉拢中国企业参与、实现利益捆绑的方式进入本土关系网络;从组织结构层面,通过对本土商业网络进行制度嵌入,达到跨国公司层级管理体制与本土商业网络相结合的目的。在华跨国公司利用各种手段,与各界关键力量建立联系,达到通过利用中国人的社会资源融入中国社会、以此降低经营风险、提高商业效率的目的,这也是通过利用关系实施本土化的意义所在。

跨国战略联盟是跨国公司在东道国建构企业市场关系资本的一种重要渠道和形式。跨国公司可以以不同的战略进入东道国,如一般性增长战略、并购性战略和关系网络扩张战略,但在中国文化情境下,基于战略联盟的关系网络扩张战略最具有可操作性优势。全球性战略联盟是应对国际市场竞争的新型组织形式,如何通过战略联盟获取互补性资源、进而建立关系资本是联盟企业面临的重要问题。联盟间的关系资本就是通过整合各企业的优势资源,形成协同效应,创造独特的关系租金,为各方赢得合作优势。关系资本可以在联盟伙伴间及时、准确地进行信息交流与互换,高效而快速地辨别并确定导致优势发挥受阻的技术中断,并将可能形成的损失最小化。此外,关系资本有助于战略联盟实现从潜在价值向现实价值的转变。

在企业联盟的多维结构中,关系网络的大小和复杂程度与任务的确定、合作惯例的适应、关系结构的稳定性和期望实现的可能性有着密切的关系。联盟的复杂程度涉及联盟参与者的多寡,参与者越多,合作惯例适应的难度就越大,建立关系资本的投资和成本也就越大。当然,企业联盟不同结构之间并非完全隔离,多维结构联盟是二维结构联盟的复杂化,基于二维层面上紧密人际联系形成的关系资本在创建较大企业联盟关系网络时也能发挥重要作用,它既可以增加参与联盟的数量,也可以帮助创建新的联盟,但相应的关系资本创建成本也会随之增加。

跨国联盟的组建,必须基于共同的战略目标,在相互尊重、互惠互利和互信的基础上,进行先进技术与管理的转移和共享,实现协同效应。跨国联盟关系资本的有效性在于时间与交往频率,交往时间越长、频率越高,越有助于减少机会主义行为,增加彼此间的信任。

为了实现以上目标,建构与合作者(竞争者)间的关系资本,跨国公司应该选择融合模式或同化模式进行跨文化整合。

7.2.2.2 内部性关系资本建构

(1)员工个体间关系资本构建——基于信任的人际和谐。文化差异的客观存在,势必会造成文化之间的冲突,并使企业经理人之间、企业经理人与员工之间、员工之间在心理上形成文化休克。跨国公司内部影响个体间冲突、关系资本建构的主要因素有人际沟通、价值观差异和个体间交往时间的长短和深度。

人际关系冲突理论认为,良好的人际关系始于亦止于沟通,缺乏有效的交流和沟通会导致人际冲突。在价值观方面,员工间价值观差异越小,员工的工作效能越高;下属价值观与上司价值观的契合度越高,下属的个人表现越好。在中国文化背景下,"面子"观念在人际关系中发挥着重要的作用。因为以前相处的时间长、交往深厚,即便双方存在一些矛盾或冲突,也抹不开"面子"去撕破脸皮,因此双方间差异所导致的冲突将属于温和型、隐性的冲突,冲突的解决策略倾向于"双赢"的博弈策略或者相互妥协策略,最终达到相互谅解的契合状态,容易建立关系资本;假如双方交往的时间并不长,而且以后继续交往合作的可能性也不大,双方关系的紧密程度也便不会太高,就不会存在"面子"问题,双方矛盾冲突爆发的程度将会更加激烈,冲突解决的策略也将属于压倒型或退让型,最终将很难建立关系资本。

鉴于跨国公司员工多元化的现状,来自不同文化区域的员工(本土员工和外籍员工)、具有不同价值取向的员工双方应持妥协、学习和融合的态度,在充分、有效沟通的基础上,本土员工通过积极主动地学习跨国公司的行为规范,摒弃可能会导致双方冲突的原有行为规范和行为方式,融入跨国公司文化;外籍员工也应该深入了解本土员工的行为规范与行为方式,对其合理和积极的部分要采纳和接受,以此建立持久、牢固的合作关系。但沟通的有效程度、价值观差异的融合程度以及交往的时间长短和深度都与信任有很大的相关性。

"信任"是中国传统文化的核心内容之一,是中国文化价值观的精髓,也是西方重要的文化价值观念。在关系资本的建构过程中,如果人际信任得以发展,便很容易推动合作的进展。在华跨国公司内部文化适应的关键在于员工对自己在公司的发展机会和收入多寡的主观看法,而这种主观看法与是否得到公司的信任和重用的感觉紧密相关。就发展机会来讲,中方员工认为没有从跨国公司得到公平的发展机会的主要原因,在于中方人员对跨国公司持有的先入为主的偏见,而这种偏见在本质上就是信任问题。中方员工认为,自己在跨国公司中获得提升或提薪的速度或层次比不上外方员工,因为跨国公司毕竟是人家的公司,自己仅是他人的雇员而已,本土员工和外籍员工从来就不属于同一个概念。这种想法的核心内容就是一个“信任”的问题,之所以将自己与跨国公司撇开、与外籍员工隔离,是因为并没有将公司和外籍员工纳入自己的信任范畴。信任是取得正向心态的有效要素之一,信任决定着中、外员工互动关系的频率、深度和顺畅状况。员工之间的交往会加深原有关系状况,正向、善意的关系趋向合作,负面、恶意的关系导致冲突,而信任是形成正向、善意关系的基础,企业内员工间关系资本的建构应从取得“信任”这一软性因素着手。

企业关系资本可分为工具性关系资本和情感性关系资本两种类型。工具性关系资本的核心本质是基于利益交换的公平法则,情感性关系资本的核心本质是基于情感交流的需求法则。受传统文化的影响,中国社会长期以来法制建设与执行力不到位的现实导致大众具有“制度信任”危机,造成工具性关系的信任效力在一定程度上受到影响;以“家”为核心的伦理本位使得中国社会的信任关系主要存在于情感性关系之中,即在情感交流的基础上达成信任。中国社会信任关系主要建立在情感性社会关系网络中(王建民,2005),①在华跨国公司预想获取公司内部的关系资本,应首先汲取中国传统文化中以“家”为核心的人文关怀成分,诉诸“以情感人,以理服人”,以此建构情感性关系资本,实现在自发的情感交流中达成有效的信任,促成知识与信息共享;并在此基础上注重交易中的公平法则,逐渐建构“以法治人”的工具性关系资本。

为了实现以上目标,建构企业内部员工间的关系资本,跨国公司可以选择融合模式、同化模式或移植模式进行跨文化整合。

(2)企业与员工关系资本构建——组织价值观契合。在跨国公司内部,价值观念、思维方式、习惯行为等方面的差异往往会形成对企业经营管理中的一些诸如经营目标、市场定位、行事风格等基本问题的不同态度,从而给企业的整体发展带来隐患。民族性问题使得在华跨国公司的文化体制与中国文化价值观在很多方面存在着冲突。每个个体或群体在面对外来文化时,都会表现出对自我文化的特殊感情。在华跨国公司员工、特别是中国本土员工,在最初进入跨国公司工作之际,无论出于何种状况或目的,必然要接受跨国公司文化。但随着他们对跨国公司文化了解的不断深入,逐渐发现跨国公司的企业文化与自己或周围环境存在着较大的冲突。当这种冲突不能得到及时的协调和解决,超过他们承受的极限时,他们很可能会选择离开。

跨国公司的主要特征是国际化的环境,国际化的融资、生产、经营、管理,特别

---

① 王建民.转型时期中国社会关系的关系维持:从“熟人信任”到“制度信任”[J].甘肃社会科学,2005(6):165-168.

是国际化的人才战略，导致组织群体的多样性增加，文化差异性日益扩大。个体之间、企业部门之间的异质性不仅是一种客观必然，也是一种主观要求，个性的差异和价值观的复杂与多元是知识经济和信息时代的主要特征。而企业多元文化可能导致产生最差或最好两种极端的企业效益，避免多元化可能引发的负效应，从企业层面来看，应建构一种超越单纯母公司文化本身、更加宏大、包容性更强的组织价值观；从员工层面来看，应调整自己的文化取向和心理结构，摆脱传统的文化本位束缚，积极适应企业文化。

组织价值观是一个桥梁，员工通过它选择与自己价值观相近的组织，同样，组织也借此选择与自己价值观相近的员工；同时，组织价值观也是一个平台，员工在这个平台上起步、发展，得以实现个体价值观与组织价值观的一致与契合。个人—组织价值观契合是指个人与组织在价值观上的相容性或一致性，其中存在两个问题，一是感知契合，二是实际契合。前者指个人感知到的组织文化（或价值观）与个人价值观的一致程度；后者指组织实际具备的组织文化（或价值观）与个人价值观的一致程度。组织价值观尽管是一种意识形态，但一旦确定，也可以认为是一种比较稳定的客观存在。但就个体而言，因每个组织都存在层次不等、强弱不一的组织文化价值观，他们所采取的知觉方式可能有所不同；此外，因个体具有独特的工作经历和个人感知能力，这些将影响他们对组织文化价值观的感知与释义。组织价值观功能是否能正常发挥、是否能内化为组织成员内在的价值观，取决于组织员工对它的认同和接受程度。个人—组织价值观契合度高，组织价值观则容易被认同和接受；个人—组织价值观契合度低，组织价值观则容易被拒绝，个人价值观和组织价值观之间的矛盾冲突也便不可避免。组织认同是影响个人—组织价值观契合、导致个人和组织价值观冲突的主要因素之一。从组织文化角度来看，组织认同就是组织将自己的价值观融于“组织社会化”过程中，将其内化为组织成员个体价值观的一部分，进而使组织中的个体成为真正意义上的组织人。

在华跨国公司子公司员工的身上承载着自身原有价值观和跨国公司价值观以及在其影响下形成的行为规范和行为方式，实现个人—组织价值观的契合，需要进行卸载和装载两个过程。在这个过程中，员工首先需要卸载原有价值观中与组织价值观不匹配或冲突的部分，然后装载跨国公司价值观中与自身原有价值观能够融合的部分，实现两者的切换或融合（见图 7 -2）。

个人—组织价值观契合是建立在双方相互妥协与认可的基础上，需突破原有的狭隘的单向思维。企业与个人之间既非单纯的经济雇佣和主从关系，也非纯粹的金钱实用主义，而是合乎伦理的相互宽容和接纳。

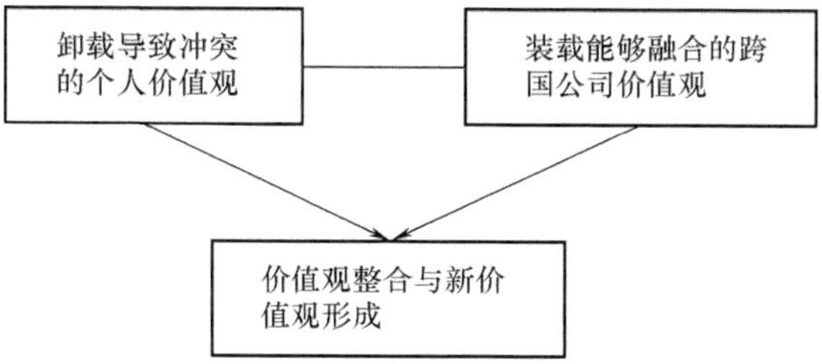

图7－2　跨国公司组织价值观契合模式

为了实现以上目标，建构企业与员工间的关系资本，跨国公司可以选择融合模式或同化模式进行跨文化整合。

7.2.2.3　**系统性关系资本建构——基于“中庸”理念的协同**

跨国公司子公司文化必然受到母公司所在国文化与东道国文化的影响，跨国公司子公司文化也是在这两种文化的影响下形成的。若受母公司所在国文化影响较大，则跨国公司内部各子公司之间的文化就会存在更多的相似性；若受子公司所在国文化影响较大，则跨国公司内部各子公司之间就会存在更多的文化差异性。跨国公司按照母公司文化和管理模式在他国经营发展，将不可避免地造成与本土文化之间的冲突；跨国公司过于采纳或接受东道国本土文化，必然会吸收一些消极文化因素，将在某种程度上造成对跨国公司自身优秀文化的腐蚀。在华跨国公司在中国文化环境下进行跨文化整合应持有三种态度：主动的适应、适当的选择和必要的坚持。其中主动的适应是指针对中国文化不能持有强压硬逼的侵略态度，而应将中国文化视为主流文化或参照标准，努力调整跨国公司自身文化；适当的选择是要求跨国公司要具有强大的文化鉴别能力，任何文化都不是完美无缺的，跨国公司在甄别中国文化中的优劣成分之后，应取其精华，去其糟粕；必要的坚持是指跨国公司应具有长远眼光和全球战略，在坚守原则和跨国公司文化的核心要素方面不能退让。具有强权和压制性质的文化侵入是一种错误，但全盘吸收的极端本土化亦是一种错误。过犹不及，中国文化崇尚“中庸”，在华跨国公司应该在与中国商业文化接轨和坚守跨国公司自身文化之间寻求一种平衡，以此来形成自身的文化特征。

寻求跨国公司母公司文化与中国文化平衡的过程，也是建构子公司文化、实现母、子公司协同发展的过程。在跨国公司母、子公司共同所有权或治理结构下，由于跨国公司母、子公司具有基本一致的价值取向，母、子公司知识交易的风险和知识交易成本都为最低，很容易实现母、子公司之间基于内部知识市场交易的知识转移;但由于母、子公司异质性的跨文化背景,子公司所在东道国复杂的人文环境和制度体系,母、子公司跨越国界的物理距离等因素的交互影响,也可能导致母、子公司间产生冲突。跨国公司母公司文化是构成子公司文化的内在核心因素,具有导向作用;子公司文化同时会对母公司文化进行反哺,丰富和扩充母公司文化。跨国公司系统性关系资本的价值在于通过获取东道国国别专有资源,形成无形资产租金。跨国公司得以存在和发展的动力源便是从不同子公司网络中获得创新性学习和知识分享。"关系"文化是近年来中国经济发展的内驱力,在华跨国公司通过与东道国政府、消费者(顾客)、企业合作者(竞争者)、本土员工建立良好的关系,获取"关系"知识和关系资本并回输到母公司,成为提升跨国公司系统绩效、形成独特竞争优势的重要因素(张喜民,2011)。① 跨国公司对在华子公司进行管理时,既要保留母公司传递给子公司的先进的、优秀的企业文化和管理模式,又要创建适合在华子公司本土员工和环境的企业文化与管理模式,努力将两种文化或更多种文化中的不利因素降到最低,而将其有利因素发挥到极致,使在华子公司的经营效益达到最佳。具体来讲,跨国公司母、子公司间应该在相互尊重的基础上,采用文化模糊的处理策略,寻求文化互补,实现协同效应。在规避重大差异的同时,不忽略、不冷落对方文化的存在,尊重对方文化;忽视两种文化中最易导致冲突的部分,减少产生文化冲突的机会,保存两种文化中平和的部分;以求同存异的心态,积极吸收两种文化中的优势部分,以弥补自己文化的不足,形成优势互补的协同效应。此外,在处理跨国公司母公司与子公司的关系时,需要根据它们所处的不同国际化阶段,运用不同的组织手段进行管理。

为了实现以上目标,建构系统关系资本,跨国公司可以选择融合模式或同化模式进行跨文化整合。

7.3 研究展望

鉴于研究主体的多维度限制性因素,本研究认为在以下两个方面还存在深化和拓展的空间。

7.3.1 跨文化整合的地域因素

本研究将研究主体定位于"在华跨国公司",所谓的"华"仍然是一个较大的

---

① 张喜民.跨国公司在华子公司营销战略研究[M].济南:山东人民出版社,2011:43.

概念。中国地域广大,尽管在"关系"这一主体文化上达到了一致,但因经济发展水平、思想开放程度以及周边企业环境不同,使得不同地区呈现出差异性的亚文化。

Tung(2008)通过对北京(政治中心)、上海(经济中心)、广州/深圳(近香港的南方城市)、重庆、成都(西部城市)四种代表性经济模式的比较发现,上海、广州/深圳不注重关系,北京注重关系,重庆、成都强调人际关系、依靠人际关系。中国的"关系"具有地区差异,相比西部内陆地区,东部沿海对关系的重视程度较低;在经济落后地区与经济发达地区呈现出不同的"关系"导向。徐思、何蓉(2010)对埃森哲和普华永道两家跨国公司在北京、上海两地的分支机构的组织文化进行了差异性比较研究。北京从历史上形成了具有高素质的市民、官派作风、封闭性等地域文化特征,上海的地域文化呈现为多元性、包容性、现代性和商业性。[①] 在人际关系和控制两个维度上,北京地域表现的较高;在思维维度上,北京地域表现较低,特别是在抽象思维和灵活性上更差。在沟通方式上,北京地域因多与国有企业合作,注重关系网络的搭建,表现得更为随意;而上海地域因多与外资企业或民营企业合作,注重程序化建设,显得更为程序化。

在华跨国公司跨文化整合,既要考虑到"关系资本"这一中介变量对经营绩效的影响,也应同时考虑到形成关系资本的条件以及本土文化对"关系文化"或"契约文化"的认同程度。以北京为代表的地域文化认同"关系文化",以上海为代表的地域文化认同"契约文化"。即便北京地域文化和上海地域文化都存在"关系文化"的因素,北京地域文化注重政府关系,上海地域文化注重企业合作关系。

本研究认为可以进一步将"在华跨国公司"这一概念在地域亚文化层面细化,使研究具有更加现实的意义。

7.3.2 研究主体的扩展

关系存在两个主体,建构主体与维护(继承)主体。出于研究的便利,本研究假设关系的建构主体与关系的维护(继承)主体是同一的,但现实的状况是,两个主体既可以是同一的,也可以是不同一的。在不同一的情况下,又存在两种可能性,关系的维护(继承)主体转为他人个体,关系的维护(继承)主体转为组织(企业)。在中国以先天关系资源为基础的"关系资本"建构背景下,第一种可能性存在的概率很小;假如第二种可能性成立的话,则实现了个人关系向组织关系的转

① 徐思,何蓉.地域文化差异与跨国公司组织文化选择——以北京、上海为例[J].长沙理工大学学报(社会科学版),2010,25(5):71-75.

变。组织关系的性质不同于个人关系,组织关系的建构与维护主要依靠“契约”。通过将个人关系转化为组织关系,在华跨国公司也便逐渐摆脱“中国关系文化”所固有的负面影响(关系文化不利于中国经济走向世界),实现非市场关系向市场关系的转化。但第二种可能性的发生需要一些先决条件。

该研究可以进一步区分“建构主体”与“维护(继承)主体”,探索中国情境下“建构主体”向“维护主体”转变的先决条件与路径。

参考文献

[1]Adler Paul S. Kwon Seok – Woo, Social Capital: Prospect for a New Concept [J]. Academy of Management Review, 2002, 27(1): 10 – 16.

[2]Afuah A. How Much Do Your Co – operators' Capabilities Matter in the Face of Technological Change? [J]. Strategic Management Journal, Special Issue, 2000 (21): 387 – 404.

[3]Alas Ruth. Ethics in Countries with Different Cultural Dimensions[J]. Journal of Business Ethics, 2006, 69(3): 237 – 247.

[4] Alon I. *Chinese Culture, Organizational Behavior and International Business Management* [M]. London: Praeger Publishers, 2003.

[5]Anderson J C. Narusr J. A., A Model of Distributor Firm and Manufacture Firm Working Partnerships [J]. Journal of Marketing, 1990(54): 42 – 58.

[6]Arrow K J. The Economic Implications of Learning by Doing [J]. Review of Economic Studies, 1962, 29(6): 135.

[7]Babiker J E, Cox, J L, Miller P. The Measurement of Cultural Distance and its Relationship to Medical Consultations Symptonatology and Examination Performance of Overseas Students at Edingbury University [J]. Social Psychiatry, 1980(15): 109 – 116.

[8]Barney J. R. Organizational Culture: Can it Be a Source of Sustained Competitive Advantage? [J]. Academy of Management Review, 1986, 11(3): 656 – 665.

[9]Bartlett C A, Ghoshal S. Tap Your Subsidiaries for Global Reach[J]. Harvard Business Review, 1986, 51(6): 87 – 94.

[10]Barton D. Core Capability and Core Rigidities [J]. Strategic Management Journal, 1992: 111 – 125.

[11]Berry J W. Psychology of Acculturation: Understanding of Individuals Moving between Cultures Brislin [A]. R. W. (Ed.) Applied Cross – cultural Psychology [C]. Newbury Park: Sage, 1990: 245 – 246.

[12]Berry J W. Social and Cultural Change [A]. Triandis H. C. , Brislin R. (Eds) Handbook of Cross Cultural Psychology [C]. Boston Allyn and Bacon, 1980: 211 -280.

[13]Berry J W, Kim U, Minde T, Mok D. Comparative Studies of Acculturative Stress [J]. International Migration Review,1987,21(3): 491 -511.

[14]Berry J W. Immigration, Acculturation, and Adaptation [J]. Applied Psychology,1997,46(1):5 -34.

[15]Besanko D, David D, Mark S. *The Economics of Strategy*, 2nd ed. [M]. New York, NY: John Wiley & Sons, 2000.

[16]Birkinshaw Allen M. Configurations of Strategy and Structure in Subsidiaries of Multinational Corporations[J]. Journal of International Business studies,1995(4).

[17]Black J S, Mendenhall M, Oddou C. Toward a Comprehensive Model of International Adjustment and Integration of Multiple Theoretical Perspectives [J]. Academy of Management Review,1991,16(2):291 -317.

[18]Boardman C M, Kato H K. The Confucian Roots of Business Kyosei [J]. Journal of Business Ethics, 2003,48(4):317 -333.

[19]Bontis N. Intellectual Capital: An Exploratory Study that Develops Methods and Models [J]. Management Decision,1998,3(2):6 -76.

[20] Bourdieu Pierre. The Forms of Capital [A]. J. C. Richardson (ed.), Handbook of the Theory and Research for the Sociology of Education [C]. New York: Greenwood Press,1993:231 -238.

[21]Bourish R Y, Moise L C, Perreault S. Towards an Interactive Acculturation Model: A Social Psychological Approach[J]. International Journal of Psychology, 1997 (32):369 -386.

[22] Broucher K D, Gary Bamossy J. Post - Formation Process in Eastern and Western European Joint Venture [J]. Journal of Management Studies, 2006,43(2).

[23]Buckley P J, Cason M. *The Future of the Multinational Enterprise* [M]. Macmillan,1976.

[24]Burt R S. *Structural Holes: The Social Structure of Competition* [M]. Cambridge, MA:Harvard University Press,1992.

[25]Burt R S. The Contingent Value of Social Capital [J]. Administrative Science Quarterly,1997(42).

[26]Burt R S. The Social Structure of Competition[A]. Nohria, NVEccles, R. G. (eds) Ties and Organizations[C]. Boston: Harvard Business School Press,1992: 57 -91.

[27]Carmeli A, Azeroual B. How Relational Capital and Knowledge Combination Capabilities Enhance the Performance of Work Units in a High Technology Industry [J]. Strategic Entrepreneurship Journal,2009(9).

[28]Cartwright S, Cooper C L. The Role of Culture Compatibility in Successful Organizational Marriage[J]. Academy of Management Executive,1993(2).

[29]Chan R Y K, Cheng L T W, Szeto R W F. The Dynamics of Guanxi and Ethics for Chinese Executives [J]. Journal of Business Ethics 2002, 41(4), 327 -336.

[30]Chen H, Chen T J. Network Linkages and Location Choice in Foreign Direct Investment [J]. Journal of International Business Studies, 1998,29(3): 445 -468.

[31]Chen T J, Chen H, Ku Y H. Foreign Direct Investment and Local Linkages [J]. Journal of International Business Studies, 2004,35(4):320 -333.

[32]Chow C W, Shields M D, Wu A. The Importance of National Culture in the Design of and Preference for Management Controls for Multi - national Operations[J]. Accounting, Organizations and Society,1999,24(6):441.

[33]Claro D P, Hagelaar G, Omta O. The Determinant of Relational Governance and Performance: How to Manage Business Relationship? Working Paper, Wageningen University, 2003.

[34] Coleman James S. A Rational Choice Perspective on Economic Sociology [A]. Neil Smelser, Richard Swedberg, Handbook of Economic Sociology [C]. New York: Princeton University Press, 2004.

[35]Coleman James S. *Foundations of Social Theory* [M]. Cambridge: Harvard Business School Press, 1990.

[36]Collins J, Hitt M A. Leveraging Tacit Knowledge in Alliance: The Importance of Using Relational Capabilities to Build and Leverage Relational Capital, [J]. Journal of Engineering and Technology Management, 2006(23).

[37]Cullen J B, Johnson J L, Sakano T. Success through Commitment and Trust: The Soft Side of Strategic Alliance Management [J]. Journal of World Business, 2000, 35(3):223 -240.

[38]Das T K, Teng B. A Resource - based Theory of Strategic Alliance [J].

Journal of Management, 2000,26(1).

[39]David Schweiger M. *M & A Integration:A Framework for Executives and Managers*[M]. New York:McGraw – Hill,2002:202 – 204.

[40]Davies H, Leung T K P, Luk S F K, Wong Y. The Benefits of "Guanxi": The Value of Relationships in Developing the Chinese Market. [J]. Industrial Marketing Management,1995,24(3):207 – 214.

[41]De Clercq D, Sapienza H J. Effects of Relational Capital and Commitment on Venture Capitalist:Perception of Portfolio Company Performance[J]. Journal of Business Venturing,2006, 21(3):326 – 347.

[42]DeGeorge Richard T. Ethics in International Business: A Contradiction in Terms? [J]. Business Credit, 2000,102(8):50 – 52.

[43]Dirk Jacobs, Jean Tillie, Introduction: Social Capital and Political Integration of Migrants [J]. Journal of Ethnics and Migration Studies,2004(3): 419 – 427.

[44]Donaldson B, O'Toole T. Classifying Relationship Structures: Relationship Strength in Industrial Markets [J]. Journal of Business and Industrial Marketing, 2000, 15(7):491 – 506.

[45]Doz Y L. The Evolution of Cooperation in Strategic Alliances: Initial Conditions or Learning Process [J]. Strategic Management Journal, 1996, 17(Special Issue).

[46]Dunfee T, Warren D E. Is Guanxi Ethical? A Normative Analysis of Doing Business in China [J]. Journal of Business Ethics, 2001,32(3):191 – 204.

[47]Dunning J H, *The Globalization of Business*[M]. London, Routledge, 1993.

[48]Dunning J H, Changsu Kim. The Cultural Roots of Guanxi: An Exploratory Study [J]. The World Economy, 2007,30(2).

[49] Dunning J H, Trade. Location of Economic Activities and the MNE: A Search for an Eclectic Approach. In: Online Bed. International Allocation of Economic Activity. Holms & Meier, 1977.

[50]Dyer J H, Singh H. The Relational View: Cooperative Strategy and Sources of Inter – organizational Competitive Advantage [J]. Academy of Management Review, 1998, 23(4):660 – 679.

[51]Dyer J H, Nobeoka K. Creating and Managing a High – performance Knowledge – sharing Network: The Toyota Cases [J]. Strategic Management Journal, 2000,

21(3).

[52]Dyer J H. Effective Inter – firm Collaboration: How Firms Minimize Transaction Costs and Maximize Transaction Value[J]. Strategic Management Journal, 1997,18(7): 535 –556.

[53]Edvinsson J, Roos L, Roos G. *Intellectual Capital: Navigating in the New Business Landscape* [M]. New York University Press New York, N, Y, USA,1998.

[54]Edward T. Hall,*Beyond Culture*[M]. Anchor Books, 1976.

[55]Eike Langenberg A. *Guanxi and Business Strategy*[M]. Physica – Verlag A Springer Company,2007,130.

[56]Eisenhardt K M. Building Theories from Case Study Research[J]. The Academy of Management Review, 1989, 14(4):532 –550.

[57]Faccio M. Political Connected Firms, Working Paper, 2004.

[58]Fan Joseph P H, Rui O M, Zhao M. Rent Seeking and Corporate Finance: Evidence from Corrupt Cases. Working Paper. The Chinese University of Hong Kong, 2006.

[59]Fan Y. 'Guanxi' s Consequences: Personal Gains at Social Cost [J]. Journal of Business Ethics 2002,38(4), 371 –380.

[60]Farh J L, Tsui A S, Xin K R, Cheng B S. The Influence of Relational Demography and Guanxi: The Chinese Case [J]. Organization Science, 1998,9(4): 471 –488.

[61]Fisman R. Estimating the Value of Political Connections [J]. The American Economic Review, 2001(9): 1095 –1102.

[62]Fumham A, Bochner S. Culture Shock: Psychological Relations to Unfamiliar Environments [M]. London Methuen,1986: 109 –112.

[63] Gao Hongzhi, Knight John G. Ballantyne David. Guanxi as a Gateway in Chinese – western Business Relationship [J]. The Journal of Business and Industrial Marketing, 2012,27(6):456 –467.

[64]Gao Y Q. Building Guanxi with Government for Foreign Companies in China: A Case Study on the Application of Commitment Instrument [J]. The Business Review, 2006,6(2):119 –125.

[65]Gao Y Q, Tian Z L. How Firms Influence the Government Policy Decision – making in China [J]. Singapore Management Review,2004,28(1):73 –85.

[66]Graham John L, Mark Lam N. The Chinese Negotiation [J]. Harvard Business Review,2003, 81(10): 82 -91.

[67]Granovetter M. , The Strength of Weak Ties [J]. The American Journal of Sociology, 1973(78): 1360 - 1380.

[68]Granovetter M. Economic Action and Social Structure: the Problem of Embededness [J]. American Journal of Sociology, 1985(91):481 -510.

[69]Grootaert C et al. : Measuring Social Capital [J]. The World Bank, 2004.

[70]Gualti R. Does Familiarity Breeds Trust? The Implications of Repeated Ties for Contractual Choice in Alliances [J]. Academy of Management Journal, 1995,38 (1).

[71]Gulati R, Gargiulo M. Where Do Inter - organizational Networks Come from? [J]. American Journal of Sociology. 1999(3):177 -231.

[72]Guthrie D. The Declining Significance of Guanxi in China's Economic Transition [J]. The China Quarterly, 1998(154): 254 -282.

[73]Hamel G. Competition for Competence and Inter - partner Learning within International Strategic Alliances [J]. Strategic Management Journal, 1991,12(Special Issue).

[74]Hammervoll Trond. Honeymoons in Supply Chain Relationships: The Effects of Financial Capital, Social Capital and Psychological Commitment [J]. International Journal of Logistics Management, 2011,22(2): 264 -279.

[75]Han Jiang. The Impact of Asymmetric Competition on the Opportunistic Liability of Alliance Members: Evidence from Chinese Sports Outfits Manufacturing [J]. South China Journal of Economics,2007(10):14 -26.

[76]Hansen T. The Search - transfer Problem: The Role of Weak Ties in Sharing Knowledge across Organization Subunits [J]. Administrative Science Quarterly, 1999, 44 (1).

[77]Heide J B, John D. Do Norms Matter in Marketing Relationship [J]. Journal of Marketing, 1992, 56(1).

[78]Heide J B, John D. Alliances in Industrial Purchasing: The Determinants of Joint Action in Buyer - Supplier Relationships [J]. Journal of Marketing Research, 1990,27(1):24 -36.

[79]Heide J B, Miner A S. The Shadow of the Future: Effects of Anticipated and

Frequency of Contract of Buyer – Seller Cooperation [J]. Academy of Management Journal, 1992(35):265 –291.

[80]Hofstede G. *Culture's Consequence: Internet Differences in Work – related Values*[M]. Sage, Newbury Park, CA, 1980.

[81]House R. P. Hanges Javidan M, Dorfman P, Gupta V. *Culture, Leadership and Organizations: The GLOBE Study of* 62 *Societies* [M]. Sage, Thousand Oaks, CA, 2004.

[82]*http:/ www. /news. sohu. com/*20070124/*n*247813944. *shtml.*

[83]*http://www. lieyunwang. com/archives/*25626.

[84]Hu, Michael Y, Chen Haiyang. An Empirical Analysis of Factors Explaining Foreign Joint Venture Performance in China[J]. Journal of Business Research,1996,35(2):165 –173.

[85]Huang Jun, Li Ji, Zhang Pengcheng, Cai Zhenyao, Wang Xinran. Symbiotic Marketing and Trust – Related Issues: Empirical Evidence from an Emerging Economy [J]. Journal of Global Marketing, 2011,24(5):417 –432.

[86]Huang Kai – ping, Wang Karen Yuan. How Guanxi Relates to Social Capital? A Psychological Perceptive [J]. Journal of Social Sciences, 2011, 7 (2): 120 –126.

[87]Hussain Javed G, Scott Jonathan M, Harrison Richard T. Millman Cindy "Enter the Dragoness": Firm Growth, Finance, Guanxi, and Gender in China [J]. Gender in Management, 2010,25(2):137 –156.

[88]Hwang K K. Face and Favor: Chinese Power Game [J]. American Journal of Sociology,1987(92):944 –974.

[89]Inkpen Andrew C, Bachmann Reinhard. Understanding Institutional – based Trust Building Processes in Inter – organizational Relationships [J]. Organization Studies, 2011, 32(2):281 –301.

[90]Jacobs B J. The Concept of Guanxi and Social Politics in a Rural Chinese Cultural Setting [A]. Greenblatt S L, Wilson R W and Wilson A A. (eds.). Social Interaction in Chinese Society [C]. New York, NY: Praeger,1982:209 –236.

[91]Johnson Jonathan L, Ellstrand Allan E. Number of Directors and Financial Performance [J]. The Academy of Management Journal,1999,42(6):674 –686.

[92]Johnson J L, Cullen J B, Sakano T. Takenouchi H. Setting the Stage for

Trust and Strategic Integration in Japanese – U. S. Cooperative Alliance [J]. Journal of International Business Studies,1996,27(5):981 – 1004.

[93]Joynt P, Warner M. *Managing Across Cultures:Issues and Perspectives* [M]. London:International Thompson,1996.

[94]Juan G. Cegarra – Navarro, Frank W. Dewhurst, Linking Shared Organizational Context and Relational Capital through Unlearning:An Initial Empirical Investigation in SMEs [J]. The Learning Organization,2006,13(1):49 – 62.

[95]Julian Steward H. *The Theory of Cultural Chang*: *The Methodology of Multi – linear Evolution* [M]. Urbana: University of Illinois Press,1955:43,47,87, 134.

[96]Kale Prashant, Singh Harbir, Perlmutter Howard, Learning and Protection of Proprietary Assets in Strategic Alliances: Building Relational Capital [J]. Strategic Management Journal (Special Issue) 2000,21(3):217 – 237.

[97]Kanter R M. Collaborative Advantage: The Art of Alliance [J]. Harvard Business Review,1994(7):96 – 108.

[98]Kaptein Muel, Business Codes of Multinational Firms: What Do they Say? [J]. Journal of Business Ethics,2004,50(1):13 – 31.

[99]Keister L A. Guanxi in Business Groups: Social Ties and the Formation of Economic Relations [A]. T Gold et al. (eds), Social Connections in China Institutions, Culture, and the Changing Guanxi[C]. Cambridge: Cambridge University Press, 2002: 97 – 115.

[100]Kevin David. An Empirical Investigation of Emic Difference between American Networking and Chinese Guanxi and a Process Model of Building Relationships for Cross – cultural Business Interactions [D]. University of Hawaii,2007.

[101]Kluckhohn F R, Strodbeck F L. *Variations in Value Orientation* [M]. New York:Harper and Row,1961.

[102]Kogut B, Singh H. The Effect of National Culture on the Choice of Entry Mode [J]. Journal of International Business Studies,1988,3:411 – 432.

[103]Lee S, Sobal J, Frongillo E A. Comparison of Models of Acculturation: the Case of Korean Americans [J]. Journal of Cross – cultural Psychology, 2003,34(3): 282 – 296.

[104]Lee, Edward Yiu – chung, Anderson, Alistair R. The Role of Guanxi in Chinese Entrepreneurship [J]. Journal of Asia Enterpreneurship and Sustainability,

2007,3(3):1 -17.

[105]Lenan C R, Van Buren H J. Organizational Social Capital and Employment Practices [J]. Academy of Management Review,1999,24,(3):538 -554.

[106]Levin D Z, Cross R. The Strength of Weak Ties You Can Trust: The Meditating Role of Trust in Effective Knowledge Transfer [J]. Management Science,2004, 50(11).

[107]Lewicki R J, Bunker B B. Developing and Maintaining Trust in Work Relationships [A]. Tyler Makramer R. Trust in Organizations:Frontiers of Theory and Research [C]. CA:Sage Publications,Thousand Oaks,1996.

[108]Liang S M. *The Essential Meaning of Chinese Culture* [M]. Hong Kong, Zheng Zhong Press,1949.

[109]Lin Nan. *Social Capital: A Theory of Social Structure and Action* [M]. New York: Cambridge University Press,2001.

[110]Lin Nan. *Social Capital and the Labor Market: Transforming Urban China* [M]. New York:Cambridge University Press, 2007.

[111]Liu C P, Ghzuri P N, Sinkovics R R. Understanding the Impact of Relational Capital and Organizational Learning on Alliance Outcomes [J]. Journal of World Business,2009,9.

[112]Luo X, Griffth D A, Liu S S, Shi Y. The Effect of Customer Relationships and Social Capital on Firm Performance:A Chinese Business Illustration[J]. Journal of International Marketing,2004,12(4):25 -45.

[113]Luo Yadong, Chen Min, Does Guanxi Influence Firm Performance [J]. Asia Pacific Journal of Management,1997,14.

[114]Luo Yadong, Chen Min. Managerial Implications of Guanxi - based Business Strategies [J]. Journal of International Management,1996,24(2):293 -316.

[115]Luo Yadong. *Guanxi and Business* [M]. Singapore: World Scientific Publishing Co. Pte. Ltd,2000.

[116]Luo Yadong. Guanxi: Principles, Philosophies, and Implications [J]. Human Systems Management, 1997,16(1).

[117]Luo Yadong. Guanxi and Performance of Foreign - invested Enterprises in China: An Empirical Inquiry [J]. Management International Review,1997,37(1): 51 -70.

[118] Luo Yadong. Contract. Cooperation and Performance in International Joint Ventures [J]. Strategic Management Journal, 2002, 23(10).

[119] Mark Hoelscher L, James Hoffman J, David Dawley. *Towards a Social Capital Theory of Competitive Advantage in Medical Groups* [M]. New York: Cambridge University Press, 2005: 4.

[120] Markus Hofer B, Bernhard Ebel. *Business Success in China* [M]. Springer - Verlag Berlin Heidelberg, 2007: 104.

[121] Maxwell J A. *Qualitative Research Design* [M]. Thousand Oaks: Sage Publication, 1996.

[122] Michael Fix, Wendy Zimmermann, Jeffrey Passel S. The Integration of Immigrant Families in the Unite States, 2001 http://www. Urban. org/ publications/ 410227. html.

[123] Miller Monty Glenn. Case Studies of Building Relational Capital in a Trans - cultural Strategic Alliance [D]. Malibu, CA, USA, Pepperdine, University, 2000.

[124] Millington A, Eberhardt M, Wilkinson B. Gift Giving, Guanxi and Illicit Payments in Buyer - Supplier Relations in China: Analysing the Experience of UK Companies [J]. Journal of Business Ethics 2005, 57(3), 255 - 268.

[125] Mitchell R K, Agle B R., Wood D J. Toward a Theory of Stakeholder Identification and Salience: Defining the Principle of Who and What Really Counts [J]. The Academy of Management Review, 1997, 22(4), 853 - 886.

[126] Morgan Bruce W. *Strategy and Enterprise Value in the Relationship* [M]. International Thomson Publishing House, 1998.

[127] Morosini P, Shane S, Singh H. National Culture Distance and Cross - border Acquisition Performance [J]. Journal of International Business Studies, 1998 (1): 137 - 159.

[128] Morrison William D. Partnership Firms, Reputation, and Human Capital [J]. American Economic Review, 2004, 94: 1682 - 1692.

[129] Mrgyres N, Mayer K J. Contact Design as Firm Capability: An Integration of Learning and Transaction Cost Perspective [J]. Academy of Academy Journal, 2007, 32(4).

[130] Nahapiet J, Ghoshal S. Social Capital, Intellectual Capital, and the Organizational Advantage [J]. Academy of Management Review, 1997, 23 (2): 242 - 266.

[131] Nahavandi A, Malekzadeh R. Acculturation in Merger and Acquisitions [J]. Academy of Management Review, 1998, 13(1).

[132] Nancy Adler J. *International Dimensions of Organizational Behavio*r (3rd ed.) [M]. Wadsworth, Belmont, CA., 1997.

[133] Nonaka I. A Dynamic Theory of Organizational Knowledge Creation [J]. Organization Science, 1994, 5(1).

[134] Oberg K. Cultural Shock: Adjustment to New Cultural Environments [J]. Practical Anthropology, 1960, 7(3): 177 - 182.

[135] Oerlemans W G M, Peeters M C W. The Multiculture Workplace: Interactive Acculturation and Intergroup Relations [J]. Journal of Managerial Psychology, 2010, 25(5): 460 - 478.

[136] Oliver H, Yau W. *Consumer Behavior in China: Customer Satisfaction and Cultural Values* [M]. T. J. Press (Padstow) Ltd, Padstow Cornwall, 1994, 68.

[137] Oliver C. Determinants of Inter - organizational relationships, Integration and Future Direction [J]. Academy of Management Review, 1990, 15: 241 - 26.

[138] Olwen Bedford, Guanxi - Building in the Workplace: A Dynamic Process Model of Working and Backdoor Guanxi [J]. Springer Science Business Media B. V. 2011, 5 Online.

[139] Park S H, Luo Y D. Guanxi and Organizational dynamic: Organizational Networking in Chinese Firms [J]. Strategic Management Journal, 2001, 22(5): 455.

[140] Parkhe. A Strategic Alliance Structuring: A Game Theoretical and Transaction Cost Examination of Inter - firm Cooperation [J]. Academy of Management Journal, 1993, 36(4).

[141] Patton M Q. Enhancing the Quality of Credibility of Qualitative Analysis [J]. Health Service Research, 1999, 34(5): 1189 - 1208.

[142] Paul Cousins D, Robert Handfield B, Benn Lawson, Kenneth Petersen J. Creating Supply Chain Relational Capital: The Impact of Formal and Informal Socialization Process [J]. Journal of Operations Management, 2006(24): 851 - 863.

[143] Payne Dinah, Cecily Raibom, Jom Askvik. A Global Code of Business Ethics [J]. Journal of Business Ethics, 1997, 16(16): 1727 - 1735.

[144] Peng M W, Luo Y D. Managerial Ties and Firm Performance in a Transition Economy: The Nature of a Micro - macro Link [J]. Academy of Management Journal,

2000,43(3):486 -502.

[145]Peng Mike W, Peggy Sue Heath. The Growth of the Firm in Planned Economies in Transition: Institutions, Organizations, and Strategic Choice [J]. Academy of Management Review,1996,21(2):492 -528.

[146] Penrose E T. *The Theory of the Growth of the Firm* [M]. New York: Wiley,1959.

[147]Phillipe Hasperslagh, David Jemison, *Managing Acquisitions*[M]. The Free Press,1991.

[148] Poppo L, Zenger T. Do Financial Contracts and Relational Governance Function as Substitutes or Complements? [J]. Strategic Management Journal, 2002 (1): 707 -725.

[149]Porter M E. Towards a Dynamic Theory of Strategy [J]. Strategic Management Journal(Winter Special Issue),1991,12:95 -117.

[150]Portes A, Zhou M. Gaining the Upper Hand:Economic Mobility among Immigrant and Domestic Minorities [J]. Ethnic and Racial Studies, 1992, 15 (4): 491 -501.

[151]Powell G N, Goulet L R. Recruiters' and Applicants' Reactions to Campus Interviews and Employment Decisions [J]. Academy of Management Journal,1996,39 (6):1619 -1640.

[152]Qi Xiaoying, Guanxi. Social Capital Theory and beyond: Toward a Globalized Social Science [J]. The British Journal of Sociology, 2013, 64(2):308 -324.

[153]Ratna Omidvar, Ted Richmond. Immigrant Settlement and Social Inclusion in Canada, Perspectives on Social Inclusion Working Paper Series,Laidlaw Foundation, 2003.

[154]Rauch J, Casella A. Overcoming Information Barriers to International Resources Allocation: Prices and Group Ties, NBER Working Paper: No 6628, Cambridge, Massachusetts: National Bureau of Economic Research,1998.

[155]Redfiled R, Linton R, Herskovits M. Memorandum on the Study of Acculturation [J]. American Anthropologist,1936(38):149 -152.

[156]Reed Nelson E, Suresh Gopalan. Do Organizational Cultures Replicate National Cultures? Isomorphism, Rejection and Reciprocal Opposition in the Corporate Values of Three Countries [J]. Organization Studies,2003(24).

[157] Rindfleisch A, Moorman C. The Acquisition and Utilization of Information in New Product Alliances: A Strength - of - Ties Perspective [J]. Journal of Marketing, 2001, 65(2): 1 - 18.

[158] Ring P S, Van De Ven H A. Developmental Process of Cooperation Inter - organizational Relationships [J]. Academy of Management Review, 1994, 19 (1): 90 - 118.

[159] Roberta C, Alessandra F. Collective Learning and Relational Capital in Local Innovation Process [J]. Regional Studies, 2005, 39(1): 75 - 87.

[160] Ronald Coase H. The Nature of the Firm [J]. Economica, 1937, 4.

[161] Ronald Mitchell K, Joseph Sirgy M. Enabling Guanxi Management in China: A Hierarchical Stakeholder Model of Effective Guanxi [J]. Journal of Business Ethics, 2007(71): 301 - 319.

[162] Roy Rappaport A. *Pigs for the Ancestor* [M]. Oxford: Oxford University Press, 1984: 393 - 396.

[163] Roy J P. International Joint Venture Partner Selection and Performance: The Role of Host Country Legal Environment [D]. Ontario: York University, 2005.

[164] Ruth Blatt. How Communal Schemas and Contracting Practices Build Relational Capital in Entrepreneurial Teams [J]. Academy of Management Review, 2009, 34 (3): 533 - 551.

[165] Sambasivan M, Siew - Phaik L, Mohamed Z A, Leong Y. C. Impact of Interdependence between Supply Chain Partners on Strategic Alliance Outcomes Role of Relational Capital as a Mediating Construct [J]. Management Decision, 2011, 49(3): 548 - 569.

[166] Sanyal R N, Guvenli T. Relations between Multinational Firms and Host Governments: the Experience of American - owned Firms in China [J]. International Business Review, 2000, 9(1): 119 - 134.

[167] Schein E H. *Organizational Culture and Leadership* (3rd *edition*) [M]. San Francisco: Jossey - Bass Inc. Publication, 2004.

[168] Scott Grawe J, Patricia Daugherty J. Rajiv Dant P. Logistics Service Providers and Their Customers: Gaining Commitment through Organizational Implants [J]. Journal of Business Logistics, 2012, 33(1): 50 - 63.

[169] Seligman Scott D. Guanxi: Crease for the Wheels of China [J]. The China

Business Review, 1999, (26) 6:34 –38.

[170]Simonin B L. An Empirical Investigation of the Process of Knowledge Transfer in International Strategic Alliances [J]. Journal of International Business Studies, 2004, 35.

[171]Smeltzer L R, Jennings M M. Why an International Code of Business Ethics Would Be Good for Business [J]. Journal of Business Ethics, 1998, 17(1):57 –66.

[172]Standfird S S, Marshal R S. The Transaction Cost Advantage of Guanxi Based Business Practices [J]. Journal of World Business, 2000, 35(1):21 –42.

[173]Steidlmeier P. Gift – Giving, Bribery, and Corruption: Ethical Management of Business Relationships in China[J]. Journal of Business Ethics, 1999, 20(2): 121 – 132.

[174]Stryker Richard Serpe. *Roles and Social Behavior* [M]. New York: Springer – Verlag, 1982:302.

[175]Su C, Littlefield J E. Entering Guanxi: A Business Ethical Dilemma in Mainland China? [J]. Journal of Business Ethics, 2001, 32(1), 1 –12.

[176]Tan. Particularistic and System Trust among Small and Medium Enterprises: A Comparative Study in China's Transition Economy [J]. Journal of Business Venturing, 2009(24):544 –557.

[177]Tian X W. *Managing International Business in China* [M]. Cambridge: Cambridge University Press, 2007.

[178]Trompenaars F, Hampden – Turner C. *Riding the Waves of Culture, Understanding Diversity in Global Business*[M]. McGraw, New York, 1993.

[179]Tsai W. Social Capital, Strategic Relatedness and the Formation of Intra – organizational Linkage [J]. Strategic Management Journal, 2000, 21:925 –939.

[180]Tsai Huei – ting. Towards a Guanxi – based Theory of Internationalization: Chinese, Taiwanese and Evolving MNEs [J]. Chinese Management Studies, 2013, 7 (1): 111 –126.

[181]Tsui et al. Hierarchical Ties and Network Closure as Social Capital for Chinese Managers [J]. Working Paper, Arizona State University, 2006.

[182]Tsui A S, Farh J L. Where Guanxi Matters: Relational Demography and Guanxi in the Chinese Context [J]. Work and Occupations, 1997, 24(1):56 –80.

[183]Tung Rosalie L, Verner Worm. Network Capitalism: The Role of Human

Resource in Penetrating the China Market [J]. International Journal of Human Resource Management, 2001,12(4).

[184]Uzzi B. Social Structure and Competition in Inter – firm Networks: The Paradox of Embeddedness [J]. Administrative Science Quarterly,1997,42(1).

[185]William Ouchi G. *Theory Z:How American Business Can Meet The Japanese Challenge*[M]. New York:Addison – Wesley,1981.

[186]Wank D. Business – state Clientelism in China:Decline or Evolution? [A]. T Gold et al. (eds), Social Connections in China Institutions,Culture,and the Changing Guanxi[C]. Cambridge:Cambridge University Press,2002:97 – 115.

[187]Warren D E, Dunfee T W, Naihe Li. Social Exchange in China: The Double – Edged Sword of Guanxi [J]. Journal of Business Ethics,2004,55(4), 353 – 368.

[188]Weber Y, Schweiger D M. Top Management Culture Conflicts in M&A: A Lesson from Anthropology [J]. International Conflict Management,1992(3):1 – 17.

[189]William O E. Inter – organizational Information System: Issues Affecting Inter – organizational Cooperation [J]. Journal of Strategic Information System, 1997(6):231 – 250.

[190]Wong Y H. The Dynamics of Guanxi in China [J]. Singapore Management Review,1998,20(2):25 – 42.

[191]Wu F, Cavusgil S T. Organizational Learning, Commitment, and Joint Value Creation in Inter – firm Relationships [J]. Journal of Business Research, 2006,59(1):81 – 89.

[192]Yang Chung – fang, Psycho – Cultural Foundations of Informal Group:The Issues of Loyalty, Sincerity and Trust[A] L. Dittmer, H. Fukui, P. N. S., Informal Politics of East Asia[C]. New York:Cambridge University Press,2000.

[193]Yang Fang, The Importance of Guanxi To Multinational Companies in China [J]. Asian Social Science,2011,7(7):153 – 168.

[194]Yang M M. *Gifts, Favors, Banquets: The Art of Social Relationships in China* [M]. Cornell University Press,Ithaca,1994.

[195]Yang, Y X. *The Flow of Gifts: Reciprocity and Social Networks in a Chinese Village* [M]. Stanford,CA:Stanford University Press.

[196]Yeung, Irene Y M, Rosalie, Tung L. Achieving Business Success in Confucian Societies: The Importance of Guanxi [J]. Organizational Dynamics,1996,25(2):

54 -65.

[197]Yin R K. Case Study Research: Design and Methods (3rd). [M]. Thousand Oaks: Sage Publication,2003.

[198]Yina Mao, Kelly Z, Peng Chi - Sum Wong. Indigenous Research on Asia: In Search of the Emic Components of Guanxi [J]. Asia Pacific Management,2012, 29: 1143 -1168.

[199] Young - Ybarra C E, Wiersema M. Strategic Flexibility in Information Technology Alliances: The Influence of Transaction Cost Economics and Social Exchange Theory [J]. Organization Science,1999,10(4):439 -459.

[200]Zaheerm A, McEvily B, Perrone V. Does Trust Matter? Exploring the Effect of Inter - organizatioanl and Inter - personal Trust on Performance [J]. Organization Science,1989:141 -159.

[201]Zhang Y, Zhang Z. Guanxi and Organizational Dynamics in China: A Link between Individual and Organizational Levels [J]. Journal of Business Ethics,2006 (27):375 -392.

[202]Zhang J J. Cultural Embeddedness or Imperfect Market? Changing Importance of Guanxi in Doing Business in China Paper Presented at Academy Management Meeting,Atlanta,GA,2006.

[203]Zhao Hongxin, Hsu Chin - Chun. Social Ties and Foreign Market Entry: An Empirical Inquiry [J]. Management International Review,2007,47(6):815 -844.

[204]Zornoza Ana, Orengo Virginia, Penarroja Vicentc. Rclational Capital in Virtual Teams: The Role Played by Trust [J]. Social Science Information,2009, 48 (2): 257 -281.

[205]艾伦 M 格鲁曼. 国际商务[M]. 北京:经济科学出版社,1999:199 -200.

[206]安东尼·吉登斯. 社会的构成——结构化理论大纲[M]. 李康,李猛,译. 上海:上海三联书店,1998.

[207]敖依昌,刘维波. 论中美合资企业管理的跨文化整合[J]. 重庆大学学报(社会科学版),2007(3).

[208]宝贡敏,定向选择方向性目标模式——关于我国外贸企业生存、发展方向思考[J]. 国际贸易 1999(9).

[209]宝贡敏,王庆喜. 战略联盟关系资本的建立与维护[J]. 科研与发展管理,2004,16(3):9 -14.

[210]彼得·基林. 合资企业成功之道[M]. 福州:福建人民出版社,1985.

[211]边燕杰,丘海雄. 企业的社会资本与其功效[J]. 中国社会科学,2000(2):87-100.

[212]蔡双立,刘捷. 组织合作关系强度的柔性调节:客户关系动态管理的艺术[J]. 中央财经大学学报,2006,10.

[213]曹凤月. 企业文化与企业伦理研究[M]. 北京:光明日报出版社,2014:99-100.

[214]常荔,李顺才,邹姗刚. 论基于战略联盟的关系资本的形成[J]. 外国经济与管理,2002(24).

[215]陈灿. 当前国外关系契约研究浅析[J]. 外国经济与管理,2004,26(12):10-14.

[216]陈春花,刘晓英. 企业并购中的文化整合[J]. 中外管理,2002(5).

[217]陈菲琼. 关系资本在企业知识联盟中的作用[J]. 科研管理,2003,24(5):37-43.

[218]陈慧,车宏生,朱敏. 跨文化适应影响因素研究评述[J]. 心理科学进展,2003(6).

[219]陈晓林,胡淑娟. 关系资本、关系契约与关系治理——一项文献评述[J]. 生产力研究,2008(4):142-144.

[220]戴维·弗里切. 商业伦理学[M]. 北京:机械工业出版社,1999.

[221]单宝. 中国企业跨国并购的文化风险与规避对策[J]. 未来与发展,2006(12).

[222]邓红. 我国企业对外并购中跨文化整合的探讨[J]. 科技进步与对策,2007(12).

[223]董俊武,陈震红. 从关系资本理论看战略联盟的伙伴关系管理[J]. 财经科学,2003(5).

[224]董雅丽,薛磊. 战略联盟中关系资本管理体系的建构[J]. 科技进步与对策,2009,26(17):30-33.

[225]杜兴强,杜颖洁,曾权. "关系"与中国上市公司会计行为研究[M]. 大连:东北财经大学出版社,2013:78.

[226]范征. 并购企业文化整合的过程、类型与方法[J]. 中国软科学,2000(8).

[227]范徵. 跨文化管理:全球化与地方化的平衡[M]. 上海:上海外语教育出

版社,2004:60.

[228]费孝通. 中华民族的多元一体格局[A]. 张海洋,杨筑慧. 费孝通民族研究文集新编(下卷) [C]. 北京:中央民族大学出版社, 2006:278.

[229]弗雷德·卢森斯,乔纳森·多. 国际企业管理:文化、战略与行为[M]. 赵曙明,程德俊,译. 北京:机械工业出版社,2009:125.

[230]顾庆良,陈亚荣,吴永毅,Graen. 在华跨国公司的跨文化冲突及其影响因素探讨[J]. 东华大学学报(社会科学版),2003(1).

[231]顾庆良,吴永毅,李荣智. 在华跨国公司中的文化冲突[J]. 东华大学学报(社会科学版),2001(1):20-24.

[232]顾卫平,薛求知. 论跨国并购中的文化整合[J]. 外围经济与管理 2004(4).

[233]郭毅,罗家德. 社会资本与管理学[M]. 上海:华东理工大学出版社,2007.

[234]海伦·德雷斯基. 国际管理[M]. 宋丕丞,译. 北京:清华大学出版社,2011:12.

[235]何超华. 跨国并购中的企业文化整合模式:理论与运用[J]. 商业研究,2005,309(1):155-157.

[236]何曼青. 中外企业跨文化管理与企业社会责任比较[M]. 北京:中国商务出版社 2009:3.

[237]胡安·安东尼奥·费尔南德斯,劳里·安德伍德. 关系——跨国 CEO 的中国经验[M]. 孙达,译. 南京:译文出版社,2010.

[238]胡朝晖. 浅析跨国公司文化整合及在子公司的实践[J]. 现代企业,2005(3):35-37.

[239]胡宏峻. 跨文化管理[M]. 上海:复旦大学出版社,2004:37.

[240]姜岩. 有效的跨文化沟通是跨国经营成败的关键[J]. 决策借鉴,1997(5).

[241]姜岩. 中外企业文化的交流、冲突与协调——以中外合资企业文化建设为例[J]. 决策借鉴,2000(2).

[242]蒋诚潇. 企业员工行为模式形成机理研究[D]. 北京:人民大学博士论文,2014,3:55.

[243]蒋兆毅. 跨国企业的跨文化冲突解决之道[J]. 西北师范大学学报(哲学社会科学版),2004(5).

[244]金昊.企业关系资本的衡量和整合研究[J].现代商贸工业,2011(3):52.

[245]雷昊,刘林青,谭立文.全球价值链治理 [M].北京:中国人民大学出版社,2012:9.

[246]黎永泰,黎伟.企业管理的文化阶梯[M].成都:四川人民出版社,2003:464-468.

[247]李好好,孔令锋.在华跨国公司人力资源政策研究[M].北京:经济管理出版社,2007:84.

[248]李怀斌,朱泳.美国著名企业核心竞争力经典案例[M].北京:中国海关出版社,2004.

[249]李钧.跨国公司在华研发影响效应研究[M].北京:经济科学出版社,2008.

[250]李永发.在华IT跨国公司本土化生存的九大策略[J].经济与管理,2007(8).

[251]梁漱溟.中国文化要义[M].上海:学林出版社,1987:89.

[252]林峰.跨国公司战略调整与中国对策[M].北京:社会科学文献出版社,2005:154.

[253]林莉,周鹏飞.知识联盟中知识学习、冲突管理与关系资本[J].科学学与科学技术管理, 2004(4).

[254]林南.社会资本:关于社会结构和行动的理论[M].张磊,译.上海人民出版社,2005:18.

[255]林新奇.国际人力资源管理[M].上海:复旦大学出版社,2004.

[256]刘庆贤,肖洪钧.案例研究方法严谨性测度研究[J].管理评论,2010,22(5):112-120.

[257]刘仁军.关系契约与企业网络转型[J].中国工业经济,2006(6).

[258]刘文华,任利成.关于企业关系资本的研究[J].山西高等学校社会科学学报,2009,21(6):47-50.

[259]柳明鑫.以网络观点和关系观点探讨多国籍企业海外子公司主动行为及其绩效之关系[D].铭传大学硕士学位论文,2002.

[260]陆奇岸.战略联盟关系资本的形成及其管理[J].经济与管理,2006(7).

[261]吕力.管理案例的信效度分析:以AMT年度最佳论文为例[J].科学学与科学技术管理,2014,(35)12:19-29.

[262]罗伯特·殷(美),案例研究设计与方法[M].重庆:重庆大学出版社,2004.

[263]罗康隆,谭卫华.对斯图尔德“跨文化整合”理论的再认识[J].世界民族,2010(3):39-44.

[264]马刚.基于战略网络视角的产业区企业竞争优势实证研究[D].杭州:浙江大学博士论文,2005.

[265]马晓燕.移民适应的行为策略研究[M].北京:中国政法大学出版社,2013:8.

[266]毛基业,张霞.案例研究方法的规范性及现状评估:中国企业管理案例研究论坛(2007)综述[J].管理世界,2008(4):115-121.

[267]潘爱玲.企业跨国并购后的整合管理[M].北京:商务印书馆,2006:102.

[268]潘绵臻,毛基业.再探案例研究的规范性问题:中国企业管理案例研究论坛(2008)综述与范文分析[J].管理世界,2009(2):82-100.

[269]裴学成,杨叶倩.跨国并购中的文化整合[J].中国市场,2013,178(3):67-74.

[270]彭星闾,龙怒.关系资本——构建企业新的竞争优势[J].财贸研究,2004(5).

[271]乔治·恩德勒.国际商务中的诚信竞争[M].上海:上海社会科学院出版社,2001:25.

[272]阮丹青,周路,Peter M. Blan(美),Andrew G. Walder(美).天津城市居民社会网初探——兼与美国社会网比较[J].中国社会科学,1990(2):157-176.

[273]石军伟.社会资本与企业行为选择[M].北京:北京大学出版社,2008:5,92,185-193.

[274]时秀梅.跨国公司跨文化研究[M].北京:经济管理出版社,2013:5.

[275]斯蒂芬·罗宾斯(美).管理学[M].北京:中国人民大学出版社,1997:14.

[276]苏敬勤,李召敏.按理研究方法的运用模式及其关键指标[J].管理学报,2011,8(3):340-347.

[277]苏喜军.论企业并购重组中文化整合及启示[J].经济经纬,2004,5:70-72.

[278]苏勇.东方管理评论(第二辑)[M].复旦大学出版社,2008:23.

[279]孙丽路.移民文化适应中的代际现象[J].重庆理工大学学报(社会科

学),2012,26(6):68.

[280]唐骏,沈威风.唐骏日记[M].合肥:安徽教育出版社,2009.

[281]唐炎钊,柳娟.中国企业跨国并购文化整合模式的动态选择研究[J].比较管理,2010(1):19-27.

[282]唐炎钊,唐蓉.中国企业跨国并购商业文化整合模型研究[J].商业研究,2011,410(6):1-4.

[283]唐炎钊,王子哲,王校培.跨国并购文化整合的一个框架[J].经济管理,2008,30(10):24-29.

[284]唐炎钊,张丽明,陈志斌.中国企业跨国并购文化整合方案探究[M].北京:中国经济出版社,2012.

[285]汤正华.中西管理伦理比较研究[D].南京:南京理工大学,2005.

[286]陶日贵.试论跨文化管理中的文化融合[J].理论化与改革,2003(6):89-90.

[287]田晖.中外合资企业跨文化冲突与绩效关系研究[M].北京:经济科学出版社,2012:232.

[288]田晖.中外合资企业跨文化冲突与绩效研究[D].长沙:中南大学,2009.

[289]田泽,马海良.国际企业管理——文化、战略与行为[M].北京:清华大学出版社,2012:109.

[290]田志龙,熊琪,蒋倩.跨国公司中中国员工面临的跨文化沟通挑战与应对策略[J].管理学报,2013,10(7):1006.

[291]托马斯·哈定,等.文化与进化[M].韩建军,商戈令,译.杭州:浙江人民出版社,1987:44.

[292]托马斯·唐纳森,托马斯·邓斐.有约束力的关系——对企业伦理学的一种社会契约论的研究[M].上海:上海社会科学院出版社,2001:26.

[293]万君康.合资企业本土化管理中智力资本的融合[J].特区经济,2006(8):218-219.

[294]万晓兰.论中国本土人才对跨国公司文化的适应性与冲突[J].江西社会科学,2005(10).

[295]王爱林.企业并购中的文化整合[J].中外管理导报,2002(2):59-61.

[296]王超华.微软内幕[M].北京:中华工商联合出版社,2011:102.

[297]王朝晖.跨文化管理[M].北京:北京大学出版社,2009:2.

[298]王春光,方文.文化适应与合作:对跨国公司在中国所面临的一个重要层

面的调查研究[J]. 浙江社会科学,2001:5.

[299]王建民. 转型时期中国社会关系的关系维持:从"熟人信任"到"制度信任"[J]. 甘肃社会科学,2005(6):165-168.

[300]王进猛. 进入方式、内部贸易与外资企业绩效研究[M]. 北京:经济管理出版社,2013.

[301]王靖,王庆. 企业文化变革要议——以 IBM 为例[J]. 华北电力大学学报,2008(2).

[302]王丽娟. 跨文化适应研究现状综述[J]. 山东社会科学,2011,188(4):45.

[303]王强. 近代外国在华企业本土化研究[M]. 上海:上海人民出版社,2012:214-263.

[304]王铁山,冯宗宪. 跨国公司在华 R&D 机构的文化冲突与整合机制研究[J]. 科学政策与管理,2008(7):70.

[305]王宇露. 海外子公司的网络学习[M]. 上海:上海财经大学出版社,2009:45.

[306]王志乐. 跨国公司在中国[M]. 北京:中国经济出版社,2006:88.

[307]威廉·大内. Z 理论——美国企业界如何迎接日本的挑战[M]. 北京:机械工业出版社,2007:45.

[308]吴寸木. 谷歌不听话[M]. 北京:电子工业出版社,2010.

[309]吴光芸. 利益相关者合作者视野下跨国公司社会责任的强化[J]. 广西经济干部管理学院,2008,120(2):13-21.

[310]吴淼. 关系资产与企业收益创造[J]中南财经政法大学学报,2002(2):101-107.

[311]吴娜,陆秀芬,吴春丽. 关系资本与企业价值创造[J]. 会计之友,2007(10b):14-15.

[312]徐思,何蓉. 地域文化差异与跨国公司组织文化选择——以北京、上海为例[J]. 长沙理工大学学报(社会科学版),2010,25(5):71-75.

[313]薛卫,雷家骕,易难. 关系资本、组织学习与研发联盟绩效关系的实证研究[J]. 中国工业经济,2010,256(4):89-99、89.

[314]严立罡,吴贵生. 战略联盟中关系资本的重要作用与培育方法[J]. 软科学,2006,20(2):27-30.

[315]严文华,等. 跨文化企业管理心理学[M]. 大连:东北财经大学出版

社,2000.

[316]杨春方. 跨国并购中的文化整合案例研究[J]. 中国集体经济,2009(6).

[317]杨海军. 市场导向、关系资本与联盟绩效的关系研究[J]. 生产力,2010(2).

[318]杨军红. 来华留学生跨文化适应问题研究[D]. 华东师范大学博士论文,2005,32.

[319]杨俊,张玉利,杨晓非,赵英. 关系强度、关系资源与新企业绩效[J]. 南开管理评论,2009,12(4):44－54.

[320]杨孝海. 企业关系资本与价值创造关系研究[D]. 成都:西南财经大学,2010.

[321]杨忠智. 企业海外并购海外子公司内部控制研究[M]. 厦门:厦门大学出版社,2010:45－107,116,123.

[322]姚继东. 在华日资企业员工工作满意度调查——与在华美资企业比较[J]. 经济与管理,2013(12):36－40.

[323]姚远. 跨国公司与东道国的关系研究[J]. 兰州大学学报(社会科学版),2011,39(2):121－126.

[324]叶康涛. 案例研究:从案例的分析到拓展现有理论的解释:中国第二届管理案例学术研讨会综述[J]. 管理世界,2006(2):139－143.

[325]叶庆祥. 跨国公司本地嵌入[M]. 杭州:浙江大学出版社,2008:105.

[326]尹国梁,张丽丽. 分析运用卖克尔・邦德理论:中国价值观调查及社会功利研究,第六届中国跨文化交际年会论文,2005.

[327]余凯成,程文文,陈维政. 人力资源管理[M]. 大连:大连理工大学出版社,2000.

[328]俞文钊. 企业中的激励因素与去激励因素研究[J]. 应用心理学,1991(1):6－14.

[329]约翰・科特,詹姆斯・赫斯克特. 企业文化与经营业绩[M]. 北京:华夏出版社,1997.

[330]曾国权. "关系"动态过程理论框架的建构[J]. 社会,2011,31(4):96－115.

[331]翟艳平,陆杉. 关系资本研究现状与趋势:一个文献综述[J]. 华东经济管理,2013,27(8):152.

[332]张红群,刘震宇,严静. 基于关系强度框架的组织际关系分类研究[J].

科技进步与对策,2009,26(13).

[333]张慧.跨国公司在华子公司创业导向研究——关系嵌入的视角[M].北京:经济科学出版社,2010:19,105-122.

[334]张丽华,蔡宁伟.企业文化与民族文化的交互研究[J].华东理工大学学报(社会科学版),2012(3):45-56.

[335]张丽华,刘志刚.核心竞争能力源于优秀的企业文化[J].企业经济,2002(9).

[336]张宁,张文涛.跨国并购文化整合的五大悖论[J].企业管理,2012(12).

[337]张喜民.跨国公司在华子公司营销战略研究[M].济南,山东人民出版社,2011:43.

[338]张霞,毛基业.国内企业管理案例研究的进展回顾与改进步骤:中国企业管理案例与理论构建研究论坛(2011)综述[J].管理世界,2012(2):105-111.

[339]张相林.微软公司人才甄选策略及启示[J].中国人才,2009(8):67-69.

[340]张艳,安丽娜.美国企业中国市场攻略[M].北京:科学技术文献出版社,2009.

[341]张子刚,屈仁均,黄莉.企业跨国并购文化整合分析[J].湖北社会科学,2004(2).

[342]章文光.跨国公司与中国企业互动发展[M].北京:清华大学出版社,2006:94.

[343]章文光.跨国公司在华投资"研发中心"的现状与政策建议[M].北京:北京师范大学出版社,2011:54.

[344]赵德志.全球性企业伦理规范如何可能[J].社会科学辑刊,2004,155(6):59-63.

[345]赵曙明.跨国经营与海外投资[M].武汉:湖北教育出版社,1996:40.

[346]赵晓霞.跨国人力资源管理[M].北京:社会科学文献出版社,2011.

[347]郑健壮.基于资源整合理论的制造业集群竞争力的研究[D].杭州:浙江大学,2005.

[348]中国社会科学院语言研究所.现代汉语词典(第6版)[M].北京:商务印书馆,2012:477-1720.

[349]周淼.中国企业跨国并购中的文化差异与文化整合[J].边疆经济与文化,2007,37(1):33-35.

［350］周燕华. 社会资本视角：中国跨国公司员工外派适应与绩效研究［M］. 北京：经济管理出版社，2012.

［351］周燕华. 中国跨国公司员工外派适应与绩效研究［J］. 技术经济与管理研究，2012(2).

［352］朱金强，李海. 跨国并购中的文化整合理论的演变及其展望［J］. 现代管理科学，2014(1)：32－34.

［353］庄恩平. 跨国公司管理中的文化整合与跨文化商务沟通研究［J］. 上海大学学报(社会科学版)2003，10 (2)：88－9.

致　谢

本书是在笔者博士论文的基础上改编而成的。首先感谢我的导师吴冬梅教授的悉心指导！论文的选题、思路、结构、命题假设、案例等所有环节都倾注了导师的大量心血；写作期间，从散文式的初稿到稍有形式的二稿、三稿、四稿，再到比较规范的五稿、六稿，每次修改，导师都认认真真、从头到尾地审阅，哪怕一个错字、别字都不会放过；每次修改完之后，导师都给予我鼓励和激励，不但指出我的不足，还告诉我哪里取得了进步，给予我莫大的信心。导师博大精深的知识底蕴、严谨治学的学者风范、真诚豁达的大家品性，是我终生学习的楷模！

感谢高闯教授、戚聿东教授、汪平教授、邹昭晞教授等老师在知识传授、方法指导、思路拓展方面的帮助，这为我的研究和写作打下了坚实的基础。

感谢2009级工商管理学院的同学，我们一起走过了这段难忘的岁月。

感谢首都经济贸易大学外语系领导在排课方面给与我的关照。感谢王轶楠、茹清楠、谭鸿、赵盛楠、陶靖雯、王欣在访谈和调研阶段给予的支持和帮助。

感谢我的家人给予我的理解和支持，让我能够在工作之余静下心来读书写作。

再次感谢！

刘重霄